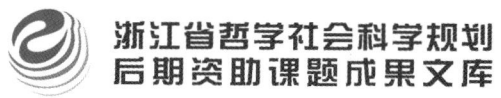
浙江省哲学社会科学规划
后期资助课题成果文库

苍南吴语位移事件与路径表达的多功能研究

Cangnan Wuyu Weiyi Shijian Yu
Lujing Biaoda De Duogongneng Yanjiu

姜淑珍 著

中国社会科学出版社

图书在版编目(CIP)数据

苍南吴语位移事件与路径表达的多功能研究 / 姜淑珍著. —北京：中国社会科学出版社，2019.5

（浙江省哲学社会科学规划后期资助课题成果文库）

ISBN 978-7-5203-4530-9

Ⅰ.①苍… Ⅱ.①姜… Ⅲ.①吴语-方言研究-苍南县 Ⅳ.①H173

中国版本图书馆CIP数据核字(2019)第101731号

出 版 人	赵剑英
责任编辑	宫京蕾
特约编辑	李晓丽
责任校对	王　龙
责任印制	李寡寡

出　　版	中国社会科学出版社
社　　址	北京鼓楼西大街甲158号
邮　　编	100720
网　　址	http://www.csspw.cn
发 行 部	010-84083685
门 市 部	010-84029450
经　　销	新华书店及其他书店
印刷装订	北京君升印刷有限公司
版　　次	2019年5月第1版
印　　次	2019年5月第1次印刷
开　　本	710×1000　1/16
印　　张	16.5
插　　页	2
字　　数	272千字
定　　价	85.00元

凡购买中国社会科学出版社图书，如有质量问题请与本社营销中心联系调换
电话：010-84083683
版权所有　侵权必究

术 语 缩 写

Ad = Adverbial 状语
C = Complement 补语
D = Directional 趋向补语
F = Figure 主体
G = Ground 背景
Loc = Localizer 方位词
N = Noun 名词
NP = Noun Phrase 名词短语
P = Preposition 介词、前置词
PosP = Postposition Phrase 后置词短语
PP = Prepositional phrase 介词短语
PreP = Preposition Phrase 前置词短语
R = Resultative 结果补语
Sat = Satellite 卫星成分
V = Verb 动词
WSC = The Wenzhou Spoken Corpus 温州方言口语资料库

目 录

第一章 绪论 ……………………………………………………… (1)
  第一节 苍南吴语简介 ………………………………………… (1)
    一 声母 …………………………………………………… (2)
    二 韵母 …………………………………………………… (3)
    三 声调 …………………………………………………… (4)
    四 语音特点 ……………………………………………… (4)
  第二节 本书研究的问题 ……………………………………… (5)
  第三节 语料来源和体例说明 ………………………………… (7)
    一 本书主要语料来源 …………………………………… (7)
    二 体例说明 ……………………………………………… (7)
  第四节 相关研究述评 ………………………………………… (8)
    一 汉语位移事件研究概述 ……………………………… (8)
    二 汉语路径表达多功能研究概述 ……………………… (17)
  第五节 相关理论背景 ………………………………………… (25)
    一 位移事件类型学 ……………………………………… (25)
    二 语言形式的多功能和语法化理论 …………………… (30)
  第六节 本书的总体结构 ……………………………………… (37)
  第七节 本章小结 ……………………………………………… (38)

第二章 苍南吴语位移事件表达模式 ………………………… (40)
  第一节 苍南吴语的动态位移事件 …………………………… (40)
    一 动态位移事件表达模式 ……………………………… (40)
    二 动态位移事件表达的特点 …………………………… (51)

  三　动态位移事件表达的一种特殊格式 ……………………… (63)
 第二节　苍南吴语的静态事件 ………………………………………… (70)
  一　静态事件表达模式 …………………………………………… (70)
  二　静态事件表达的特点 ………………………………………… (71)
 第三节　本章小结 ……………………………………………………… (73)

第三章　苍南吴语路径动词的多功能研究 ……………………… (75)
 第一节　苍南吴语的路径动词 ………………………………………… (75)
 第二节　"来""去"的多功能及语法化 …………………………… (77)
  一　"来""去"的共时多功能性 ……………………………… (78)
  二　"来""去"的语法化 ……………………………………… (89)
  三　指向动词语法化的共性和特性 …………………………… (92)
 第三节　"起"的多功能及语法化 …………………………………… (93)
  一　"起"的共时多功能模式 ………………………………… (94)
  二　"起"的语法化 …………………………………………… (100)
  三　小结和余论 ………………………………………………… (106)
 第四节　"上"的语法化 ……………………………………………… (109)
  一　现代汉语普通话"上"的主要功能 ……………………… (110)
  二　苍南吴语"上"的主要功能 ……………………………… (111)
  三　苍南吴语"上"的语法化阻断 …………………………… (112)
  四　小结 ………………………………………………………… (117)
 第五节　"落"的多功能及语法化 …………………………………… (118)
  一　"落"的共时多功能模式 ………………………………… (118)
  二　"落"的语法化 …………………………………………… (124)
  三　小结 ………………………………………………………… (127)
 第六节　其他路径动词的多功能及语法化 …………………………… (127)
  一　"出"的多功能及语法化 ………………………………… (128)
  二　"过"的多功能及语法化 ………………………………… (130)
  三　"转"的多功能及语法化 ………………………………… (133)
  四　"底"的多功能及语法化 ………………………………… (135)
  五　"到"的多功能及语法化 ………………………………… (137)

六　"开"的多功能及语法化 ……………………………… (141)
　第七节　苍南吴语路径动词语法化的共性和特性 ……………… (143)
　　一　汉语路径动词语法化的主要模式 …………………… (144)
　　二　苍南吴语路径动词语法化的类型共性 ……………… (148)
　　三　苍南吴语路径动词语法化的语言特性 ……………… (152)
　第八节　本章小结 ……………………………………………… (158)

第四章　苍南吴语路径介词的多功能研究 ……………………… (159)
　第一节　苍南吴语的路径介词 ………………………………… (159)
　　一　苍南吴语的方所前置词 ……………………………… (159)
　　二　苍南吴语的方所后置词 ……………………………… (163)
　第二节　"望"的多功能及语法化 ……………………………… (166)
　　一　"望"的共时多功能模式 ……………………………… (167)
　　二　"望"的语法化 ………………………………………… (169)
　　三　"望"的语义地图 ……………………………………… (175)
　　四　小结和余论 …………………………………………… (177)
　第三节　本章小结 ……………………………………………… (178)

第五章　苍南吴语处所动词的多功能研究 ……………………… (180)
　第一节　苍南吴语的处所动词 ………………………………… (180)
　第二节　"园"的多功能模式及语法化 ………………………… (183)
　　一　吴语中的动词"园" …………………………………… (183)
　　二　吴语中的虚化的"园" ………………………………… (189)
　　三　"园"的语法化 ………………………………………… (192)
　　四　小结 …………………………………………………… (197)
　第三节　"宿""生""［uaŋ⁴⁴］"的语义演变 …………………… (197)
　　一　"宿"的处所义来源 …………………………………… (197)
　　二　"生"的处所义来源 …………………………………… (200)
　　三　"［uaŋ⁴⁴］"的处所义来源 …………………………… (203)
　　四　处所动词语义的虚化 ………………………………… (206)
　　五　"处所介词+远指代词"作体标记 …………………… (210)

第四节　本章小结 …………………………………………… (213)

第六章　结语 …………………………………………………… (215)
　第一节　本书的主要结论 ……………………………………… (215)
　　一　关于苍南吴语位移事件表达 …………………………… (215)
　　二　关于苍南吴语路径动词的多功能性 …………………… (216)
　　三　关于苍南吴语路径介词的多功能性 …………………… (216)
　　四　关于苍南吴语处所动词的多功能性 …………………… (217)
　第二节　本书的主要价值 ……………………………………… (218)
　第三节　研究局限和展望 ……………………………………… (219)

附录 ……………………………………………………………… (221)
　附录1　主要方言合作人信息 ………………………………… (221)
　附录2　苍南吴语《梨子的故事》录音转写 ………………… (221)
　附录3　汉语普通话《梨子的故事》录音转写 ……………… (228)

参考文献 ………………………………………………………… (235)

第一章

绪 论

本章作为全文的绪论部分，首先简要介绍方言调查点的概貌和方言分布情况、苍南吴语的音系以及本书语料来源、体例说明；之后，阐明本书研究的主要问题，评述国内外研究现状、介绍相关理论背景；最后，介绍文章的总体架构。

第一节 苍南吴语简介

苍南县位于浙江省东南端，因地处玉苍山之南而得名。苍南素有"浙江南大门"之称，东临东海，南接福建省福鼎市，西连泰顺县，西北与文成县接壤，北隔鳌江与平阳相望。陆地界于东经120°07′—121°07′，北纬27°06′—27°36′。领海位于北纬27°00′—27°32′48″，东经121°07′向东至水深200米等深线以内。全县陆域面积1291平方公里，海域面积3783平方公里，海岸线长达251公里，辖10个中心镇、2个少数民族乡。根据2010年统计，全县常住人口约118.46万（参考陶寰，2015）。

苍南人口因历史上的数次移民，居民构成复杂，也造成了多样方言的汇集。目前县内至少并存六种方言：瓯语（即本书所称苍南吴语，隶属吴语瓯江片）、浙南闽语（隶属闽南话）、蛮话（俗称土语，一般认为隶属闽东语）、金乡话（北部吴语和官话接触形成的方言岛）、畲话（畲族使用的汉方言，隶属客家话或闽南话）、蒲城话（军话方言岛）。据《苍南方言志》（温端政，1991），按使用人口占全县人口比例来看，依次为：闽语（约54.4%）、蛮话（约25.6%）、瓯话（约16.2%）、金乡话（约1.9%）、畲话（1.9%）。另据胡方（2005）和陈玉燕（2013）报道，操蒲城话者（也称蒲门话）有三四千人口。鉴于当地人口中，持双方言甚至多方言者众多，以上人口的统计只是一个概数。诸多方言差别迥异，相互间不能通话。

为了区别温州市区方言和苍南境内其他方言，本书以"温州市区方言"专指温州鹿城区的方言，将苍南境内的温州话称为"苍南吴语"，以"温州方言"泛指吴语瓯江片（含苍南吴语）。苍南吴语与温州市区方言词汇基本一致，语音和语法均有所差异。本书田野调查点为苍南东北部灵江镇。① 该调查点中苍南吴语为老派和中派的社区方言。但是由于灵江镇在行政上已经隶属灵溪镇（浙南闽语区）管辖，随着普通话的推广以及强势方言（浙南闽语）的影响，还有人口的迁移，20岁以下的年轻人能说该方言的已经不多，群体内部的儿童学习使用该方言的也已经不多。依照2000年2月在德国科隆召开的濒危语言学会议的语言现状等级判断，这种虽被当地人称为"温州话"的方言，但在语音、语法等众多方面均有别于温州市区方言的次方言，其目前的语言现状介于"受到侵蚀的语言"和"濒临危险的语言"之间。

苍南吴语也称浙南瓯语（颜逸明，2000）或苍南瓯语（温端政，1991），当地人多称为本地话或者温州话，但鉴于其与温州市区方言的区别，且方言系属为吴语，本书称之为苍南吴语。我们认为该称谓的优点有三。其一，突出研究对象的性质为吴语，识别度更高；其二，方便与苍南境内的其他方言相区分；其三，符合方言称谓的惯例。

由于本书有部分方言字本字难考，需要注音，而且个别关键的讨论对象还涉及中古音韵地位和语音演变问题。为求严谨，我们调查了苍南吴语（灵江）的音系，如表1.1—表1.3所示。

一　声母

苍南吴语（灵江）共有声母27个（包含零声母）。

---

① 现称苍南县灵溪镇灵江办事处，坊间以灵江镇称呼为常。

表 1.1　　　　　　　　苍南吴语的声母

p 包奔 布笔	pʰ 跑喷 破匹	b 办笨 婆别	m 猫门 磨灭	ɸ 法芬 火飞	β 罚混 浮微	
t 丹登 多滴	tʰ 炭退 拖踢	d 淡藤 驮笛	n 难能 努纳			l 拉轮 罗列
ts 纸精 罩竹	tsʰ 痴亲 吵促			s 诗醒 色叔	z 治晴 熟仁	
tɕ 猪壮 紧接	tɕʰ 妻厂 劝出	dʑ 骑前 撞直像	ȵ 泥让 银玉	ɕ 西少 响吸		
k 跟街 讲谷	kʰ 坑敲 坤哭	g 衔溃 厚隑₍斜靠₎	ŋ 吴眼 牛岳	h 喊风 婚黑	ɦ 鞋红 魂浴	
∅ 爱烟 稳约						

注：（1）浊音声母新老派之间有较为明显的差异，老派浊度较强，新派清化明显，但与清声母仍有差别。

（2）ɸ、β 是双唇擦音，但在 i 前是 f、v。摩擦不强。

二　韵母

苍南吴语（灵江）有韵母 35 个。

表 1.2　　　　　　　　苍南吴语的韵母

ɿ 志次四是	i 低梯鸡溪	u 歌苦波夫	y 都土朱区路
a 百爸日₍文₎十	ia 吉剧益吸	uia 歪横外	
ɛ 宝刀考早			
e 得北贼开	ie 良昌天扁		ye 雪袁月贴
ø 潘端尊合	iø 要摇苗咽		
o 唐狼江康		uo 巴八花话	yo 钟窗玉用
ɔ 包丹三压	iɔ 脚鹊晓站	uɔ 关刮宽湾	
ai 悲灰归摧		uai 煨㾑	
au 狗牛走偷	iau 九求休友		
eu 丢头收受	ieu 育郁		
aŋ 本等心神	iaŋ 京轻认影	uaŋ 温₍噢₎捆溃	
eŋ 兵听城精			
øŋ 纯顺笋		uøŋ 云运	
oŋ 公松朋瓮	ioŋ 中兄虫荣		
m̩ □₍空;无缘无故₎			
ŋ̍ 儿耳二			

注：（1）ø 偏央，开口略大。ɔ 开口接近于 ɑ。

（2）[aŋ eŋ øŋ oŋ] 等韵母中的鼻韵尾 [ŋ] 可自由变读为 [n]，新派多读 [n] 尾。

三 声调

表 1.3 苍南吴语的声调①

序号	调类	调值	例字
1	阴平	44	高专边安开初天偏婚伤
2	阳平	31	穷才唐平寒神扶娥龙文
3	阴上	53	古走短比口草好手死老
4	阳上	342	近柱是坐淡厚社似父断
5	阴去	42	盖正对爱抗唱菜怕汉世
6	阳去	22	共大病害树饭岸漏帽望
7	阴入	334	急竹笔一曲七匹黑福割
8	阳入	213	月入纳药局杂读白合舌

四 语音特点

苍南吴语主要语音特点如下：

(1) 古全浊声母今读浊音。

(2) 古澄、从、邪、船、禅及日母文读，洪音为 z，细音为 dʑ，没有 ʑ 声母，有些澄、从、邪、船、禅的中古三、四等字今读 z，如迟 zɿ^{31}，随 zy^{31}，蛇 zi^{31}，时 zɿ^{31}。

(3) n、ȵ 呈互补分布，n 只拼开口呼，ȵ 只拼齐齿呼、撮口呼。

(4) 古效摄一、二等今音不同韵，例如：宝 pɛ^{53} ≠ 饱 puɔ^{53}。

(5) 古东钟两韵今音有别，例如：众 tɕioŋ^{42} ≠ 种 tɕiø^{42}。

(6) 古山咸宕江四摄舒声字今鼻音韵尾脱落。例如：山 sɔ^{44}，三

---

① 苍南吴语（灵江）阴去和阳平声调接近，从 praat 语图的初步观察结果看，两者的差别很小。但是阳平字和阴去字并不同音，声母的清浊有别。如："救 tɕiau ≠ 求 dʑiau，冻 toŋ ≠ 铜 doŋ，试 sɿ ≠ 词 zɿ"。我们调查发现，"移—意，摇—要，油—幼，盐—厌，缘—怨，寅—印，赢—应"这几组零声母的阳平和阴去字，发音人均可以辨析它们为不同字。笔者曾向复旦大学陶寰先生求助，陶先生在调查了笔者本人和其他多位发音合作人后判断，阳平字和阴去字调值相同，并指出这可能是因为该方言有四个降调（含升降调），互相挤压所致。但是两个声调是否已经完全合并，尚需实验语音学的验证。鉴于吴语中有一条普遍认同的"阴高阳低"的规律，我们暂时将阴平调值记为 42，阳去调值记为 31。更多讨论可参见陶寰、朱子璇、姜淑珍（2018）。

sɔ⁴⁴，糖 do³¹，讲 ko⁵³。

（7）古深摄和臻摄（开口）今读 aŋ 或 iaŋ，例如：心 saŋ⁴⁴，阴 iaŋ⁴⁴，真 tsaŋ⁴⁴。

（8）古遇摄、蟹摄、止摄（合口三等）的喻母字，今读零声母，韵母读为 y，如雨 y³⁴²，卫 y²²，围 y³¹。

（9）宕摄开口三等（知组和章组）读细音，不读洪音。例如：张 tɕie⁴⁴，丈 dʑie³⁴²，商 ɕie⁴⁴。

（10）单字调有八个声调，古平上去入各分阴阳。清声母读阴调类，浊声母读阳调类，古次浊上声字今读阴上。

（11）古入声今读长调，单字调不带喉塞尾，但为连读前字时入声字仍短促。

第二节 本书研究的问题

空间系统如何被表征是一个基本的语言问题，也是认知语言学关注的焦点之一（如 Levinson 1996、2003；Langacker, 1987；Talmy, 2000a. b.、2003、2005 等）。同时，空间又是一个复杂的范畴，包含维度、界态、位移状态、物质状态、几何类型、相对方向、距离、指向等下位范畴（参照 Talmy, 2005）。在这些范畴中，空间位移关系，即事物之间、事物和空间区域之间的相对位置变化，是近年最受关注的范畴，影响力最大的是 Talmy（1985，1991，2000b）提出的位移事件类型学（Typology of motion events①）。根据 Talmy（2000），"空间位移"概念涵盖"物理性位移（MOVE）"和"位置或处所"（BE LOCATEDNESS）。因此，广义的位移事件包含了物理性位移事件（physical motion event）和静态事件（stationary event）。位移事件的核心图式（core schema）是［路径］要素。在汉语中动态位移事件的"路径"可由路径动词单独编码（如"走出教室"）或路径介词和路径动词共同编码（如"从教室出来"）；而静态事件的核心［位置］通常由"在"义处所动词/介词和方所词共同编码（如

---

① Motion event 有不同的汉语译名，除"位移事件"外，还有"运动事件""移动事件"等。本书认为"motion"指"（主体相对背景的）位置改变"，和"位移"的语义最接近。因此，本书采用"位移事件"这一译名。

"他在教室里")。

语言形式的"多功能性"(multifunctionality)是一种跨语言普遍可见的共时现象,是语言的本质特征;所谓的"多功能性"是指语言中某个编码形式(词汇形式、语法形式、语法成分、语法范畴以及结构式)具有两个或两个以上不同而相关(related)的功能(吴福祥,2011)。空间位移图式是一种能产性极强的认知图式,常常为其他抽象的概念域(如时间、数量、状态、过程、心理、关系、地位等)提供认知框架,并作为结构模板来表征各类抽象概念(赵艳芳,2001)。许多关系范畴均可以看成空间范畴的隐喻或引申(Anderson,1971;Heine 等,1991:118;刘丹青,2013 [2003]:82)。因而在世界语言中空间位移表达具有多种语法功能是一个普遍的现象。路径动词、路径介词、处所动词在汉语共同语和方言中皆常用以表达其他关系域中的概念。

那么,汉语方言的位移事件表征体系和共同语有哪些不同?方言中位移"路径"的编码形式和共同语有哪些区别?"路径"表达又是如何实现语义和句法功能的扩展?带着这些问题,我们以苍南吴语为调查对象。首先在类型学框架下考察苍南吴语位移表达(包含动态物理位移和静态处所)的句法语义特征,聚焦位移事件核心图式(core schema)[路径]的表征模式;然后,在语法化观照下探讨苍南吴语位移事件中的"路径"表达(含路径动词、路径介词和处所动词)如何向其他概念域投射,即路径表达在共时层面呈现出怎样的多功能性,这些多功能形式之间的内在联系和演化机制是怎么样的?

简而言之,本书拟回答以下两个问题:一是苍南吴语如何表征空间位移;二是苍南吴语的空间位移表达还可以用来表征哪些非空间概念。具体而言,本书研究主要包含以下四个方面内容:

(1)在位移事件类型学的框架下,考察苍南吴语位移事件表达模式及特征。

(2)在语法化观照下,考察苍南吴语路径动词如何向相邻范域延伸。

(3)在语法化观照下,考察苍南吴语路径介词的"前世"和"今生"。

(4)在语法化观照下,考察苍南吴语处所动词的语义发展。

第三节　语料来源和体例说明

一　本书主要语料来源

1. 方言田野调查语料。书中苍南吴语语料主要来自附录 2 的方言合作人（informants）。此外，笔者本人出生于苍南县灵江镇，以苍南吴语为母语，15 岁上高中之前几乎未离开灵江镇，之后和父母交流也依然使用母语，对于研究中出现的苍南吴语语料差异能够进行内省。部分例句来源于笔者和主要合作人日常对话的随听随记。少量母语者内省例句，均与合作人核对。

2. 以无声影像《梨子的故事》（The Pear Stories）为诱导的苍南吴语和普通话口述语料。《梨子的故事》这部电影是 20 世纪 70 年代中期由美国加利福尼亚州立大学的 Wallace Chafe 教授设计的。电影时长不到六分钟，彩色，有背景音乐，但无对白与字幕。该电影主要讲述了一个小孩偷梨子的故事。其情节大致如下：一位农夫在收获梨子，但这些梨子后来被一个骑自行车的男孩儿偷走了。这个男孩儿骑车载梨时在路上被石头绊倒，得到路上另外几个男孩儿的帮助，然后送梨给他们表达谢意。后来得到梨的男孩们路过农夫处遭到怀疑。这一部分诱导性口述语料为本书定量研究提供了重要依据。

3. 部分用以比较的温州方言语料来自 Alberta 大学的《温州方言口语资料库》（The Wenzhou Spoken Corpus，WSC）。WSC 是新加坡南洋理工大学 Jingxia Lin 和美国 Alberta 大学的 John Newman 联合开发的在线可检索口语语料库，包含了六个子库：面对面对话、电话交流、温州新闻评论、网络聊天、故事和温州歌曲。绝大多数资料采集于温州市区和乐清市，时间跨度为 2004—2006 年，共有语料 15 万字。

4. CCL 语料库现代汉语语料。部分用以说明和对比的现代汉语语料来自 CCL 语料库。

二　体例说明

1. 书中例句不刻意求本字，写不出本字的用方言同音字替代，下加波浪线标示；没有同音字的直接用国际音标标出声韵。

2. 书中田野调查及少数自拟例句均加上普通话注释；引用例句如果原文有普通话注释，则连同一起引用，如原文没有对应的普通话注释，一般不另加注。

3. 书中例句凡属引用均在文中注明出处。没有标注的现代汉语普通话语料均来自 CCL 语料库，或网络资源。

4. 例句的序号，一章之内从（1）开始顺次编号，一组例句以 a、b、c 顺次编号；下一章重新从（1）开始。

第四节　相关研究述评

本节拟对国内外有关汉语位移事件以及位移事件核心要素［路径］表达的句法多功能性的相关研究做简要评述。

一　汉语位移事件研究概述

（一）关于汉语位移事件类型

位移事件类型学（typology of motion events）的提出，引发了海内外学者对汉语位移事件编码（encoding）模式的关注。目前学界对汉语位移事件的考察主要以共同语为对象；研究方法大致分为三类：一为汉语位移事件表征模式的讨论（Tai, 2003; Chen, 2007; Chen & Guo, 2009; 邓宇、李福印，2015；刘岩，2013；范立珂，2015 等），二为横向跨语言比较研究，通过汉语与典型卫星框架语言（satellite-framed language，下称 S 型语）[①] 和动词框架语言（verb-framed language，下称 V 型语）的比较，凸显汉语位移事件表达特点（Talmy, 2000b; 柯理思，2003a; Slobin, 2004；李雪，2011；韩春兰，2011；刘静，2012 等），三为纵向历时比较研究，考察汉语位移事件的历时演变规律和类型转变（Li, 1993; Xu, 2006；马云霞，2008；Peyraube, 2006；史文磊，2014 等）。

关于汉语位移事件类型归属的代表性观点有四类：以 Talmy 为代表，认为汉语为典型的 S 型语；以 Slobin 为代表，认为汉语为 E 型语（Equi-

---

① Satellite-framed 也有学者翻译为附加语框架。

pollently framed language 对等框架语)①；以 Tai 为代表，认为汉语为 V 型语；以及以柯理思为代表的分裂型（split-patterned）。首先来看前三类观点，以"他跑进教室"为例，前三者的观点可以表达为表 1.4。

表 1.4 汉语位移事件表达类型的不同分类

	他	跑	进	教室
Talmy-S 型	主体	V$_{方式}$	Sat$_{路径}$	背景
Slobin-E 型	主体	V$_{方式}$	V$_{路径}$	背景
Tai-V 型	主体	Sat$_{方式}$	V$_{路径}$	背景

注：主体=位移主体；V$_{方式}$=方式动词；Sat$_{路径}$=表达路径的卫星元素；Sat$_{方式}$=表达方式的卫星元素；V$_{路径}$=路径动词；背景=位移参照点。

从表 1.4 可以看出，三者争论的焦点在于汉语动趋式表达中，方式动词和路径动词的语义核心和句法功能的问题。有关三者观点差异和立足点的讨论，许多文献均有介绍，本书不赘述（参看史文磊，2014：50—61；李雪，2011 等）。各家评述中，沈家煊先生（2003）提出应区分"结构核心"（Syntactic core）和"语义核心"（Semantic core）的观点，是非常具有启发意义的。沈先生认为汉语表达位移的动趋式中形态句法核心为 V1 方式动词，趋向补语可视为意义核心。核心框架语②的"核心"指的是结构核心。故而，汉语应该不属于动词框架语，但也不是典型的卫星框架语。

柯理思（2003a）、Lamarre（2005、2007）则一再强调，汉语位移事件并非 Talmy 提出的卫星框架结构，也非 Slobin 等倡导的对等框架结构，而是分裂型结构和混合型语（blended-patterned）。事件的类型决定了[路径]由动词还是卫星表达。

柯理思（2003a）根据外部致事（causer）的隐现，将位移事件分为两类，自主位移（autonomous motion）和致使位移（caused motion），自主位移事件可进一步分为无生位移（non-agentive）和有生位移（self-agen-

---

① Talmy（2009）激烈反对 E 型语这种过渡性术语，并提出了区分主动词的 9 条标准，将汉语动趋式中方式动词界定为主要动词，即汉语为 S 型语。

② 沈家煊（2003）建议把动词框架改称为核心框架（core-framed），以与附加语框架或卫星框架（satellite framed）相对。

tive）两类。每一类事件可以有不同的编码类型，以普通话为例。

Ⅰ．有生自移事件（self-agentive motion event）：路径可用"趋向动词"（如1a）或"副事件动词+趋向补语"表达（如1b）。

(1) a. 他进了教室。（V型结构："趋向动词"）
　　b. 他走进了教室。（S型结构："副事件动词+趋向补语"）

在有生自移事件中，主体是有生命体，可以随己意移动。

Ⅱ．无生自移事件（non-agentive motion）：路径以"副事件动词+趋向补语"表达为常。例如：

(2) a. 球踢进了球门。（S型结构："副事件动词+趋向补语"）
　　b. 球进了球门。（V型结构："趋向动词"）

在无生位移事件中，主体是无生命体，不具备自主执行位移的能力，但是这里的外部致事是隐含的，没有显性的表层形式标记。虽然这类事件也可以表达为V型结构，但是以S型表达为常。

Ⅲ．致使位移事件（agentive）：路径只能用"副事件动词+趋向补语"表达。

(3) 我把球踢进球门。（V型结构："副事件动词+趋向补语"）

在致使位移事件中，"外部致事"在语言层面是显性的，致事的动作导致受事做出相关的位移动作。在例（3）中，外部事件"我踢"导致受事"球"的位移，趋向补语"进"说明受事位移的路径。

总而言之，普通话中自主位移事件可用S型和V型两种结构表达，而在致使位移事件中，必须出现副事件动词，即只能用S型结构编码。而在法语和日语等典型的V型语中，路径可以由致使路径动词（causative path verbs）编码。例如：

(4) a. sortez vos papiers　　（法语）
　　[exit$_{CAUS}$-IMP your papers]

出_{致使}-祈使　你的　证件

(出示你的证件)

b. mibunshoo wo dase　　(日语)

[papers-ACC exit_{CAUS}-IMP]

证件——宾格　　出_{致使}——祈使

(出示证件)

(以上两例引自 Lamarre 2008：76，中文为笔者加注)

在古汉语中，趋向动词可表致使位移（如例5中的"出"）。

(5) 我<u>出</u>我车……（《诗经》）（我把车开出来。）

我们认为 Lamarre 的分类是非常有意义的，对于汉语位移事件类型的观察也相当准确。Yiu（2014）的研究也表明，汉语方言中自主位移和致使位移事件路径编码手段不尽相同。

以上关于汉语位移表征模式的讨论还有以下两点不足：

第一，对汉语方言位移事件表达的关注不够。汉语位移事件研究的主要对象为汉语共同语，以汉语方言为对象的位移事件研究成果屈指可数。主要的成果有 Lamarre（2005）、柯理思（2003b）关于汉语方言和共同语之间编码方式差异的讨论；Tang 和 Lamarre（2007a、2007b）以及唐正大（2008）所进行的陕西关中方言与普通话趋向表达的句法语义类型比较；以及 Yiu（2014）有关汉语五大方言位移事件表达类型学差异的研究。Yiu 力证了汉语五大方言均经历了从 V 型语向 S 型语的历时演变，但演变速率不同，表现为"吴语>官话>客家语>闽语>粤语"，且该演变还在延续中。也就是说，吴语最接近 S 型语一端，而粤语保留了最多的 V 型语特征。但是遗憾的是，Yiu 的研究涉及了五大方言的比较，某些方言的语料不够精确，分析不够详尽（姜淑珍，2017）。这是非母语者进行方言研究不可逾越的障碍。

第二，对汉语介词编码路径的关注不够。汉语位移事件类型讨论的焦点大多在趋向补语上，而忽略了汉语介词也是表达路径的重要卫星成分。例如，Talmy（1985，2000b）提出汉语属于 S 型语的依据便是汉语动趋式中，方式动词为主动词（frame verb），趋向补语为卫星成分（satellite）。

沈家煊（2003）、Tai（2003）、柯理思（2003a）、Chen 和 Guo（2009）主要关注的也是连动结构的 V2。不难看出，学者讨论的"卫星"大多仅限于附加在动词后面的成分，排除了前置词、方位词等一类必须和背景名词组合的成分。

实际上，汉语位移事件路径信息的表层编码形式除了路径动词（含主要动词和趋向补语）外，还有一类重要的形式：介词（附置词 adposition，含前置词和后置词）（详见刘丹青，2013 [2003]：151—161）。

根据 Talmy（2000b：53），路径是一个复合体（path complex），可以分解为三个主要的成分：矢量（VECTOR）、构向（CONFORMATION）和指向（DEICTIC）。

其中矢量指在位移过程中，主体以背景为参照形成的动态性阶段属性（Vector refers to the dynamic phase property of the Figure's movement with reference to Ground on the route of motion.）（Chu，2004：147）。英语主要以小品词编码矢量信息。例如：

(6) Rosie the hen went for a walk <u>across</u> the yard <u>around</u> the pond <u>over</u> the haystack <u>pass</u> the mill <u>through</u> the fence<u>under</u> the beehives and got <u>back</u> in time for dinner.

（*Rosie's Walk*，Pat Hutchins，1968）

而汉语的矢量信息则可以通过主要动词或趋向补语①表达，还可以通过介词来协助表达。例如：

(7) a. 他<u>进</u>了教室。（V_{矢量}+G）
b. 他跑<u>进</u>教室里。（V+Sat_{矢量}+G+Sat_{构向}）
c. 他<u>从</u>教室里跑<u>出</u>来。（P_{矢量}+G+Sat_{构向}+V+Sat_{矢量+指向}）

---

① 编码矢量的趋向补语除了纯粹的路径动词，还有一类是含路径义动词，如"走、跑、飞、散、翻、倒、掉"等。这类词的词化模式为［方式+路径］，为复合动词（一般归为方式动词，而不归为路径动词）。进入补语位置后，方式信息已由前项动词承担，这类动词的路径义得到凸显，如"打<u>翻</u>、跑<u>走</u>"。这类词也是矢量表达的重要形式之一。本书一并归在趋向补语表路径中讨论。

上例（7c）中的矢量信息由前置词"从"和趋向补语"出"共同编码。汉语的介词（前置词）在位移事件中的功能主要是标引事件语义角色，标引源点（如"从、打、自、于、由"等），标引途径（如："从、经、沿、顺"等），标引方向（如"往、朝、向等"）、标引终点（"至、在、于、及等"）。

再来看构向信息的表达。构向指主体和背景所形成的几何置向关系（Talmy，2000）。英语的构向往往和矢量融合（conflation）在一个卫星成分中，而汉语则常常分开成两个形式表达。例如：

（8）a. He ran into the room. （V+Sat_{矢量+构向}+NP_{背景}）
　　 b. 他跑进教室里。（V+Sat_{矢量}+NP_{背景}+Sat_{构向}）

后置的方位词（localizer）是表达位移构向信息的主要手段[①]，如例（8b）中的"里"，而在静态处所表达中编码构向信息的方位词使用强制性更高。例如：

（9）a. The pencil is on the table.
　　 b. 铅笔在桌子上。

此外，指向类路径信息指示以言者为参照的空间关系，在汉语中除了用指向动词（deictic verb）"来、去"编码外，还可用指示词（deixis）"这儿、那儿"来表征，例如："我这儿""他那儿"。这类附加于指人名词的后置词，根据刘丹青（2013［2003］：109-115，288）也是汉语介词系统的一个重要部分。总之，汉语位移事件"核心图式"的表达复杂，包含用作主动词和趋向补语的路径动词，也包含编码矢量的前置词和编码构向的后置词。

[①] 汉语方位词在位移事件中表征的概念属于［背景］还是［路径］中的［构向］是有争议的，参看李亚非（2009）、刘丹青（2013［2003］：168—174）。我们认为它们是［路径］要素的一部分，表达［路径］中的［构向］概念要素。在共同语中，用以标记构向类路径信息的后置方位词主要有：上、下、前、后、内、里、外、左、右、旁、中、间、东、西、南、北（赵元任，1979：279—280）。

(二) 关于汉语静态事件

Talmy（2000b）将物理位移（Physical Motion）和静态处所（Stationary /Locatedness）均视为位移，即静态事件为位移事件的一类。例如，（10a）和（10b）均为位移事件，可以分析为：

(10) a. He ran into the room.（他跑进房间。）
[He MOVE into the room]框架事件←——方式 [he ran]副事件
b. He lay on the sofa.（他躺在沙发上。）
[He BE located on the sofa]框架事件←——方式 [he lay]副事件

（10a）中框架事件的激活过程"位移"要素是 MOVE（移动），（10b）的"位移"要素为 BEloc（静止），（10a）框架事件的系联功能"路径"（into）是经由轨迹，而（10b）框架事件的系联功能"位置"①（on）为占据空间。

沈家煊（2003）也认为物体的静止存在可视为位移事件的一种特殊形式。我们认为静态事件视为位移事件的下位概念是有哲学理据和认知基础的。

从哲学角度上看，虽然在人们朴素的认识中有运动和静止之分，但是辩证唯物主义指出，运动是物质的固有属性和存在方式，它包括宇宙间所发生的一切变化和过程；静止是运动的特殊形式，是事物在一定条件下处于质的稳定阶段或暂时的平衡状态（嗣奎，1984）。简言之，空间位置保持不变是位移的一种特殊形式。

从认知角度来看，人们在描述一个场景时，总是以显性的语言提述场景的某些部分，将该部分置于注意力的前景位置；而通过忽略该场景的其余部分，将其置于注意力的背景部分。例如，"他走到街对面"为典型的位移事件，如果认知主体的注意力视窗（windowing of attention）开启为该事件的终端，即仅以显性语言提述事件终端信息，而将其他部分背景化而关闭视窗。这一位移事件的终端部分就是"他在街对面"（参看 Ungerer & Schmid, 2006：218—229；邓宇，2014）。

Langacker（1987：167）更是将位移视为运动体（mover）在时间流

---

① Talmy 将位置（Locatedness）作为路径（PATH）的下类。（见本章第五节讨论）

中不同的时刻占据不同的位置而产生的一系列改变。运动体在时点 t_1 占据位置 l_1、在 t_2 占据 l_2……t_n 占据 l_n，运动体在不同时间点占据的位置构成一个序列。换言之，从每个时间点 t 来看，运动体均占据了一个相对静止的位置 l，也正是从 l_1、l_2……l_n 构成了整个位移的路径。

总之，Talmy 将静态事件归为位移事件的一类是有理据的。

在英语中，静态事件的核心图式一般由介词短语即卫星成分来编码。而汉语的静态事件核心图式一般由两部分组成，第一部分是以"在"指明性质为空间关系；第二部分为用后附于处所名词的方位词指明所说东西是在某物的旁边、上边还是里边，来细说空间关系（沈家煊，1993）。例如：

（11）a. The bag is <u>on</u> the table.
　　　b. 书包<u>在</u>桌子<u>上</u>。

英语用 on 这一卫星成分表达的方位关系，汉语需要以"在……上"共同表达，方位词"上"指明了主体和背景所形成的几何置向关系。

当然，汉语中也有"他在图书馆""他在巴黎"这样的表达，[构向]隐没。但需要指出的是，"图书馆""巴黎"这类名词和普通名词不同，它们是具有方位义的处所名词或地名，本身具有指示物体空间位置的功能。例如，我们可以说"在图书馆""在巴黎"，却不可以说"在门""在书架""在房子"（参看 Chappell & Peyraube，2008：15—37），同样我们可以说"在房子里"不能说"在巴黎里"。因此，这类词语不仅承载了［背景］信息，而且还承载了部分［位置］信息。Chappell 和 Peyraube（2008：15—37）将汉语中指示物体空间位置的词语称为处所词（place words），共有包含五类：

Ⅰ. 地名或地理位置，如"中国""巴黎"。

Ⅱ. 自身含有方位义的名词（nouns with an inherently locative value），即用作地名的处所名词（nouns for places used as place names），如"学校""饭馆儿""图书馆"。

Ⅲ. 表达空间指示的双音节方位词，如"里头""东边儿""旁边儿"。

Ⅳ. 普通名词后附单音节或双音节方位词，如"桌子上""房子背后"。

Ⅴ. 指示性方位代词，如"这儿""那儿"。

方位词表示相对的空间位置方向，需要参照物才能确定位置，而处所词表示绝对的、没有参照物的空间位置（郭锐，2002：207）。以上五类词均具有指示物体具体空间位置的作用。按照刘丹青（2013 [2003]：168—174）的观点，上述第Ⅰ类可以看成零后置词为核心的后置词短语（PosP）。换言之，"在巴黎"和"在屋里"的深层句法结构是一样的，两者均为框式介词结构。

(12) a. 在屋里：[$_{PreP}$ 在 [$_{PosP}$ [$_{NP}$ 屋] 里]]
b. 在巴黎：[$_{PreP}$ 在 [$_{PosP}$ [$_{NP}$ 巴黎] ø]]

由于汉语特殊的规则，在兼有处所词性质的 NP 后面，可以出现后置词（学校里），也可以不加后置词（学校），即用零后置词（在专有地名后则通常强制性地删除后置词）。我们认为刘先生的这一观点很好地解决了"在巴黎"这种结构中［位置］要素由谁承载的问题。

李福印（2015）通过实验手段归纳了普通话静态事件表达格式，主要有下面五类，使用比例如下：

Ⅰ. 动词"在"+方位名词短语 （43.6%）（如：刀子在树干上。）
Ⅱ. 方位名词短语（33.8%）（如：架子上。）
Ⅲ. 方式动词+介词"在"短语（6.8%）（如：绳子绑在两根柱子上。）
Ⅳ. 动词"在"+名词短语（6%）（如：猫在副驾驶座。）
Ⅴ. 介词"在"短语+方式动词（4.8%）（如：在头上戴着。）

李先生认为Ⅰ、Ⅱ式中［路径/位置］=方位词；Ⅲ、Ⅴ式中［位置］=介词短语；而Ⅳ式［位置］是由动词"在"承载还是名词短语承载，或由整个构式承载尚需讨论。

李先生的统计反映了汉语静态事件概貌，是非常有价值的。尚有几点可商榷。

第一，李先生的分析并未考虑处所动词"在"表达［位置］信息上的作用。正如沈家煊先生（1993）指出"在"指明了事件的性质，是汉语空间关系表达的第一步。所以，不管是动词还是介词的"在"均应视为［位置］信息的重要部分。

第二，Ⅳ式中的"副驾驶座"并非普通的名词短语，而是一个处所词（place word），与Ⅰ式的实质是一样的，［位置］信息由"在"和零方位词共同承载。

第三，实际上，Ⅱ式为Ⅰ式在答句中的省略。在李先生的实验中，实验者以"××在哪儿？"为问句，所以在答句中部分被试将已知的旧信息省略。从句法结构上看，Ⅰ式和Ⅱ式是相同的。

综上，汉语静态事件的基本表达格式为："F（+V$_{方式}$）+在+G+Loc（+VP）"，其中"在"指明了主体和背景之间是静态的空间关系，融合了［静止］和部分［位置］要素；而处所词则承载了［背景］和部分［位置］的信息，处所词若自身为含有方位义的名词，后置的方位词为零形式。即：

"在"：［静止］+［位置］

处所词：［背景］+［位置］

同物理位移事件一样，［方式］、［致使］等外部事件要素可省略。

李福印先生从事件类型学的角度考察汉语空间处所关系，对汉语静态事件进行了深入分析，总结了汉语静态事件表达的各类格式，并呼吁学界对此问题进行后续研究。李先生指出静态事件几乎完全为学界所忽视。从位移事件研究角度来看确实如此。但是换个角度看，空间处所关系是空间系统中非常受关注的部分，汉语存现句研究的成果可谓浩如烟海，如吕叔湘（1982［1942］）、范方莲（1963）、范继淹（1982）、李临定（1986）、汤廷池（1977）、齐沪扬（1998）、范晓（2007）、孙文访（2015a）均有过深入的论述。但李先生从位移事件类型学角度来考察空汉语空间处所关系，是非常有价值的。

二　汉语路径表达多功能研究概述

在认知语言学中，空间被看成起着"元概念"（meta-concept）的作用，因为它是"用来理解其他概念的概念"（Lakoff & Johnson，1980：14）。空间位移图式是一种能产性极强的认知图式，常常为其他抽象的概念域（如时间、数量、状态、过程、心理、关系、地位等）提供认知框架，并作为结构模板来表征各类抽象概念（赵艳芳，2001）。换言之，空间是人们认知其他抽象概念的基础，许多关系范畴均可以看成空间范畴的隐喻或引申（Anderson，1971，Heine et al.，1991：118，刘丹青，2013

[2003]：82）。因而在世界语言中空间位移表达具有多种语法功能是较普遍的现象。例如，相当于"来""去"的指向动词（deictic verbs）在世界语言中普遍发生语法化，"来"在世界语法化词库中有发展为 venitive（向心标记）、consecutive（接续词）、continuous（持续体标记）、hortative（劝告语气标记）的报告（Heine & Kuteva，2012：89—91）；"去"则由位移动词演变为标识状态变化的助动词、接续词、持续体标记、远指指示词、劝告语气标记等（Heine & Kuteva，2012：212—218）。石毓智、白解红（2007）总结 Bybee 等（1994）和 Heine 和 Kuteva（2012）的研究数据，并指出"来"发展成将来时间概念的有 28 种语言，"去"发展成将来时间概念的有 24 种语言。

根据 Talmy（2000b）的概念结构模式，在位移事件的四个核心概念要素（主体、位移/静止、背景、路径/位置）中，位移/静止是最本质的、最稳定的要素，因此最为凸显，往往成为保留义素，而其他诸要素均是可变的。其中任何一个概念要素的改变，都会导致语义的改变，或者发生语法化。譬如，"涉"本指"踩水过江河"，后来"泛指通过（可以指通过沙漠等无水地带）"（董秀芳，2005），在该语义演变中，[背景]要素发生了改变。"涉"还引申为"进入、到"，这时[背景]和[路径]均发生了改变。此外"涉"还发展出了"经过、经历"的义项，则是从空间范畴向时间范畴的隐喻投射，此时"涉"携带的[主体]的语义角色和[背景]均发生了改变。"涉"在"涉及"这样的词语中则成为词内成分，这便是语法化的词类降级。

[路径]是位移事件的核心要素。上节已经论述了，汉语路径表达的主要手段有路径动词、路径介词和处所动词/介词以及表征构向信息的方位词。这几类[路径]编码模式在汉语中具有多种功能是非常普遍的现象，关注这三类路径表达多功能和语法化的相关文献也相当丰富。

（一）汉语路径动词多功能和语法化研究

路径动词在汉语语法研究中多被称为趋向动词。[①] 在 20 世纪 80 年代

[①] 在位移事件类型学中，"路径动词"（path verb）是与"方式动词"（manner verb）"致使动词"（causative verb）等相对的概念。汉语的纯粹路径动词（不包含方式义的趋向动词）大体就是趋向动词（directional verb），是一个相对封闭的类。本书在指涉位移事件中"编码路径要素的动词"时使用"路径动词"这一名称，而在句法分析中，一般用"趋向动词"这一术语，两者所指的范围基本相同。

汉语学界开始认识到趋向动词可表不同的语法意义。对这种现象，学界有一个不断深化的认识过程。一些学者侧重趋向动词共时平面不同用法的差异，认为趋向动词表示空间趋向的用法应该与其他用法分离开来，如陈昌来（1994）、胡裕树和范晓（1995）把动词后的趋向词划分为不同性质的语言单位；张谊生（2000）认为应当根据语义的不同分为趋向动词、表时态义的趋向词等；卢英顺（2001）认为趋向动词在共时平面的功能已经明显分化，不宜笼统地称为趋向动词，而应该将它们分化为动词和体助词两类。20世纪末到21世纪初，随着语法化理论在中国的引进和发展，学界开始认识到"语言成分的多功能性是历时演变的产物"（吴福祥，2011），并存于某个共时层面的多种意义或功能是其在不同历史阶段先后产生发展出来的。例如，刘月华（1998）就把趋向补语的主要语法意义归为趋向意义、结果意义、状态意义三大类。虽然刘先生没有直接提出"语法化"的概念，但已经明确指出趋向补语所表示的结果意义是趋向意义的引申和虚化，其状态意义更加虚化，与动态助词"了"的作用已经十分接近。刘先生的观点得到大多数学者的认可。之后对于汉语趋向动词语义演变的研究大多基于此观点。王国栓（2005）立足功能语法理论，逐一分析汉语简单趋向动词和复合趋向动词，并较全面地讨论汉语趋向动词的历史演变。梁银峰（2007）讨论了汉语趋向结构的产生与演变，尤其对"来/去"由趋向动词演变为事态助词、动相补语、目的标记、祈使语气词等过程和语法化机制有较细致的分析。此外，还有王芳（2009）、胡晓慧（2012）、董淑慧（2012）等均从不同角度对汉语趋向动词的演变进行了考察。

汉语方言路径动词多功能的研究可谓方兴未艾。以往，汉语方言路径动词的讨论大多散见于各类方言词典中。而最近几年，随着方言语法研究的兴起，语言学界认识到"汉语方言语法的差异相当多，相当大"（李如龙，1997：4—7）。汉语方言中趋向词系统和多功能模式与共同语不尽相同、甚至相去甚远，对汉语方言路径动词多功能和语法化的关注也越来越多。较具代表性的当为吴福祥（2010）、董秀芳（2013）论述了汉语个别方言中与趋向动词相关的几种语法化模式，包含趋向动词发展为时体标记、补语标记、比较标记、傀儡补语、能性助词、时空介词、与格介词等。董秀芳（2015）还论述了普通话和方言中趋向词进入时间范畴后，可能继续发生主观化，而获得情态义。蔡瑱（2014）则着眼于在类型学的视野下对汉语"起"组趋向词进行跨方言比较研究。而更多的文献则是关于单点方言中某个趋向词演变的研究。邢向东先生是较早关注方言趋向动词多功能的学者之一。邢向东（1994）讨论了内蒙古晋语中趋向动词的引申用法；邢向东（2009、2011、2011）对陕北神木话的趋向动词多功能和语法化有持续的关注和深入的讨论。此外还有孙立新（2007）户县方言的趋向动词研究；林华勇、郭必之（2010）廉江粤语指向动词"来""去"的语法化和语义功能趋近都讨论了一些方言路径动词语法化的现象。我们不一一枚举。

在汉语路径动词语法化中有一个非常关键的环节，即"动相补语"阶段，路径动词往往通过"动相补语"发展出其他各类功能。例如，"趋向动词>趋向补语>结果补语>动相补语>体标记"（梁银峰，2007；董秀芳，2013；史文磊，2014等）；"趋向动词>趋向补语（>结果补语）>动相补语>傀儡补语/补语标记"（吴福祥，2010）；"'得'义动词>动相补语>能性补语/体标记/补语标记"（吴福祥，2009）等。然而，对这个关键的语法化环节，学界尚未有统一的认识。

Phase complement 这个术语是由赵元任先生（Chao, 1968）首先提出的。吕叔湘译为"动相补语"，丁邦新译为"状态补语"。国内学者对这类虚化程度介于结果补语和时体标记之间的语法成分，也是称谓不一。刘月华（1998：25）称为趋向补语的状态意义，"指示一种新状态的开始、已存在的状态的持续或终结"。吴福祥（2001）将动相补语定义为表示动作（或状态）已实现或有结果的补语性成分。梁银峰（2005）认为它们是"准体标记"（quasi-aspectual marker）。沈阳、玄玥（2011：3）称为"虚化结果补语"。陈前瑞（2008：93—95）把"phase"理解成"阶段"，指出"阶段补语应该是指汉语动词后面表示动作各种阶段的补语"。

我们认为以上界定均反映了这种半虚化的补语的某些特征，但是以上界定和术语使用大多有一定的局限性。

首先，"相"（phase）一般指情状的某一特定阶段（Comrie, 1976）。从字面上看，"动相"即"动作的相（阶段）"，应该不仅仅包含动作的完成结束状态，还包含动作过程的其他阶段，如开始、持续等。如果将动相补语定义为介于结果补语和完成体标记之间的一种准体标记，那么它们再一步虚化的目标只能"完成体标记"。这是狭义概念的"动相补语"。

其次，"虚化结果补语"这一术语指明了这类补语原本是一种结果补语，只是在发展的过程虚化了。换言之，该术语限定了这类语法成分的来源是结果补语。而实际上这类补语也可能通过其他途径演变而来，如通过趋向补语隐喻投射而来，故而"虚化结果补语"的术语也不一定准确。

最后，陈前瑞（2003：36，93—96）的"阶段体"概念囊括了表示起始、延续、完结和结果等事件内部发展的阶段。这和刘月华先生所述的趋向补语的状态义内涵相似，是广义的概念，和本书界定的内涵是一致的。但是"阶段补语"这一术语的使用有一定限制。

我们认为"动相补语"这一术语，一则有使用基础，二则"动相"可以表示状态的开始、持续和结束等各个阶段。本书以"动相补语"指称虚化程度高于趋向、结果补语，可表示状态的各个阶段（含开始、延续、完结等），且尚未发展为真正的体标记的这类半虚化语法成分，为广义的动相补语，包括起始相、延续相、完结相等。

结果补语常常进一步虚化为完结相，而完结相进一步发展则成为完成体标记，在讨论路径动词语法化中，需要有较清晰的区分标准。刘丹青（1994、1996）、吴福祥（1998）、玄玥（2008）、沈阳和玄玥（2011）从不同角度提出了区分三者标准。我们取各家所长，总结如下：

两者的区别在于：（1）结果补语凸显某个动作完成和实现之后的结果，而完结相表示动作完成、达到了预定的目标，并呈现出某一种状态。（2）结果补语的语义指向可以是施事、受事，也可以是谓语动词。完结相的语义指向只能是谓语动词。（3）含有结果补语的动补结构通常具有扩展形式，动相补语则不能。（4）从句法结构中的位置上看，结果补语和动词关系紧密，和动词构成一个动词短语，而动相补语的形式位置在"体短语"和"动词短语"之间。（5）从论元指派来看，动相补语不能指派论元，结果补语可以指派论元。

完结相还没有完全虚化，和完全虚化的功能性成分完成体标记在句法表现上存在差别。主要表现在：（1）从有无可能式来看，"V+动相补语"构成的还是动补结构，可以在动词和补语之间插入"得/不"变成可能式动补结构。动词和完成体标记之间则不能插入"得/不"变成可能式。（2）从句法位置上看，完成体标记可以用在动结式动补结构之后、宾语之前。动相补语通常表示动作的完成，所以一般不用在动结式之后宾语之前的位置。（3）从是否叠加完成体标记来看，"动词+动相补语"格式可以后接完成体助词，而"动词+完成体标记助词"之后不能在再出现同类的体助词。(4) 从音韵形式看，动相补语表达焦点信息，能念焦点重音；完成体助词不能表达焦点信息，不念焦点重音。

(二) 汉语路径介词多功能和语法化研究

路径介词的多功能性主要表现在两个方面。一方面，从事件结构角度看，同一前置词可以标引位移事件中的不同语义角色，例如，"从"可以标引位移的源点和途径（"我从北京来" vs. "我从小路走"）；另一方面，路径介词还可用以指示空间位移以外的语义角色，例如，"从"还可以标引时间起点（"从昨天开始"）。路径介词的多功能性在世界语言中常见。例如，Haspelmath（2003）指出英语 to 可表多种语法功能。

(13) a. Goethe went to Leipzig as a student. (direction) ［方向］
b. Eve gave the apple to Adam. (recipient) ［接受者］
c. This seems outrageous to me. (experiencer) ［经验者］
d. I left the party early to get home in time. (purpose) ［目的］

汉语路径介词的多功能性引起了学者们的研究兴趣。崔希亮（2004）讨论了普通话中最常用的路径介词，即"从、由、在、到、向、往"，详尽地分析了每个介词的不同功能，并从认知角度给这种多功能性做出解释。刘丹青（2013［2003］）考察了吴语主要空间介词，并对它们的功能做了区分。例如，刘先生提到北部吴语常用的"勒"一般兼具处所、起点、终点、经由等四种功能。刘先生还指出汉语介词应对应于 adposition（附置词），包含 preposition（前置词）和 postposition（后置词），并在语序类型学的观照下，将汉语的介词系统分为：动源前置词、名源后置词和副源后置词（2013［2003］：151—161）。其中动源前置词为汉语传统语法学所言的介词，名源后置词大抵所指为方位词。前置词可用于标引事件语义角色，如位移事件的起点、途径、方向、目标、终点等等。后置词的主要成员为方位词（localizer）。刘先生的分类对本书研究非常有启发意义。

王玮（2015）则借助语义地图模型，通过对空间位移介词的跨方言比较来建立相关概念的关联模式。王玮的研究出发点不是形式，而是概念，其研究结果不是某个具体形式如何衍生出不同用法，而是一群看似无关的概念在一个连续的概念空间里的分布格局（王玮，2015：303）。王玮的这一范式给了我们很大的启发。此外，语法学界还有为数不少研究路径介词的文献，主要研究范式是考察一个或一组介词的多功能和语法化路径，或者对某一方言中的路径介词的多功能性进行共时平面的描写。例如，中国东南方言的比较研究丛书第4辑《介词》（张双庆、李如龙主编，2000），就有许多此方面的描述。

（三）汉语处所动词多功能和语法化研究

处所动词（locative verb）指的是指示焦点实体相对背景实体所处位置的动词，普通话一般用"在"表示。从语法化过程来看，处所动词常常处在连动结构中后项动词的位置，动词连同它后面的处所名词逐渐失去了独立作谓语的地位而具有了处所短语的特征，是具有一定普遍性的现象。处所动词在很多语言里还可以虚化为持续、进行或未完成体的标记语素（高增霞，2003）。例如，普通话"在"在共时层面上就具有多功能性。例如：

(14) a. 我在家。（处所动词）
　　 b. 我在家看书。（处所介词）
　　 c. 我在吃饭。（进行体标记）

Matisoff（1991）还论及了Lahu（拉祜语）的 chɛˊ，单用时作主要动词，在动词之后作体标记。

(15) a. ŋà　　　nâ?　　ò-ha　　mâ　　chè
　　　 1SG　　 枪　　 灵魂　　 不　　 在
　　　 没有灵魂在我的枪里。
　　 b. yô　　　yɛ　　 te　　chɛˊ ve
　　　 3SG　　 房子　 造　　 PROG
　　　 他在盖房子。

Matisoff还提及高棉语（khmer）里相当于"在"的处所动词也可用作处所介词，或表达一种持续存在的状态（Matisoff 1991）。

再如，刘宁生（1983）、高增霞（2003：84）都曾经论述了，"着"在汉语史上的演变也曾经了"处所动词>处所介词>体标记"过程。

(16) a. 风行而着于土。(《左传·庄公二十二年》)(处所动词)
b. 文若亦小,坐着膝前。(《世说新语·德行》)(处所介词)
c. 见一顶轿儿,两个人抬着。(《碾玉观音》)(持续体标记)

几乎每一本现代汉语语法书均会讨论到"在"的句法多功能性(如吕叔湘,2013;胡裕树等,1981;黄伯荣、廖序东,1981等)。王还(1957、1980)、范继淹(1982)、戴浩一(1981)、齐沪扬(1998、1999)等皆论述过"在"的语义和句法特征。关于"在"语法化的讨论有张赪(2002)、高增霞(2003)、王伟(2009)等。

另外,关于汉语方言处所动词/介词多功能的讨论也不少。例如,刘丹青(2013 [2003])论述吴语处所动词"勒"兼具处所、源点、终点、经由等四种题元标记,且在一些北部吴语中还可以用作体标记。黄晓雪(2007)论述了安徽宿松话中的"在",可用作动词之后处所名词之前表处所位置,同时还可用在句末作语气助词。例如:

(17) a. 鸭在河里划。
b. 佢买一件衣裳在。(他买了一件衣裳了。)

项菊(2012)论述湖北英山方言及许多其他方言的"在"可见表处所、时间、范围、动作的进行、持续,还可表达确认、肯定的语气等。韩启振(2016)还论述了"在"在许多汉语方言(如闽语福州话、西南官话成都方言、赣语岳阳方言)中可以用作无条件连词,并指出该句法功能的来源为:由"处所义"发展为"取决于"继而发展出"任凭"义,进一步语法化为纵予连词,纵予句包含无条件句,"在"于是成为无条件连词。

此外,关于温州市区方言中处所动词 [zɿ⁵³] 的讨论也较多。其中 [zɿ⁵³] 来源问题的争议激烈。游汝杰(1996)记为"是"但未阐述其来源;潘悟云(1988)认为来源于"著";刘丹青(2013 [2003]:194)、马贝加(2006)认为语源为系动词"是";郑张尚芳(2008:242)和颜逸明(2000)认为是"在"的白读音。

从以上相关讨论可知处所动词在世界语言中呈现出多功能性是具有普遍性的现象,汉语各方言中处所动词的表现也各有差异。

综上，汉语位移事件表达和路径表达的多功能研究均已经取得了较为丰硕的成果，但也存在不少问题，可归纳为两点：

（1）位移事件类型研究主要聚焦汉语共同语，而对汉语方言中的位移表达模式则极少关注；聚焦动态位移事件的类型探讨，而极少关注静态事件表征的类型特点；聚焦汉语动词编码路径信息时的句法核心问题，而很大程度上忽略汉语路径信息编码形式的多样性。

（2）汉语方言路径表达多功能性的探讨大多散见于各类方言词典，或以单个词项的研究居多，很少有针对某一方言的整个路径表达体系如何向非空间范畴延伸的探讨和研究。

本书苍南吴语位移事件与路径表达多功能的研究正是致力于弥补以上研究的不足，以拓展汉语位移事件类型学和语言形式多功能研究的视角和空间，并为同类研究提供经验证据和理论支持。

第五节 相关理论背景

一 位移事件类型学

Fillmore（1982）在提出格语法（case grammar）理论时，构建了位移框架模式，由位移动词的三个格（论元语义角色）：起点（source），路径（path）和终点（goal）组成。而在其后发展的框架语义学中，Fillmore 将位移视为一个基本框架（frame），并表述为"某个位移主体（theme）从某一起点出发，经过某一空间，最终到达某一终点"。格语法中三个语义角色发展成了框架语义学（Frame Semantics）（Fillmore & Atkins，1992）的四个框架要素（主体、起点、路径、终点）。这里主体指发生位移的运动主体，即谁发生了位移；起点是位移发生前主体所处的位置；终点则是位移结束时主体所处的位置；路径是主体在位移过程中经过的界标（landmark）。Fillmore 的位移框架要素尚不完善，[位移]还未作为一个独立要素离析出来，但是位移框架为位移事件类型学的提出提供了基础。

除了 Fillmore 的位移框架，Lackoff 和 Johnson（1999）、Langacker（1987）、Jackendoff（1983，1990）均从不同角度提出了自己的架构和分析。Lackoff 和 Johnson（1999）将"起点—路径—终点"位移图式扩展为"主体、源点、目标、路线、实际路径、特定时间点主体的位置、特定时间点位移的方向、位移终点等",并指出位移图式可作为一个基本源域映射到其他抽象的概念域。Langacker 在认知语法框架内对位移事件进行分析,并将位移事件定义为:"某个实体在单位时间的位置变化"(Langacker,1987:167)。认知主体通过顺序扫描的方式来表征位移事件。Jackendoff 则在概念语义学理论下对位移事件进行描述,认为位移事件是一个更加抽象和笼统的概念结构。这一抽象概念结构的"功能—论元"表征就是位移事件的概念框架。

在位移事件的相关研究中,最具系统性的当数 Talmy(1985、1991、2000)的位移事件类型学理论。Talmy 指出"事件"往往有内部结构。如果事件内部结构简单,就用单句来表达,这个事件就是单一事件;如果事件内部结构复杂,就用复句表征为一个复杂事件(complex event)。但是在实际语言中,人们往往把本应该用复句表达的复杂事件用单句来表达,复杂事件也被认知为一个单一事件,这个重新概念化的过程就是事件整合(event intergration),整合后的事件复合体就是"宏事件"(macro-event)。例如:

(18) a. The candle blew out because something blew on it.
    (蜡烛灭了,因为什么东西吹向了它。)
    b. The candle blew out. (蜡烛灭了。)

(18a)是一个复杂的致使事件,编码为一个主要事件(the candle went out)和一个从属事件(something blew on it)。而(18b)句将复杂事件整合为一个简单的宏事件。宏事件是一个深层的语义概念,由框架事件(framing event)和副事件(Co-event)复合而成。框架事件具有建立整个宏事件架构的特征,也是抽象的图式,它构建(overarch)整个宏事件的时空框架,比如说明事件发生的空间范围和界限,说明事件的完成与否(表达时体意义)等。Talmy 将框架事件分为四个要素:焦点实体(figural entity)、激活过程(activating process)、系联功能(association function)和背景实体(ground entity)。"焦点实体"是注意的焦点,是整个事件的表述对象。"背景实体"是事件发生的参照对象。"激活过程"包含两个值"转化"(transition)和"固定"(fixity),即"变化"和"不变"。关联功能表述"焦点实体"和"背景实体"之间的关系。"关联功能"或

"关联功能"加上"背景实体"常被视为框架事件的核心图式,框架事件的区别性概念结构特征根本上是由核心图式决定的(Talmy 2000b:218)。框架事件的概念结构见图 1.1。

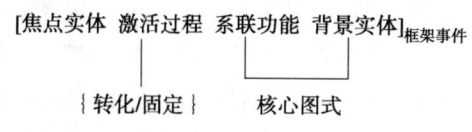

[焦点实体 激活过程 系联功能 背景实体]框架事件
　　　　｜　　　　｜　　　　　｜
　　｛转化/固定｝　　核心图式

图 1.1　框架事件的概念结构（根据 Talmy 2000b:221,李福印导读）

Talmy 将包含位移和静止的情境当作一个位移事件。在位移事件中,框架事件的四个要素分别对应为:

［主体］（figure①）——焦点实体:位移过程中相对参照背景发生位移的物体或概念上可动的物体,往往是事件架构中的焦点信息。

［位移］（motion）——激活过程:是一个抽象的概念,是主体在空间的移动（presence of motion）或者存在方式（locatedness）,位移一般都融合在动词中表达。

［路径］（path）——系联功能:主体相对背景而经由的轨迹或所处的位置。

［背景］（ground）——背景实体:主体位移的参照背景,是主体在特定时间框架内发生位移的参照点。

这些概念要素在语言中需要以特定的表层形式来表达,但是不同语言中,语义范畴以哪种表层形式表达会呈现规律性的不同。

虽然,Talmy 位移事件框架和语言类型的二分受到了一些学者的批评和反对（Beavers et al.,2010；Croft et al.,2010；Slobin,2004 等）,但是 Tamly 的位移事件框架至少有以下几方面的贡献:

第一,构建了语义要素（semantic components）和形态句法属性

---

①　figure 有不同的译名,如,"焦点"李福印（2010）,"动体"（史文磊,2010,2014）"凸体"（严辰松,2008；马云霞,2008）,"凸像"（沈家煊,2003）,"移动主体"（李雪,2012）等,也有学者直译为"图形"与"背景"（ground）相对。在物理性位移事件中,将发生位置改变的物体称为"动体"是合适的。但是,本书讨论的为广义的位移事件,包含了静态事件。静态事件图式中前景化的 figure,也是处于相对静止状态,所以称为动体就不再合适。这也正是 Talmy 不采用 Langacker 等人使用的 mover（运动体）的原因。另"焦点"容易和信息结构中的"焦点"（focus）相混淆。本书将 figure 译为"主体"。

(morph-syntactic properties) 的对应关系，揭示了底层语义成分（meaning）和表层语言形式（surface form）的系统性关联。为语言结构分析、跨语言比较以及语言结构演变的分析等提供了一个明晰的框架。

第二，建立了位移事件类型学理论。Talmy 根据位移事件核心图式（即路径）出现位置不同将世界上的语言分为两种主要类型：卫星框架语（Satellite-framed Language）。位移事件的方式融合于主动词，而路径概念则独立编码为卫星语素（介词、副词、小品词），大多数为印欧语（从拉丁语演变而来的日耳曼语除外），包括英语、德语、俄语等；另一种是动词框架语言（verb-framed Language），其位移事件的路径融合于动词，而方式概念由卫星语素独立编码，以罗曼语为代表，如西班牙语、法语、意大利语、土耳其语等。

第三，Talmy 将含有物理性位移（physical motion）及持续性静态位置（staionariness）的情景都看作位移事件。前者指某一事物相对其他事物或者空间区域可能发生的位置变化，以及事物改变原来聚合形式的过程，后者指一组事物排列组合形成的空间关系以及相对静止事物互相之间的位置关系和占据空间的形式（Talmy, 2000b：218—227）。换言之，Talmy 所研究的位移事件既包含空间物理位移的动态事件（如"他跑出教室"），也包含表示"处所"和"持续存在"的静态事件（如"书包在桌上"）。

换言之，图 1.2 的框架事件概念结构中，激活过程中"转化"对应的是［位移］，"固定"对应的就是［静止］。相应地，位移事件的系联功能为路径（大写的 Path），包含了物理性位移中的路径（小写的 path）和静态处所中焦点实体所占的位置（site）。就 Talmy 所述，静态事件为位移事件的子类、下位概念；"位置"也是"路径"的一类。

图 1.2 显示动态位移事件和静态事件概念要素编码：

简言之，在静态事件中，框架事件的四个要素分别对应为：

［主体］（figure）——焦点实体：概念上可动的物体，事件架构中的焦点信息。

［静止］（stationariness）——激活过程：是一个抽象的概念，是焦点在空间的存在方式（absence of motion, locatedness）。

［位置］（site）——系联功能：焦点实体以背景为参照形成的空间关系。

［背景］（ground）——背景实体：主体在特定时间框架内位置的参

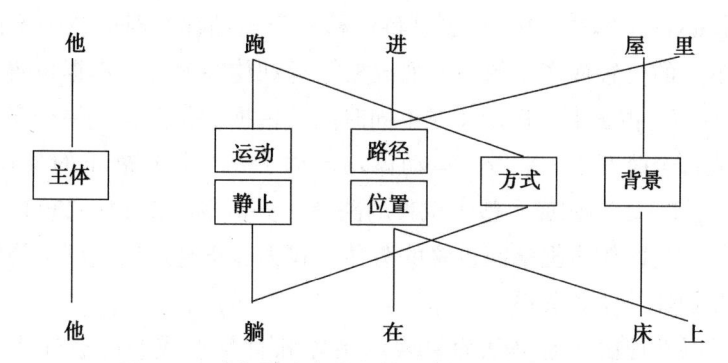

图 1.2　动态位移事件和静态事件要素构成比较

照点。

和动态位移事件类似的是，[方式]作为外部事件是可以缺省的。例如，"他躺在床上"可以省略方式，仅表达为"他在床上"；"画挂在墙上"表达为"画在墙上"。但是，由于"在"语义的限制，并不是所有省略方式的表达都是可接受的（如"他靠在墙上 vs. ? 他在墙上"）。

我们认为将静态事件视为位移事件的下位范畴是有哲学理据和认知基础的。

从哲学角度上看，虽然在人们朴素的认识中有运动和静止之分，但是辩证唯物主义指出，运动是物质的固有属性和存在方式，它包括宇宙间所发生的一切变化和过程；静止是运动的特殊形式，是事物在一定条件下处于质的稳定阶段或暂时的平衡状态（嗣奎，1984）。简言之，空间位置保持不变是位移的一种特殊形式。

从认知角度来看，人们在描述一个场景时，总是以显性的语言提述场景的某些部分，将该部分置于注意力的前景位置；而通过忽略该场景的其余部分，将其置于注意力的背景部分。在语言表达中，人们总是以显性的语言提述场景的某些部分，将该部分置于注意力的前景位置；而通过忽略该场景的其余部分，将其置于注意力的背景部分。这种认知过程便是注意力视窗的开启（windowing of attention）。前景化（foregrounded）、被赋予注意力焦点的部分开启了视窗（windowed），而背景化（backgrounded）、置于注意力后台的部分则关闭了视窗（gapped）（Talmy，2000a：257）。例如，"他走到街对面"为典型的位移事件，如果认知主体的注意力视窗开启为该事件的终端，即仅以显性语言提述事件终端信息，将其他部分背景化而关闭视窗。这一位移事件的终端部分就是"他在街对面"。

Langacker（1987：167）更是将位移视为运动体在时间流中不同的时刻占据不同的位置而产生的一系列改变。运动体在时点 t_1 占据位置 l_1、在 t_2 占据 l_2……t_n 占据 l_n，运动体在不同时间点占据的位置构成一个序列。换言之，从每个时间点 t 来看，运动体均占据了一个相对静止的位置 l，也正是从 l_1，l_2……l_n 构成了整个位移的路径。齐沪扬（2014：239）也指出运动和静止是物体占据空间位置的两种形式，静止与运动取决于物体和另一个参照物体的位置关系。

鉴于以上理由，本书认为将表示主体和背景形成的静态处所关系表达，视为位移表达的一个次类是有理可依的。

二 语言形式的多功能和语法化理论

语言形式的多功能性，即语言中某个编码形式具有两个或两个以上不同而相关的功能，是一种跨语言普遍可见的共时现象（吴福祥，2011）。语法化和语言类型学的研究认为，语法化是一个渐变的过程，一个语法语素在获得新功能的同时，旧的功能并不必然会从语言使用中消失，因此语法语素同时具有多种不同的功能就具有一定的必然性（陈前瑞、胡亚，2016）。

（一）语法化理论

语法化（grammaticalizaiton）是语言演变的一种普遍趋势，而非例外（Croft，1990：241—242）。语法化包含两层既有联系也有区别的含义。其一为共时意义的语法化，即从语义功能到句法形式的语法化，其核心问题是"语法中的意义、范畴从何而来"，即什么样的语义内容和语用功能在语言中形成固定的语法范畴，由专门的句法或形态手段来表示（Traugott & Heine，1991：2；刘丹青，2013［2003］：83）。比如俄语要求形容词和中心名词的性、数保持一致：новый учитель（一个）新来的（男）老师、новая чительница（一个）新来的（女）老师、новые учителя［（一些）新来的老师］。这是语法范畴的语法化。还有语用功能的语法化，比如"焦点本是信息结构的概念，可以算是一种语用功能，但是在匈牙利语中，焦点有非常固定的句法位置，紧靠着动词谓语之前的句法位置就是专放句子焦点的位置，可见焦点在该语言中已被语法化"（刘丹青，2013［2003］：83）。这种从语义、语用到句法的语法化也被叫作句法化（syntacticization）。吴方言中的动词重叠式表达"短时、尝试、略行"等体貌特征应该就是语义范畴的语法化。例如：

（19）杭州话：a. 大家<u>歇歇</u>力再做。（大家歇一下再做。）
　　　　　　b. 我用毛笔<u>写写</u>看。（我试一下用毛笔写。）
　　苍南吴语：a. 逮地下<u>扫扫</u>爻。（把地扫一下。）
　　　　　　b. 丐我<u>试试</u>眙。（让我试一下。）

吴语中用 VV 式表达的语法化了的范畴，在其他多数语言或方言可能需要用词汇手段来表达。这就是共时意义上的语法化，主要是语言类型学关注的话题。

另一种历时意义上的语法化，是指从词汇形式到句法手段及形态的语法化，关注语法范畴和语法成分产生和形成的过程。典型的语法化现象是语言中意义实在的词语或者结构式演变为无实在意义、仅表语法功能的语法成分，或者一个较虚的语法成分变成更虚的语法成分，是实词虚化为语法标记或者已经虚化的词获得新的语法功能的现象或过程（Kurylowicz，1965；沈家煊，1994；吴福祥，2004），是"词汇性（lexical）单位和结构在特定语境中发展出语法性（grammatical）功能或进一步发展出新的语法性功能"（Hopper & Traugott，2003：18）。语法化是语言中普遍存在的现象，是语言演变的一种普遍趋势（Croft，1990：241—242）。这层意义上的语法化关注语言的历时演变。Meillet（1912）最初提出"语法化"这一术语，并定义为"原本的词汇形式向句法形式（如语法词、词缀等）的演化"（转引自 Hopper & Traugott，2003：19），指的就是句法形式形成的历时过程。Traugott 和 Trousdale（2013：148）也从演变的视角指出，"语法化产生之时，即是新的语法形$_{新}$—义$_{新}$配对发生之时"。

近三十年来，语法化研究出现了较多的发展和转向。方法上，由历时转向历时和共时相结合，由描写转向描写和解释相结合；在内容上，由词汇语法化向句法结构、篇章结构语法化的转移；研究取向也由语言内部分析转向语用和认知分析；研究对象从以印欧语、强势语言为主到世界词库的建立，并将单一语言中语法化现象置于世界语言的类型学框架下进行分析；研究手段也由原来的描写主义转向了基于大型语料库、语音分析系统、认知实验等方法的结合。语法化研究呈现出了定性与定量相结合的研究趋势和倾向。

其中最值得关注语法化研究的共时类型学动态化（dynamicization of synchronic typology）的视角，认为共时语言的不同状态可以分析为语言演变过程的不同阶段（Croft，1990）。具体地说，如果语言中存在一个演变的个案，那么很难据此确立一个语义演变的类型，但是如果在世界语言中存在若干类似的现象，而且可以找到中间状态，那就不能说是偶然巧合，而是有共同的动因和机制在起作用（杨永龙，2005）。

本书主要讨论路径表达如何从实在的功能词延伸出语法词的功能，并且在获得语法功能后继续向邻近范畴扩张。所以，本书关注的语法化属于后者。但是由于方言历史材料的缺乏，我们也会参照类型学研究的手段，以共时类型学动态化的视角，考察路径动词、介词的语法化路径、机制和动因。

语法化有一定规律。Givón（1971）提出了著名的"今天的词法是昨天的句法"论述，而且还指出语言会经历一个"篇章>句法>词法>形态音位>零形式"循环演进的过程（Givón，1979：209）。Lehmann（1985）引入衡量语法化程度的一系列参数，指出，语法化过程中自由成分的语义不断弱化，形式越来越减缩，位置越来越固定，并且越来具有依附性。

语法化要遵循一定的原则，主要有并存原则、歧变原则、择一原则、保持原则、降格原则（Hopper，1991）。并存原则指一种新形式出现后，旧形式并不立即消失，新旧形式在一段时期会并存。例如，汉语方言中常常存在的多个处置式标记在共时层面并存的现象（李蓝、曹茜蕾，2013）。歧变原则是指一个实词朝另一个方向变为一种语法成分后，仍然可以朝另一个方向变为另一个语法化成分，结果是不同的语法成分可以从同一个实词歧变而来。例如，吴语的"过"可以用作经历体标记，也可以用作重行体标记。择一原则指能表达同一语法功能的多种并存形式经过筛选和淘汰，最后缩减到一两种。

渐变性（gradience）和单向性（unidirectionality）一般被认为是语法化的本质特征（Brinton & Traugott，2005：105—110）。渐变性是指新的形式出现后，原先的形式不一定会马上消失，A语法化为B的过程中，总是存在一个A和B并存的阶段，语法化的过程为"A>A—B>B"的渐变。

尽管有些语法学家提出了语法化单向性存在反例（Newmeyer，1998；Lightfoot，1999、2002；Campell & Janda，2001；Norde，2009等），但是大部分学者还是承认语法化单向性的存在。甚至在Haspelmath（1995）、

Heine 等（1991）以及 Bybee 等（1994）来说，单向性是语法化中最强烈的，几乎不可侵犯的一种倾向，反例是偶发的，不会以有意义的方式模仿（转引自 Brinton & Traugott，2005）。例如，Heine 等（1991：157）提出了抽象性单向斜坡（人>物>空间>时间>过程>品质）等。吴福祥（2003）在前人研究基础上，归纳了语法化的单向性假设在语用—语义、形态—句法和语音—音系三个层面相应的体现：

(1) 语用—语义：抽象性逐渐增加：具体义>较少抽象义>更多抽象义
主观性逐渐增加：客观性>较少主观性>更多主观性
(2) 形态—句法：粘着性逐渐增加：自由>较少粘着>更多粘着
强制性逐渐增加：可选性>较少强制性>强制性
范畴特征逐渐减少：多范畴特征>较少范畴特征>完全丧失范畴特征
(3) 语音—音系：音系形式的逐渐减少或弱化：完整的音系形式>弱化的音系形式

总之，语法化不是独立的现象，它是由语义演变、形态句法演变（有时也有语音演变）相互关联而产生的一个副产品。

语法化演变机制（mechanism）和动因（motivation）是语法化理论研究的重点。国内外学者论述较多且比较庞杂，这里只作简要介绍。一般认为语法化产生的机制是重新分析（reanalysis）和类推（analogy）（Hopper & Traugott，1993 等）。"重新分析是指改变了一个句法模式的底层结构但不涉及其表层形式的任何直接或内在的改变。"（Harris & Campbell，1995：50）重新分析涉及的是线性的、横向组合性的，往往因其内部结构成分之间边界的重新划分而从底层上改变了音位、词汇、句法的结合方式，并衍生出新创结构。重新分析是语音、形态和句法层面的结构重组。而类推指的是一个句法模式的表层形式发生改变，但并不涉及其底层结构直接或内在的改变。类推涉及的是纵向的聚合关系的组织、表层搭配以及使用模式的演变，类推本身并不涉及规则的改变，但它可以通过扩大一个新规则的使用范围来改变一个语言的句法。很多语法化现象往往涉及重新分析和扩展两种机制的交互作用。

此外，语用推理（pragmatic referecing）在语义演变过程中起导航性的作用（Hopper & Traugott，2003）。语言交际必须同时满足便于表达和便于理解两个条件，语法化受到说话人—听话人之间相互作用的诱发，因此语篇的组织和交流的意图等语用因素是语法化的重要原因。

隐喻（metaphoricalization）和转喻（metonymization）是语法化过程中语义演变的主要动因。认知语言视野中的隐喻是指用一个具体形象的概念去理解一个抽象，语法化的隐喻认知模式就是意象图式从一个认知域映射到另一个域的相应结构上的过程，是通过语义的类同关系导致义项的映射而产生新的语义；转喻是通过语用的邻近（contiguity、associativeness）关系通过推理产生新的语义（Heine et al.，1991；Hopper & Traugott，2003；Traugott & Dasher，2002；邢志群，2013）。

江蓝生（2016）根据汉语事实提出的"语义相宜性和一定的句法结构只是语法化的前提条件，常规结构式的非典型组合和特殊的语义关系才是真正的诱因。并指出结构式中的语义复指、语义部分重合、语义同指三种特殊的语义关系均为语义羡余，为语法化的又一诱因"。从本质上说，语法化的诱因就是原有的结构和语义平衡被打破，语法化的实现是变异句结构和语义关系平衡的建立。新平衡能否达成，关键看有无进行重新分析的机缘。Bisang（2010）则指出汉语独有的两条类型属性是汉语语法化的重要动因，即一个词项可以相对自由地表达不同的语法功能；同一表层结构可有不同的句法分析。

（二）语义地图模型

语义地图模型（Semantic Map Model）是近年来语言类型学和认知语义学广泛使用的一种重要的语义分析方法，也是研究多功能语法形式和语法化的重要工具（参看 Haspelmath，1997、2003；Croft，2001、2003；吴福祥，2011；张敏，2015 等）。它最早进入人们的视野，是 Anderson（1982）在一篇关于完成时态的类型学研究中提出的一个假设：借用 map 将二维空间投射于书面的方式来描述语言形式和表意功能的匹配在不同语言中的参差（转引自李小凡，2015）。"语义地图模型"是表征跨语言的语法形式—语法意义关联模式的差异与共性的一种有效分析工具。其基本思路是：某个语法形式若具有多种意义/用法，而这些意义/用法在不同语言里已在出现一同一个形式独照的现象，则其间的关联绝非偶然，应是有系统、普遍的，可能反映了人类语言在概念层面的一些共性（张敏，2015：9）。Croft（2003）提出了"语义地图连续性假说"（The Semantic Map Connectivity Hypothesis），表述为："与特定语言/或特定构造相关的任何范畴必须映射到概念空间里的一个连续区域。"

张敏（2015：23）还提出，对于汉语研究者而言，最切实可行的做法是一种"自下而上""由近及远"的比较方式:从单个方言的内部比较开始,逐步扩展到一片、一区的方言乃至全国的方言,若行有余力则再将汉藏语系其他语言纳入考察范围,并逐步扩展为世界其他原因。在自下而上的每一个层面,通过比较都有机会找到蕴含性的规律,并通过语义地图提出共性假设。

我们在探讨苍南吴语路径动词、介词语法化中尝试利用语义地图工具,利用现有汉语中相关的概念空间网格(conceptual space grid),找出苍南吴语路径动词、介词语法化的语言特性和类型共性。

(三) 语言接触视角

语言接触(language contact)是人类语言发展过程中常见的现象。语言接触是语言演变和发展的原动力之一(邹嘉彦、游汝杰,2004)。典型的接触性演变指的是语言特征的跨语言"迁移"(transfer),即某个语言特征由源语(source language)迁移到受语(recipient lanugage)之中(吴福祥,2014)。例如,东汉时期通过佛经汉译从梵文中借入大量的词汇;英语从日耳曼、罗曼语、拉丁语借入大量的词汇,等等。这种语言的迁移是语言形式共时多功能性的重要影响因素。

本书研究对象苍南吴语是一种地缘上处于闽语和吴语交界地带的汉语方言,且境内并存多种汉语方言。该方言的某些特征是方言接触诱发的。具体表现为以下四个方面:

其一,苍南吴语是一种汉语南方方言。整体上,苍南吴语在词汇、语法、语序等方面表现出了与共同语一致的特征。所以,我们在讨论苍南吴语位移事件表征模式的时候,一方面,要关注汉语位移事件表达在位类型学中的地位和特征;另一方面,也要通过与共同语的比较凸显苍南吴语自身的特色。再则,一般认为温州方言是至晚于唐时期独立的一支汉语方言(参见郑张尚芳,2008:8—14),故而,本书在讨论苍南吴语路径动词/介词、处所动词/介词演变时,需要参照汉语演变的普遍规律,尤其关注汉语在唐以前已经完成演变的语言现象。例如,汉语史的证据已经反复证明汉语路径编码模式经历了从单动式到连动式到动趋式的演变,而且这一演变在唐以前已经大致完成(参考史文磊,2014;马云霞,2008)。如此一来,我们在讨论苍南吴语路径动词语法化的时候,就无须再去证明这一演变链条。实际上,由于缺乏方言历时材料,我们也无法证明这一演变过程。随着共同语的普及,强势语言对汉语方言的影响是全方位的、显而易见的，苍南吴语也不例外。以下为几个典型的例子。例如，语法方面，苍南吴语接受"从"作为位移源点标记（虽然倾向不用），这可能是共同语的影响；语言苍南话已经有丰富、复杂的处所动词系统（宿、园、[uaŋ⁴⁴]生、是），但是依然会在较为文雅和正式的语体中用到"在"，足见共同语对方言影响之大。

其二，苍南吴语是吴语的次方言，具备许多吴方言共有的特点。其语音、词汇、语法等方面均表现出吴语的典型特征。例如，语音上，保持"帮滂并""端透定""见溪群"等古声母（全清、次清、全浊）的三分系统；古日母字今有文读音和白读音的分别。（参见傅国通，2008）。苍南吴语位移事件表达的卫星框架语倾向也体现了吴语的共性。在表示方所时，前置词的缺省和后置词的强制性，（如："广场里走来从广场来"，起点标记省略，后置词"里"强制出现）、受事宾语的话题化倾向（如："饭吃爻罢吃过饭了"），均是吴语共有的特征。

其三，苍南县地处浙闽边界，界内并存多种性质不同的方言。而且，苍南境内的强势方言是浙南闽语，从数量上看，操闽语者占了全县总人口的3/5左右，而且县内居民大多为双方言和多方言者。因此，闽语对苍南吴语的影响是显而易见的。比如，温州市区方言不用复合趋向补语，而苍南吴语尽管少用，但是有复合趋向补语，这可能就是方言接触的结果。另，苍南吴语"走NP处所"格式使用频率高（如"走外婆家去"），吴语其他方言则这种格式并不常用（见刘丹青，2013［2003］），而浙南闽语也使用相同的表达格式（见温端政，1991），这也可能和语言接触相关。

其四，为少数民族语言的影响。春秋时期，南方的少数民族统称"百越"。越国以会稽为中心，南至浙南、闽北交界。越亡后至秦汉，复建瓯越、闽越两国。瓯越在浙南瓯江流域，以东瓯为都。东瓯即现在的温州一代。温州方言有许多古越族居民遗留下来的语词（吴安其，1986）。苍南吴语有别于汉语其他方言的是状语后置的现象（如"吃一碗添再吃一碗""你走先你先走""吃快快吃""走落快快下来""好显很好"），这类现象在整个温州方言乃至整个吴语研究中均有报道，郑张尚芳（2008：232）、汪化云（2014，以及待刊）均认为状语后置是南方少数民族语言的底层现象。

近几年来的语法化研究不断表明，语法化和语言接触引发的语法演变不是互相排斥、互相对立的，许多语言里的语法化过程很可能是由语言接触促动或加速的（Bisang, 1998; Heine & Kuteva, 2003; Heine, 2006;

吴福祥，2009b 等）。例如，上文提及的苍南吴语中状语后置现象可能是一种底层语言结构的借用，而这种借用的结构又类推成了苍南吴语中特殊的双补语结构（从"坐起快_{快点坐起来}"到"坐起直_{坐得直}"），而处于动词和结果/状态补语之间趋向补语就容易发生语法化为补语标记。这可能是导致苍南吴语多个路径动词语法化为补语标记的原因。归根结底，这是一个接触引发的语法化现象。

由于接触是错综复杂语言现象，我们在分析语法形式的多功能性时，能够从本语言内部寻找的答案，则慎言语言接触的沾染。

第六节 本书的总体结构

本书共包含 6 章。

第一章为绪论部分，对本书研究对象、研究问题、语料来源等做简单介绍，简要评述国内外相关的研究成果。本章还介绍相关的理论背景，主要是位移事件类型学和语法化理论。最后是体例说明和总体结构的介绍。

第二章在位移事件类型学框架下考察苍南吴语位移事件的编码模式，主要关注位移事件中［路径］要素的不同表征形式。并通过田野调查、诱导性口述语篇分析、定量统计等手段，刻画苍南吴语位移事件的编码模式，对苍南吴语动态位移事件和静态事件表达的特点进行归纳。

第三章探讨苍南吴语路径动词的多功能及语法化问题。首先对路径动词进行界定，继而逐一对苍南吴语路径动词的多功能进行讨论，包括指向动词"来""去"和非指向动词"起""落""上""出""底""过""开""转""到"，并构拟它们的语法化路径。最后尝试在个案研究基础总结路径动词语法化的规律。

第四章探讨苍南吴语路径介词多功能及语法化问题。总体来说，苍南吴语表达位移路径的前置词相对贫乏，常见的只有标引位移方向和目标的"望"，其他方所题元大多无须介词引介。而苍南吴语定向性方所后置词使用受限，泛向性方所后置词"里"虚化程度和使用强制性高。本章重点关注苍南吴语"望"的共时多功能性，构拟了"望"从视觉动词演变为处置标记的链条，并绘制"望"的语义地图。

第五章讨论苍南吴语的处所动词以及语义演变。苍南吴语并存多个来源不同的处所动:"园""宿""［uaŋ⁴⁴］①""生""是""在"。本章尝试探讨这个繁杂的处所表达系统背后的规律。首先,本章将研究视野扩展到整个吴语,采用文献考证和历时层次比较法分析"园"处所义的来源和语法化路径,及"园㹻那儿"的时体标记用法。然后,对比"园"的功能,对"宿""［uaŋ⁴⁴］""生"的处所义来源和发展进行探讨和分析。

第六章为结语部分。总结本书的主要结论、研究价值并指出本书研究不足和可继续深入研究的课题。

第七节 本章小结

本章首先介绍了本书方言调查点的概貌,指出苍南吴语目前的语言现状为介于"受到侵蚀的语言"和"濒临危险的语言"之间;并介绍了苍南吴语的音系和语音特点,阐明了本书研究的主要问题。之后,对国内外相关的研究进行了述评,并介绍了本书研究的理论背景。最后,简要说明本书的总体结构。

综观汉语位移事件与路径表达多功能的相关研究,中外学者已经取得较为丰硕的成果:一是以汉语共同语为对象的位移事件句法语义特征的描述较为细致,对汉语位移事件的类型归属和类型转变的讨论较多;二是有关汉语路径动词、路径介词、处所动词多功能性的分项讨论均有涉及,不少学者从语法化的角度来观察空间位移表达如何向非空间范畴扩展;三是国内已有学者从认知语言学视角来解释这些语言演变背后的机制和动因。

然而,仔细梳理并分析国内外文献,我们发现,以往研究还存在以下几方面的不足:一是汉语位移事件的研究,主要以共同语为对象,极少关注汉语方言位移事件表达的模式,而这种大量聚焦共同语的研究会使得对位移事件的考察失之片面;二是将静态事件排除在位移事件研究范围之外;三是对汉语介词编码路径的关注不够。［路径］是一个复合体,不仅动词能编码路径,汉语前置词是编码路径子要素［矢量］的重要手段,后置词则是编码［构向］的主要手段;四是依据共同语材料得出的汉语路径动词、路径介词、路径介词语法化链条还只是粗线条的勾画,难以细

---

① 关于［uaŋ⁴⁴］的本字,笔者曾向多位学者请教,潘悟云先生、陶寰先生、阮桂君先生均表示本字未考,而且在苍南吴语中也找不到本字确切的同音字,所以本书以音代字。

致和深入,如果将研究拓宽到汉语方言,会发现更为复杂多样的现象。

  总之,当前汉语位移事件类型和路径表达的多功能性研究有待精细化和深化,仅仅局限于共同语的研究,则难以有所突破。研究苍南吴语的位移事件表达,有助于更加全面展示汉语位移事件表达的整体面貌,为汉语位移事件和路径表达的多功能研究带来崭新的材料和视角。

第二章

苍南吴语位移事件表达模式

本章通过田野调查、诱导性口述语篇分析、定量统计等手段，刻画苍南吴语位移事件（含动态位移事件和静态事件）的编码模式，对苍南吴语位移事件表达的特点进行归纳。

先介绍几个本章将用到的缩略符号。Loc=方位词（localizer），指由方位名词语法化而来的、以背景为参照、表达主体的空间位置的成分，如轻读的"里"；$D_{指向}$=补语位置的指向动词（deictic directionals），与说话者所处的位置有参照关系，即补语位置的"来、去"；$D_{趋向}$=补语位置的非指向动词（non-deictic directionals），和说话者所处的位置没有参照关系，即补语位置的"上、出、过"等；D=趋向补语，包含$D_{指向}$和$D_{趋向}$；V=行为动词作主动词，如"走、跑、搬、抬"等；$V_{趋向}$=趋向动词用作主动词；F=主体；G=背景。

第一节 苍南吴语的动态位移事件

一 动态位移事件表达模式

我们已在本书绪论部分介绍了位移事件词化类型学以及框架事件的概念要素，并指出普通话位移事件表达以动趋式为主，以单独路径动词和单独方式动词为辅。根据 Chen 和 Guo（2009）的统计，普通话中动趋式"方式+路径"的表达占总位移结构的 62.31%；"单独路径"的表达占 22.12%；而"单独方式"的表达只占 14.81%。换言之，以下为普通话位移事件主要表达格式：

(1) V+D+G（例如：他走出了大门。）

实际上，该格式在很多北方官话和吴语中均不使用（唐正大，2008），苍南吴语也没有这种格式。这类现实位移事件，苍南吴语需表达为：

(2) V+G+D_趋向（例如：渠_他走大门出罢。）

苍南吴语位移事件表征模式和普通话存在较大的差异。下文详细介绍。

（一）路径动词用作主动词

苍南吴语可以但很少将路径动词直接用作主动词来编码位移事件。指向动词"来"可以不携带背景名词而单独充当谓语。例如：

(3) 阿弟来罢①。（弟弟来了。）

但是，"去"则不能不携带背景名词而单独用作主动词，即不说"*阿弟去罢"。指向动词"来""去"用作主动词可以携带背景名词。例如：

(4) a. 渠昨夜_昨天来杭州罢。（他昨天来杭州了。）
b. 渠昨夜_昨天去杭州罢。（他昨天去杭州了。）

但是，该格式中背景名词一般为地名或表地理位置的名词，且不加方位后缀，这表明该格式是受限制的，很可能是受到共同语的影响。② 在苍南吴语中例（3）和例（4）两种表达均可接受，但是更常见、更自然的表达是"V（+G）+ D_指向"。

(5) a. 阿弟走来罢。（弟弟已经来了。）
b. 阿弟走去罢。（弟弟已经去了。）

---

① 在苍南吴语中，句末体标记"罢"有两读，一读阳上，表已然；一读轻声，表未然。所以该句有两种解析，一为"弟弟已经来了"，二为"弟弟就要来了"。

② 刘丹青（2001）认为大部分吴语中，都没有"来/去+终点"的结构，少数人认可"来北京、去上海"这类说法，应是受到普通话的影响，实际口语中少用。这与我们对苍南吴语的考察是一致的。

(6) a. 渠昨夜_昨天_走杭州来罢。（他昨天来杭州了。）
b. 渠昨夜_昨天_走杭州去罢。（他昨天去杭州了。）

苍南吴语也有"上来/去""落来/去""出来/去""底_进_来/去"的表达，但是一般用于祈使句或者在故事语体中描述当下（nunc）发生的事件。更常用的格式为"V+D_趋向_"（如"走上""走落"）或者"望+D+V"（如"望上走""望落走"）。

此外，普通话中，"V_趋向_+G"也为常用格式，如"进了教室、出了房间"；而在苍南吴语中除了一些程式化表达外（如"出门""下车"），路径动词往往很少用作主动词。请看下面的对比句：

(7) a. 普通话：他出了房间。
苍南吴语：渠屋里走出罢/渠走外转出罢①。
b. 普通话：他进了房间。
苍南吴语：渠走房间底罢。
c. 普通话：他上楼了。
苍南吴语：渠走楼上爻罢。
d. 普通话：他下楼了。
苍南吴语：渠走楼下爻罢。

苍南吴语也使用一些词汇化的路径动词（如"穿过""经过"等）直接作谓语动词，但是更自然的表达仍是"走+D_趋向_"。例如，(8b)较(8a)更自然。

(8) a. 穿过该②菜园，就眙着_看到_渠个屋罢。（穿过一个花园，就看到他的房子了。）

---

① 苍南吴语"走"后面只能带终点或方向背景，不能带位移的起点，所以"*渠走屋里出罢"是不合法的。只能说成"渠屋里走出罢"，该句中"屋里"是起点，而苍南吴语起点NP往往无须介词的引介。

② 温州方言近指指示词有学者记为"该"（如游汝杰、杨乾明，1998；潘悟云，1996等），也有学者记为"居"（如刘丹青，2003；郑张尚芳，2008）。本书无意于考本字，只是"该"用作近指代词在整个吴语较普遍，故而记为"该"。

b. 走过该菜园，就睇着_看到_渠个屋罢。（穿过一个花园，就看到他的房子了。）

总之，路径动词用作主动词不是苍南吴语表达位移事件的主要形式①（我们将在2.2通过定量分析进一步证明）。

（二）路径动词用作趋向补语

苍南吴语位移事件表达中路径动词主要用作趋向补语。为方便描述，我们从语义上将位移事件分为"起点（Source）、目标（Target）、方向（Direction）、途径（Route）、终点（Goal）"五类，并逐一描述。

1. 起点位移事件

普通话表达起点位移事件的格式为"F+P+G（+Loc）+V+D$_{趋向/指向}$"（如：他从教室里走出来），背景名词往往需要一个标记起点的前置词引介（如：从、打、由、于、自）。上述前置词中，苍南吴语只接受"从"的标引。

表达式一：F+从+G（+Loc）+V+D

（9）a. 阿山从屋里走出，跟我相碰头。（阿山从家里出来，和我碰到了。）

b. 旧年，一个女个从银行里担_拿、取_出五千番铷……

（去年，一位女子从银行取出五千块钱……）

c. 大个 [pʰia⁴⁴] 柚子从树里遁_摔_落。（大柚子从树上掉下来。）

d. 我从单位里走来。（我从单位过来。）

---

① 在温州市区方言和瑞安方言中，路径动词用作主动词的表达格式如无特殊的语用环境是不被接受的；相比之下，苍南吴语虽然不常用，但能接受这两类格式表达位移事件。我们推测，这可能是受到闽语的影。浙南闽语有以下表达：

(1) a. 你是 to²⁴ 一年来？（你是哪一年来的？）

b. 我是 tsūi⁴⁴ 年来北京。（我是前年到的北京）

c. 无早了，较紧去啊！（不早了，快去罢！）

d. 糜食. ŋ再去。（吃了饭再去）

（浙南闽语例子引自温端政，1991：152—153）

另据 Yiu（2014）的调查，闽语比吴语使用更多的动词框架结构来编码位移事件。当然，方言接触是非常复杂的现象，尚需要进一步的考证。

但是以上例句中"从"均可以省略，且方言合作人指出省略"从"的表达更加自然。实际上，位移起点无须介词标记是吴语的一个共性。刘丹青（2003：276）曾指出"虽然各地吴语普遍接受'从'为惟一的源点前置词，但是合作人往往感觉到带'从'的句子比较新而偏于文雅，真正的口语，特别是在更早时，很少有人用'从'"。郑张尚芳（2008：224）则认为温州话中方向介词"从、自"等不用，如"我乡下走来""1950年起"。

在《梨子的故事》影片中（见附录3），有一个"果农从梯子爬下来"的情景。六位苍南吴语合作人分别将其描述为：

(10) a.（该老老）楼梯慢慢爬，爬落来罢。（语篇1）
b. 该个摘消梨个老老楼梯上面䟃_行①落罢。（语篇2）
c. 该时节老金正好摘消梨落来。（语篇3）
d. 树里摘好罢。落来罢。（语篇4）
e. 摘消梨个工人树里爬落罢呐！（语篇5）
f.（农民）正好树里踤_跨落踤_跨落。（语篇6）

以上描述中，六位合作人中无一人使用起点标记。其中四位（a、b、e、f）的描述中省略起点标记，另两位（c、d）则表征为两个事件。对比普通话的语篇，六位合作人中有四人用到了起点标记"从"②（详见附录4）。

故而，苍南吴语位移起点题元接受"从"的标引，当视为受共同语影响而后起的一个现象。苍南吴语起点位移事件最常见的表达格式是将背景名词直接置于动词前。可表达为：

表达式二：F+G（+Loc）+V+D
(11) a. 老鼠洞里爬出。（老鼠从洞里爬出来）

----

① 复旦大学陶寰老师惠告，苍南吴语表示"行走"的［dye³¹］本字应为"跳"。但是为了和表示"跳跃"的［tʰye⁴²］相区分，我们将［dye³¹]_行记为"䟃"，而将［tʰye⁴²]_{跳跃}记为"跳"。

② 另两位分别描述为终点位移事件"下到地面上"，另一个为位移起点后置的表达"爬下树"。

b. 阿三外面射_跑底。（阿三从外面跑进来。）
c. 阿妈屋里走来。（从妈妈家来。）

上例中，起点题元不是通过介词标记，而是通过整个句子的语序（时空像似），以及方位词和趋向补语（如：出、底、来）等语义共同帮助显示的。

表达式三：F+ 宿+G（+Loc）+V+D

苍南吴语处所动词/介词"宿"可用作起点题元标记。例（9）可表达为：

(12) a. 阿山宿屋里走出，跟我相碰头。（阿山从家里出来，和我碰到了。）
b. 旧年，一个女个宿银行里担_拿、取出五千番钿……
（去年，一位女子从银行取出五千块钱……）
c. 大个［pʰia⁴⁴］宿树里遁_掉落。（大柚子从树上掉下来。）
d. 我宿单位里走来。（我从单位过来。）

实际上，"在"义动词/介词兼标引起点是吴语常见的表达手段（刘丹青，2003［2013］：271）。但是"宿"不能和"望"或"到"连用，以下句子不合法：

(13) a. *渠宿楼上望落走。（他从楼上往下走）
b. *宿王宅走到金龙着_需要半个钟头。（从王宅走到金龙要半个小时。）

以上两句只能用表达式一或表达式二，即将"宿"省略或替换为"从"。（13）不合格是因为"宿"的静态处所义滞留，和"望""到"表达的语义上难以相容。

2. 目标位移事件
在讨论目标位移事件前，有必要先区分目标和终点位移事件。比较以下一组普通话例句：

(14) a. 物资已运往灾区。
b. 物资已运到灾区。

(14a) 中背景是一个预先设定但是未到达的终点，是位移的目标；而 (14b) 的背景是一个已经到达的终点。目标在语用上是可以取消的 (cancellable)，但是终点是已经达成的 (achieved)，是不能取消的。譬如，我们可以说"物资已经运往灾区，但途中遇到了意外，最终没能到达"。

Filipović (2007) 按照空间属性将位移事件分为逾限 (boundary crossing)、抵限 (boundary reaching) 和限内 (non-boundary crossing)。该分类对区分目标 vs. 终点位移事件也是有借鉴意义的。目标位移属于限内位移，而终点位移属于抵限或逾限位移。

苍南吴语目标位移事件有两种表达格式：

表达式一：F+望+G（+Loc）+V
(15) a. 我望阿妈屋里走。（我往妈妈家走。）
b. 车望瑞安开。（车子往瑞安开。）
c. 我侪们正望山顶头爬。（我们正往山顶爬。）

普通话引介位移目标的介词有"往、向、朝"，而苍南吴语则只用"望"引介位移目标，且表达式中方式或致使动词后一般不加指向动词。

表达式二：F+V+G（+Loc）（+D$_{指向}$）
(16) a. 渠每天踏部踏脚车走菜场买配菜。（他每天骑一部自行车去菜场买菜。）
b. 我走阿妈屋里去。（我到妈妈家去。）
c. 阿山头先开黄岙去罢。（阿山刚刚开（车）去黄岙了。）

在该格式中，最常用的 V 为基本方式动词 (basic manner verb) "走"，这时"走"已经基本失去"行走"义（如 16a 中的位移方式为骑车而非步行），而更多的是起标引位移目标的作用。除非言者有意凸出位移方式

(如16c），否则以基本方式动词"走"为惯常表达。

从认知角度上看，上述两种表达格式的区别在于注意力视窗开启的不同。表达式一为过程取景，主要关注位移的过程；表达式二则为目标取景，关注位移的目的地。

3. 终点位移事件

按照位移空间是否逾界，终点位移事件还可进一步区分为抵限和逾限终点事件。前者在苍南吴语中用"V（+到/囥）+背景"，后者用"V+背景+ $D_{趋向}$"格式表达。

（1）抵限终点位移事件

苍南吴语抵限终点位移有三种表达格式：

表达式一：F+V+到+G

(17) a. 人送到医院里，已经用不①着₍不行₎爻罢。（人送到医院，已经不行了。）

b. 我走到超市总用十分钟就有。（我走到超市只要十分钟就够了。）

表达式二：F+V+囥+G

(18) a. 行李搬囥屋里。（行李搬到家里。）

b. 花［kʰei³³⁴］₍捡₎囥篮里。（把花捡到篮子里。）

"到"和"囥"表达位移终点受到了源动词语义的影响和制约。"到"只表示主体的"到达"，而"囥"除了"位移至终点"外还保留了"存放、置放"的语义。例如：

(19) a. 物事₍东西₎沃₍都₎运到仓库里罢。（东西都运到仓库了。）

b. 物事₍东西₎沃₍都₎运囥仓库里罢。（东西都运到仓库了。）

例（19a）仅表示"位移至仓库"，而（19b）还有"存放"的附加义。苍南吴语终点位移事件中编码［路径］要素的"到"和"囥"均有

---

① 潘悟云（2002）指出温州方言中否定词［fu³⁵］，本字为"不"（方久切），而非"弗""勿""否"等。本书从潘悟云先生，将苍南吴语中否定词［ɸu³⁵］记为"不"。

较强的动词性。"到"的语义单一，只有"抵达某个目的地"的意思，不能标引位移的方向（如，苍南吴语不说"到北京去"，而说"走北京去"）。关于苍南吴语"到"和"囝"的性质，我们将分别在下文3.6.5和5.2详述。

表达式三：F+V +G

苍南吴语抵限位移事件也可以不用标记，终点处所名词直接加在位移动词之后。例如：

(20) a. 蓑衣、箬笠沃_都挂墙头。（蓑衣、斗笠都挂在墙上。）
b. 消梨沃_都遁_掉地下爻。（梨子都掉在了地上。）

苍南吴语中，如果行为动词自身带有[+附着]的语义（如"囝、顿_{竖放}、挂、装、停、摆、堆、贴、坐、倚、种、写"等），终点处所名词可以不通过标记的介引而直接加在位移动词之后。
(2) 逾限终点位移事件
苍南吴语逾限终点位移事件的表达格式也有两种：

表达式一：F+V+ D_{趋向}

V不携带背景NP，[路径]由趋向补语独立编码。

(21) a. 老鼠爬底爻罢。（老鼠已经爬进去了。）
b. 行李搬底罢。（行李搬进去了。）
表达式二：F+V +G（+Loc）+ D_{趋向}

逾限终点位移事件中如果需要携带背景NP，背景必须置于方式或致使动词和趋向动词之间，且大多情况下终点背景名词后要加方位词。

(22) a. 老鼠爬洞里底爻罢。（老鼠爬进洞里了。）
b. 行李搬房间底罢。（行李搬进房间了。）

普通话中背景 NP 是由路径动词携带的（如"爬进洞里"），但是苍南吴语的背景 NP 却直接加在副事件动词后。我们认为这种线性组合是对时空顺序的模仿。

4. 方向位移事件

位移总是伴随着方向，不管是终点、起点、途径还是目标位移事件均涉及位移的方向。但是有一类位移表达，言者可能有意或无意不提供"终点、起点、途径或目标"信息，位移的路径是纯"方向性的"，如"往南飞"，"南"只表征位移的方向；而"往北京开"则不是纯方向性的，该表达不但包含位移方向，而且还包含了具体的位移目标。我们将仅编码方向的位移事件称为方向位移事件（directed motion events）[①]。

苍南吴语的方向位移事件主要用以下两类格式表达：

表达式一：F+望+Loc+V

(23) a. 我望左走，你望右走。（我往左走，你往右走。）

b. 望东走，走过三个红绿灯就到罢。（往东走，过三个红绿灯就到了。）

c. 渠天光阿有吃就望外转走罢。（他早餐都没吃，就往外走了。）

表达式二：F+望+D+V

(24) a. 车里人就走逮车个窗门敲爻望出逃。（乘客就去把车窗砸了往外逃。）

b. 路里车接牢，望底走个地方人阿轧不过。

（路上车一辆接一辆，往里面走的当地人都挤不进来。）

c. 我能届_{现在}就望来走，你宿我屋里等下先。

（我现在就过来，你在我家先等一下。）

---

① 对位移事件的界定各家有出入。譬如 Filipović（2007：39）将位移主体在某一个空间内的移动（如：He ran in the park.）和不关注位移起点和终点的方向性位移（directed motion）（如：He was running towards the park.）均视为限内位移事件。本书认为方向性位移包含了位移事件的核心图式（即路径要素），所以本书仅将方向位移视为限内位移事件。唐正大（2008）描述关中方言趋向表达的时候仅仅关注了以上四种（终点、起点、途径和目标）类型的位移事件，我们认为"方向"可以独立于"终点、起点、途径和目标"之外，故而方向位移事件应视为独立的位移事件类型。

5. 途径位移事件

苍南吴语途径位移事件也有两种表达格式，路径动词为"过"。

表达式一：F+V+G（+Loc）+ D$_{趋向}$

(25) a. 老鼠爬桌头过。（老鼠从桌子上爬过去。）

b. 我昨日夜$_{昨天}$有打阿妈狐$_{那儿}$过。（我昨天经过妈妈家了。）

c. 鸭儿赶我地宕下$_{门前空地}$过嘛！（小鸭子从我家门前空地里赶过去吧！）

表达式二：F+V+ D$_{趋向}$+G（+Loc）

(26) a. 走过该爿片空地，就是河头罢。（穿过这片空地，就到河的尽头了。）

b. 走过这爿竹林，十倈分钟添就到罢。

（穿过这片竹林，再过十来分钟就到了。）

c. 该［kɔ⁴²］［taŋ⁵³］$_{河塘}$盔深，你步过去就是。（这个河塘不深，你可以涉水过去。）

这两个表达格式中，前者背景置于路径动词之前，而后者背景置于路径动词之后。我们认为两者在认知上是有区别的，前者将位移背景看成一个面，凸显位移的过程，而后者则将背景当成一个整体看待，凸显位移的结果。也就是格式一观察者采用的是顺序扫描（sequential scanning），而格式二采用的是总括扫描（summary scanning）。

以上为苍南吴语位移事件主要的表征模式。我们必须注意到现实事件和语言事件的区别，同一现实事件由于视窗开启的不同，可以表征为不同类型的位移事件。例如，下例中，同一现实事件可以表征为四种不同类型的语言事件。

(27) a. 渠正好屋里走出，跟我相碰头。（他刚好从家里出来，和我碰到了。）

（起点位移事件）

b. 渠正好望外转走，跟我相碰头。（他刚好往外走，和我碰到了。）

(方向位移事件)
c. 渠正好望单位走, 跟我相碰头。(他刚好往单位走, 和我碰到了。)
(目标位移事件)
d. 渠正好门槛头蹾_跨_出, 跟我相碰头。(他刚好门口迈出, 和我碰到了。)
(途径位移事件)

二 动态位移事件表达的特点

苍南吴语动态位移事件展现出了以下几个方面主要特征。

(一) 显著的卫星框架语倾向

苍南吴语呈现出显著的 S 型语倾向, 主要体现为路径动词基本不用作主动词。根据 Yiu (2014) 的研究, 汉语各方言均经历了从 V 型到 S 型的演变, 吴语比普通话以及其他汉语方言的类型演变速率更快, 已经基本接近于 S 型语。这个发现是非常有价值的。下文我们以无声电影《梨子的故事》(*The Pear Stories*)[①] 为诱导语料, 通过数据统计对比苍南吴语和普通话位移事件表达模式的差异。为了最大限度保证语料的同质性, 我们严格按照以下操作程序采集语料。首先, 请合作人看一遍视频, 了解故事梗概; 然后, 第二次观看视频, 并同步描述故事的内容。这样的做法保证了语篇长度大致相当, 事件细节大致相同。然后我们对录音进行转写, 并请方言合作人核对语料。

我们主要统计自主位移和致使位移事件表达中路径动词用作趋向补语 (S 型结构) 和路径动词用作主动词 (V 型结构) 的数量, 以及副事件动词 (co-event verb 含方式和致使动词) 的数量。我们所统计的语篇数量为苍南吴语和普通话各六篇, 字数分别为 5141 和 5853, 位移事件的总数分

[①] Mary Erbaugh 于 1976 年在台湾国立大学搜集汉语"梨子的故事"口语语篇, 其中大部分参与者均以北方话为母语的, 并建立 www.pearstories.org 网站, 口语语料涉及汉语七大方言体系: 官话 (Mandarin)、粤语 (Cantonese)、赣方言 (Gan)、闽方言 (Min)、客家话 (Hakka)、吴语 (Wu) 以及湘语 (Xiang)。但是由于该网站上提供的转写文本, 语篇长短和故事内容详略相差较为悬殊, 并非本书量化统计的理想语料。所以, 本书研究没有采用"汉语梨子故事"网站上提供的普通话语料。

别为 213 和 222。具体语篇见附录 3、附录 4。六位苍南吴语合作人均世居苍南，并以苍南吴语为家庭语言。

表 2.1　苍南吴语《梨子的故事》语篇位移事件编码模式统计

序号	自主位移 S 型结构	自主位移 V 型结构	致使位移 S 型结构	致使位移 V 型结构
1	22	2	19	0
2	24	0	18	0
3	15	3	9	0
4	12	4	22	0
5	12	1	14	0
6	24	1	20	0
总	109	11	102	0

从表 2.1 可知，苍南吴语《梨子的故事》语篇中 S 型结构和 V 型结构的比例是 211∶11。这意味着，苍南吴语位移事件表达绝大部分采取 S 型表达策略。我们进一步观察这 11 例 V 型结构表达。它们分别是：

(28) a. 该姆儿走啦。（语篇 1）

b. 三个姆儿走罢。（语篇 1）

c. 隔壁老吴牵一头羊经过该水果园。（语篇 3）

d. 三个 [maŋ³³⁴]男孩……阿经过该个水果园。（语篇 3）

e. 该时节老金正好摘消梨落来……（语篇 3）

f. 人上去先。（语篇 4）

g. 落来罢。（语篇 4）

h. 走罢。（语篇 4）

i. 手里朵牢拿着乒乓球，走罢。（语篇 4）

j. 走爻罢（语篇 5）

k. 眙看该三个姆姆走远……（语篇 6）

以上 11 例中的 6 例是以"走"作为句子的主动词（28a、b、h、i、

j、k)。"走"是苍南吴语位移事件中常用的一个行为动词,在这6个语篇中,出现的频次为76次;而普通话6个语篇中出现的频次为57次。苍南吴语"走"主要的意义和用法有:

Ⅰ."走1"行走义方式动词:正好走到该个树下。(正好走到树下。)

Ⅱ."走2"离开义动词:走爻罢。(走了。)

Ⅲ."走3":离开义趋向补语:自行车踏走。(自行车骑走。)

Ⅳ."走4":泛义中立动词:走水果园里摘消梨。(去水果园摘梨子。)

"走2"只包含"离开"的路径要素,并不包含方式要素,所以我们将"走2"作为主动词的表达结构归为V型结构。"走4"中"用双足行走"的语义已经淡化,但"走"可以替换成"射_{跑}""跑""飞"等包含更多具体方式信息的行为动词,所以我们仍然将"走4"作为主动词的表达式归为S型结构。而从说话者角度考虑,言说者并不会去区分这几个"走"具体功能和语义。所以,严格意义上说,这六个句子和以路径动词作主动词的V型表达策略还是有区别的。

另5例V型结构中,两例的主动词"经过"是词汇化的程式表达;另三例主动词分别为"落来""上去",这个结构在苍南吴语中也可表达为"走落(来)""走上(去)"。由于苍南吴语已有复合趋向补语结构(虽然少用),现代汉语强烈的双音节趋势可能会使得说话者丢掉前面语义较虚化的"走"而选取了后两个成分的组合。为验证该推测,我们查询了温州口语语言资料库,整个语料库中没有以路径动词"落"和"上"作为主动词的用例。在没有复合趋向补语的温州市区方言中"落""上"只能在行为动词后充当趋向补语。我们推测,苍南吴语的"落来""上去"是后起的用法。

从以上统计,我们可以看出,苍南吴语V型表达数量非常少,格式也非常简单。综上,从句法结构看,苍南吴语位移事件表达呈现出显著的S型语特征。

我们再来考察普通话《梨子的故事》叙述语篇中V型结构和S型结构的比例,并与苍南吴语的语篇进行比较。表2.2为六篇普通话《梨子的故事》语料统计。

表 2.2　　普通话《梨子的故事》语篇位移事件编码模式统计

序号	自主位移 S型结构	自主位移 V型结构	致使位移 S型结构	致使位移 V型结构
1	5	7	13	0
2	24	6	25	0
3	11	3	24	0
4	8	7	10	0
5	10	4	25	0
6	6	11	14	0
总	64	38	111	0

我们再将表 2.1 和表 2.2 进行对比，结果如表 2.3 所示。

表 2.3　　苍南吴语和普通话位移事件编码模式比较统计

		苍南吴语	普通话
总字数		5141	5853
事件数量		213	222
自主位移	S型结构	109	64
自主位移	V型结构	11	38
致使位移	S型结构	102	111
致使位移	V型结构	0	0

从表 2.3 可以看出，苍南吴语和普通话位移事件的主要差别在于自主位移事件的编码模式。汉语普通话自主位移事件中 S 型和 V 型结构的比例为 64∶38；而苍南吴语中对应项的比例则为 109∶11；而且通过上文的分析已知，苍南吴语 V 型结构多为非典型或者程式化的表达。所以，苍南吴语位移事件表达在句法结构上表现出更典型的 S 型语特征。

需要说明：苍南吴语和汉语普通话的致使位移事件均没有出现 V 型结构。该结构编码致使位移事件在法语、日语以及古汉语中均常见（参见 Lamarre，2008：75—76 和本书第一章第四节讨论）。现代粤语中也有此类表达，例如：

(29) 佢入咗三封信。(他放进了三封信。)

（引自 Yiu，2014：100）。

至此可知，苍南吴语位移事件表达中绝大部分的路径动词用作趋向补语。

（二）较高的方式凸显度

Slobin（2004，2006）根据位移事件中方式表达颗粒度（degree of granularity）和方式动词的语言库存差异提出了方式凸显斜坡（cline of manner salience）的概念。方式凸显度的制约因素可由图 2.1 展示。

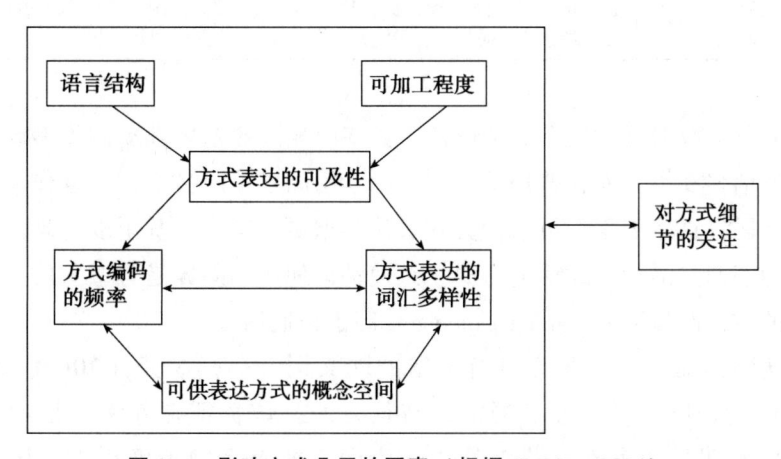

图 2.1 影响方式凸显的因素（根据 Slobin，2004）

通过和汉语普通话的比较，我们发现苍南吴语位移方式的可及性（accessibility）较高，在语言表达中倾向于显性的语言成分提述；方式表达类型更加丰富、颗粒度（granularity）精细。换言之，苍南吴语对位移方式细节的关注较多，方式凸显度较高（high manner salience）。

在 6 个苍南吴语《梨子的故事》语篇中共出现 13 类方式动词和 35 类致使动词[1]，共计 48 类。而 6 个普通话语篇中共出现 10 类方式动词和 29 类致使动词，共计 39 类。

---

[1] 方式动词为出现在自主位移事件中的副事件行为动词，而致使动词为出现在致使位移事件中的副事件行为动词。以"踏"为例：
(1) 踏脚车踏走。（骑自行车走了。）
(2) 一筐消梨踏走。（把一筐梨子骑走了。）
例 (1) 仅表示"踏"这一动作，而 (2) 则是"踏"的动作致使"消梨"离开。

表 2.4　　　苍南吴语和普通话方式和致使动词使用情况统计

		类数	词项
吴语苍南话	方式动词	13	爬、走、蹞行、踏₁骑、遁掉、蹴跨、射跑、停、翻、跌摔、蹩一瘸一拐地走、挣竖的东西侧倒、倒₁
	致使动词	35	囥、牵、摘、[dɛ³¹]推、[kʰei³³⁴]捡、掇、抬、担、偷、扳、拔、掏、倒₂、[βo²¹³]绑,系、扳、[pʰia⁴²]扔、戴、牵、推、送、顿竖放、踏₂、碰、搬、撞、丐、接、背、扶、劂扯、放、递、劻用力拉、掼甩、叫
汉语普通话	方式动词	10	爬、走、轧、摔、钻、跨、骑、撒、掉、徘徊
	致使动词	29	带、摘、放、停、搬、拾、捡、送、还、倒₂、围、掏、扯、扶、挽、捲、戴、拿、提、给、扔、偷、揣、撞、系、盛、叫、甩、拉

从以上数据看，仅在 6 个语篇中，苍南吴语的副事件动词类型就比汉语普通话多 9 类。而且普通话合作人的学历高于苍南吴语，且合作人来自不同地区，这些因素均可能使方式表达类型更加丰富。基于以上理由，我们认为苍南吴语和普通话的方式、致使动词使用的差异是有意义的，苍南吴语的方式凸显度（manner salience）高于普通话。

就整体而言，温州方言有丰富的同义词，郑张尚芳（2008：213）曾将这一条作为温州方言词汇的特征之一。该特征在苍南吴语的行为动词中有明显的表现。苍南吴语词库中方式表达颗粒度精细，区分度细致。譬如苍南吴语"手部持拿"义动词就有"朵拿、担取、掇双手拿、捺紧紧地抓住、搦握持、撮用手指拈取、揪抓、[uøŋ⁴⁴]快速而用力地抓、掫伸展五指抓取东西、掳抢取、挈拎、提"等。这些词语均为日常生活的常用词。再如，置放义动词有语义泛性（semantic generality）较高的"囥"，还有包含更多动作细节的"顿竖放、[tʰei⁴²]底朝上放置、[kɔ⁴⁴]将一物交叉搁在另一物上面、陹斜放,斜靠、[teŋ⁴²]随手丢弃、[guɔ²²]重重地放、[go²²]搁置(使物体不落地)、重码（音[dʑyo²²]）、叠叠放、[dei²¹³]放在一起,混合"等。

综上，苍南吴语在语篇叙述风格上较普通话展示出更高的方式凸显度。

（三）趋向补语不引介方所题元

刘丹青（2013［2003］：177）曾指出"（普通话）所谓趋向补语'上、下、进、入、出、过'，当它用在方所题元前时（滑下山坡、走进教室、写入名单、搬出仓库、摇过大河），就有介引系联作用"，为核心标注。

在苍南吴语中，趋向动词很少携带方所题元，如"*出教室""*底_进_教室""*过杭州"在苍南吴语中不合法。苍南吴语路径动词可以用作趋向补语"走底""逃出""冲落"等，但与普通话路径动词用作趋向补语的同时为动词介引方所题元（如"走进教室、逃出房间、冲下楼"）不同，苍南吴语路径动词作趋向补语没有赋元能力。以下句子 a. 不合格，只有 b. 式表达。

（30）a. *走底教室/ *飞来杭州 */开去上海/ *瞿_行走_出屋里/ *冲落楼

b. 走教室（里）底/飞杭州来/开上海去/屋里瞿_行走_出/楼上冲落

路径动词用作趋向补语不引介方所题元是整个吴语的共性。吴语的方所题元（除方向、目标题元外）实际上或者靠方所后置词和动词词义的帮助来显示，或用"在"义前置词兼表源点或终点等题元（参见刘丹青，2013［2003］：227）。刘先生还进一步指出，温州方言中题元标记省略非常常见，除了源点标记、终点标记倾向于省略，连整个吴语中高度语法化、使用强制性很高的方所类题元前置词（"在"义介词）在温州方言中也可以省略（刘丹青，2013［2003］：276）。

与闽南语比较，可以更加突出吴语的这一特点。闽语有如下表达：

（31）a. 批怀通寄来上海。（信别寄上海来。）
b. 行入来厝里现恰舱寒。（走进屋里来立刻就不那么冷了。）
c. 嫁去乡下。（嫁到乡下。）
d. 飞起去天顶。（飞到天上。）
（a.b 两句转引自蔡瑱，2014：10，c.d 两句引自李如龙，1997：135）

李如龙（1997：135）认为闽语中的这种结构是"趋向补语带处所补语"。以上例句苍南吴语只能表达为：

（32）a. 信覅搭上海来。（信别寄上海来。）

b. 走屋里底马上就𫧃冷。（走进屋里来立刻就不那么冷了。）
　　c. 丐乡下去。（嫁到乡下。）
　　d. 飞天里上。（飞到天上。）

　　如果趋向补语不引方所题元，那么，吴语苍南的方所题元是由谁来引介的呢？从语义上，路径表征主体和背景的相对位置关系，只有路径动词或路径介词才能直接携带背景论元。方式或致使动词携带背景论元可能的操作有三种：

　　第一，在整体构式层面上进行操作，如北方话"走西口""飞北京""逛商店""跑码头"等，路径信息（终点指向）在［V+背景］构式中编码。正如史有为（1997：98）所言，动词和不带方位词的宾语构成的动宾格式，往往容易熟语化，信息倾向于整体。

　　第二，在动词层面上进行形态操作，如上古汉语"走山林"之"走"读去声，其路径信息可以看作由形态来标记。在形态上操作还有一种情况，例如，北方方言中，终点标记失去独立音节的身份，但在动词音节上留下了某种痕迹，如变调、变韵、儿化、韵母拉长等音变形式（柯理思，2009：146）。

　　第三，在动词层面进行词汇语义操作，方式动词自身携带路径义。正如上文所言，自身有［+附着］义素的动词后可以直接携带终点背景，避免了语义羡余。

　　苍南吴语背景名词直接加在方式动词后大体上属于这种情况。例如：

　　（33）a. 渠走北京爻罢。（他去北京了。）
　　　　b. 过爻年一帮人做阵一起开杭州嬉。（过了年一帮人一起开车去杭州玩。）

　　以上两句均未出现路径动词，方所题元由方式动词"走""开"直接引介。方式动词直接携带方所题元是一个比较复杂的论题，值得进一步探讨。

　　（四）题元标记的缺省
　　上节已经论述，苍南吴语除方向外，起点、目标、经由、终点等题元均可不通过标记的引介而直接出现在位移表达中。例如：

(34) a. 渠树里爬落。(他从树上爬下来。)(起点)
b. 渠楼梯里爬落来罢。(他从楼梯上爬下来了。)(经由)
c. 又爬树里摘消梨。(又爬到树上摘梨子。)(目标/终点)
d. 掇一篮园车里走就好！(端一篮放在车上走掉就好！)(终点)
e. 望门厢_{前面}走、走、走。(往前面走、走、走。)(方向)

以上《梨子的故事》口述中的五个例句，只有方向题元前加上了介词"望"（34e）。题元标记缺省使得苍南吴语位移表达对语序要求更加严格，其句子成分的线性排列次序在更大程度上受到时序像似性原则①的限制，体现了客观世界概念组织模式对语言组织模式的制约和影响（参看 Fauconnier, 1997；戴浩一, 2002）。例如，以下一组最小对比对展示了位移表达对现实事件时间顺序的临摹。

(35) a. ——狃_{哪里}走来啊？（从哪儿来啊？）
——阿妈屋里走来。（从妈妈家来。）
b. ——走狃_{哪里}去啊？（到哪儿去？）
——走阿妈屋里去。（到妈妈家去。）

起点位于行为动词之前，目标/终点则置于行为动词之后，这种概念要素的句法安排，和现实事件发生的时间顺序一致。位移主体随着事件 t（时间）的推移，占据了 l（空间）中的不同位置②。

---

① Tai（1985）、戴浩一（1988）将时序像似性原则概括为：两个句法单位的相对次序决定于它们所表示的概念领域里的状态的时间顺序。
② 这里需要说明一个问题，为何指示位移方向的"来""去"在这两个格式中均位于句末？我们认为，位移事件中大部分背景成分，如"起点、终点、途径"均占据一定的空间位置，但是"方向"则不同，它伴随着整个位移过程，且不占据空间位置。所以，指向动词"来""去"的位置并不能受到时空顺序原则的制约。蒋绍愚（1999）已经指出，时间顺序原则是一种临摹原则（即像似性原则），是"感知或概念上促成的规则"，对现代汉语缺乏形态变化，所有临摹原则对现代汉语语法现象有很强的解释力。但是制约语言符号组合的除了临摹原则外，还有"以逻辑-数学"为基础的抽象原则（abstract principle）。"在前者，成分的组合和排列比较密切地反映现实世界的情景，而后者则否。"我们认为现代汉语中"V+背景+来/去"（搬到房间里来/去；寄上海来/去）中，指向动词"来""去"的位置是一种句法性规定，正如复合趋向补语为"出来/去""过来/去"中指向动词位于非指向动词之后也是句法性规定一样，是受到抽象原则的制约，而不是对现实事件发生顺序的临摹。

（五）目标位移事件不表征为介词后位句

在共同语中目标位移事件可以编码为两种格式：

(1) F+P+G+V（例如：他向终点跑去｜火车往北京开）

(2) F+V+P+G（例如：他跑向终点｜火车开往北京）

格式（一）介词在动词之前，为介词前位词，格式（二）介词在动词之后，为介词后位句（崔希亮，2004）。苍南吴语只有格式（一），没有格式（二）。

(36) a. 大家人尽命望地宕下_{屋前空地}射_跑。（大家拼命往门外空地跑。）

b. 黄昏边，大家人物事收拢沃_都望归走罢。（傍晚，大家都收拾东西回家了。）

c. 该部是望杭州开个快客。（这辆是往杭州开的快客。）

那么，为什么汉语普通话目标位移事件可以有介词前位句和后位句两种表达，而苍南吴语只有前一种表达？首先我们必须分析普通话中两种格式存在的差异。崔希亮（2004：95）认为，这两种格式反映了观测者的不同视角，即视窗开启（windowing）的不同，格式（1）将取景窗口对准位移过程的中间阶段，而格式（2）将取景窗口对准位移过程的结束阶段，前者是过程取景（process windowing），后者是目标取景（objective windowing）。崔希亮（2004：91—98）的语料统计也显示，普通话倾向于用前位句，即格式（1），而格式（2）中的 V 主要为单音节动词，而且出现语体（register）一般为书面语体。

我们认为，这两个结构的区别和苍南吴语中表达目标位移的两个格式（如："望阿妈屋里走"和"走阿妈屋里"）的区别是一致的。"目标"可视为"预先设定的具体位移的方向"（格式一），也可以视为"未抵达的位移终点"（格式二）。这种认知心理差异体现在语言形式上，即以不同结构表征同一现实事件。

当然，苍南吴语"望+NP"不用于 VP 后，还可能受以下两因素的影响。

首先，就汉语整体而言，介词后位句不常用。刘丹青（2003 [2013]：274）观察到"吴方言中动词后只能出现'到'和相当于'在'

的形式""像普通话的'开往长沙''走向前方''来自北京'等结构，在吴语中都不能用'V+P'表示"。吴语表达同样的意思一般将PP置于动词前①。柯理思（2009：166）进一步提出大部分汉语方言中"往/望"都不能放在动词后，这是因为"'往'（或'望'）引进无界的路径，与结果构式的有界性相抵触"，而汉语普通话"V+往+处所名词"格式是从文言来的成分，是书面语体中的存古现象。

其次，"望"语法化的句法环境决定了"望"的位置只能是前位句。马贝加（2002：75—81）考察了"望"从"看视"义动词到方向介词的演变过程，指出：正是在"V1（望）+NP+V2"的结构中，"望"逐步发展出介方向介词的功能（详见本书4.2讨论）。而"于""往"等介词则不同，它们在语法化过程中经历了从VP后向VP前移位的过程。②"望"的这一语法化过程也就决定了"望"只能用于凸显位移方向的前位句，不能用于凸显位移目的地的后位句。

（六）可使用复合趋向补语

需要申说的是，此条特征是相对温州市区方言不使用复合趋向补语而言的。复合趋向补语是指由"上、下、进、出、过、回、开、起"等非指向动词和指向动词"来、去"组合构成复合趋向动词用作补语，在普通话中常见。但是温州市区方言趋向补语均为单音节的（游汝杰、杨乾明，1998：20；郑张尚芳，2008），而不用复合趋向补语。然而苍南吴语则可以使用复合趋向补语。在《梨子的故事》语料中就有这样的句子：

(37) a. 该老人家叶_又爬楼梯上去。（这老人家又爬山去。）
b. 爬落来罢。（爬下来了。）
c. 眙着_{看到}三个姆儿_{孩子}走过来。（看到三个孩子走过来。）

但是语料中有更多用简单趋向补语，而翻译为普通话必须用复合趋向

---

① 就介词语序类型而言，标引空间方位的成分在句子中的位置主要有三种：（1）前置型：表达空间关系的语言成分置于谓语动词之前，如日语（通过格标记）、德语（通过介词）；（2）后置型：表达空间关系的语言成分置于谓语动词之后，如俄语、古汉语；（3）前后并存型：以上两种格式并存，如英语、现代汉语（详见崔希亮，2002）。就吴语整体而言，除了"在"义介词外，大致格局是前置型的，这是否有语序类型学上的意义，是一个值得继续思考的问题。

② 关于介词位置的历时演变，张赪（2001）有详尽的论述。

补语的例子，我们简单举两例：

(38) a. 该奶儿逮渠自行车扳起_扶起_。（这女孩子将他的自行车扶起来。）

b. 摘消梨个老老楼梯上面偓_行_落罢。（摘梨的老头从楼梯上走下来了。）

下面举例说明普通话、温州话和苍南吴语复合趋向补语使用的不同。

(39) 普通话：走下来/去；跑上来/去；走过来/去；拿过来/去；背起来；搬回来/去；抬出来/去；爬进来/去

温州话：走（拉）落；射（拉）上；走（拉）来；担（拉）来；背（拉）起；搬（拉）归；抬（拉）出；爬（拉）底

苍南吴语：走落（来/去）；射_跑_上（来/去）；走来、走过来/去；担来、担过来/去；背起（来）；抬出（来/去）；爬底（来/去）

上例中，只要语义相容，方式动词和致使动词均可以用在 V1 的位置上。温州方言（含苍南吴语）很少以趋向动词作主动词，即"落来""上去"这样的格式很少使用。苍南吴语以使用简单趋向补语为主，也不完全排斥复合趋向补语。温州市区、瑞安、永嘉等地常用的"V+拉+D"① 格式，在苍南吴语中却很少用，如果使用该格式，一般后面还要加"就……"的小句。例如：

(40) a. 书包 [pʰia⁴²]_扔_拉落，就望出射_跑_。（书包一放下就往外跑。）

b. 走拉到屋里，就嗅着一股味道。（一到家就闻到一股味道。）

温州市区方言"V+拉+D"后则可以不加"……就"。观察以下 WSC 中的例子：

---

① 该结构较多用在叙事语篇（narrative discourse）中，在会话语篇（conversational discourse）中较少使用。

（41）a. 单下响逮渠皮包呢抢<u>抢拉去爻</u>。（笔者注：一下子把他的包抢过去。）

b. 天光六点下钟还有批民警呢从铁索桥上面呢<u>正面冲拉底</u>。
（笔者注：早晨六点来钟，还有一批民警从铁索桥上面正面冲进来。）

c. 昨夜天光八点钟恁光景，董先生宿南白象车站里等车。有个外地个男个<u>走拉门前过</u>，［tɕʰyoŋ］兜兜里摸手机能届，逮有一捆单百头个钞票遁拉渠门前。后半来有个男个<u>跟拉来</u>逮该钞票<u>担拉起</u>，叫董先生［fai］吵，渠呢逮个钞票呢分侬勾董先生。走［ta］近便有个山边。两下儿呢许个遁钞票个男个<u>走拉来</u>，讲董先生逮个钞票担去爻，钞票遁爻是一万两千番钱，叫董先生呢勾还渠。

（41c）中画线部分，翻译成普通话分别为："从前面（走）过去""跟过来""捡起来""走过来"；而苍南吴语则表达为："走门前过""跟过来/跟来""［kʰei³³⁴］起/［kʰei³³⁴］起来""走来/走过来"。潘悟云（1996：276）认为是"拉"复变体标记，"V拉"表示瞬间动作V发生后，施事产生状态变化的短暂过程。

温州方言基本上不使用复合趋向补语，而苍南吴语作为一种温州次方言则开始使用该格式。其中缘由，我们做如下推测：第一，苍南吴语复合趋向补语的使用是受到苍南县内强势方言浙南闽话的影响[①]；第二，苍南吴语以复合补语的格式替代了温州市区方言的"V+拉+D"的格式，这是语言演变中的格式替换。当然，复合趋向补语的产生是汉语史研究中较为复杂的问题。温州方言在使用复合趋向补语上表现出的差异为研究汉语复合趋向补语产生的过程和机制提供了活语料。

三　动态位移事件表达的一种特殊格式

苍南吴语表征目标或方向位移事件的常规结构为"望+NP/NP+Loc/Loc+V"（如："望北京开""望屋里搬""望东走"）。但是，还有一种特殊的"望+趋向词+V"结构，也可用来表方向位移。例如：

---

① 浙南闽语可以使用复合趋向补语。例如：留心跋落去爬也爬不起来。（小心跌下去爬也爬不上来）（温端政，1991：153）。

（42）望来走｜望去射｜望上拔｜望落 dɛ³¹推｜望转回踏｜望出搬｜望底进担

在这个结构中"望"是引介位移方向的介词①，而趋动词为介词"望"的宾语，指示位移的方向。从句法属性上看，介词后的常规成分应为体词性、指称性论元，而趋向动词为谓词性成分。可以说，该结构是一种范畴误配（category mismatch），即一个句法范畴出现在另一句法范畴出现的位置，句法范畴和语义功能之间出现了误配（Francis & Michaelis, 2003）。

据我们调查，该格式在吴方言区仅出现于温州方言②，而且在温州三区八县方言中普遍存在，且为方向位移事件的主要表达格式。我们在 WSC 中共检索到方向位移事件表达 28 例，其中 23 例是以"望+D+V"格式表达，约占 82%；另 5 例为"望+Loc+V"，约占 18%。而且该格式的 V 均为单音节动词。

（一）"望+D+V"结构

苍南吴语中能出现趋向词前的方向介词只有"望"③。那么哪些趋向

---

① "望"在苍南吴语中还可以用作处置标记，详见第四章第二讨论，本节讨论不涉及处置标记"望"。

② 实际上，类似结构在汉语共同语及方言中均有报道。王琦、郭锐（2015）在北大 CCL 语料库中对"P+D+VP"格式进行检索，发现该格式中出现的趋向动词主要有三个："回"（82.8%），"起"（9.6%），"出"（5.6%）。"P+D+VP"结构在西北方言文献中时有报道，如王军虎（1988：38）、张安生（2006：293）和孙立新（2007）均提及趋向动词用作介词"往"宾语的现象。邢向东（2011a）指出在陕北神木话中，所有趋向动词（含简单和复合趋向动词）均能进入"往+D+VP"结构。

王琦、郭锐（2015）调查了 27 个汉语方言点（涵盖官话、晋、客、赣、吴和闽语），发现介趋结构在官话（除西南官话灌赤片外）和晋语中普遍存在，闽、粤、客方言没有介趋结构。文章也提及了温州方言中的介趋结构。该文还注意到上述诸方言均选择性地接受部分趋向动词进入介趋格式，介趋结构 在汉语方言中的接受度所形成的蕴涵关系为：

P 来 V ⊃ P 去 V ⊃ P 进 V ⊃ P 起｜过｜出 V ⊃ P 回 V

该文关于汉语方言介趋结构地域分布的考察是非常有意义的。但遗憾的是，该文缺少对介趋结构在方言中的句法限制的描述和分析，也并未就接受度地域差异的成因进行解释。

温州方言没有和上述方言有过整体性接触，应该不是语言接触现象。

③ 据现有报告，汉语共同语和方言中也基本只接受"往"或方言中相当于"往"的方向介词作为介趋结构的介词。王琦、郭锐（2015）中的报道中由几个零星的"向""朝"的句子，这可能是格式的类推现象，并不影响本书的结论。

词可以出现在"望+D+V"结构中？苍南吴语的主要趋向动词有："上、起、落、底①、出、转、过、到、来、去"，但并不是所有趋向动词均能进入该结构。其中"上""落""出""底""来""去"可以用在"望+D+V_{方式}"和"望+D+V_{致使}"结构中。"转"也可以用于该结构，但"望转V"并不对等与普通话的"往回V"。"起"只能用于"望+起+V_{致使}"，而不能用于"望+起+V_{方式}"。"过、到"则不能用于该结构。具体如表 2.5 所示。

表 2.5　　　　苍南吴语"望+D+V"结构中的趋向词

	上	起	落	底	出	转	过	到	来	去
望+D+V_{方式}	+	−	+	+	+	+	−	−	+	+
望+D+V_{致使}	+	+	+	+	+	+	−	−	+	+

　　实际上，可以进入"望+D+V"格式的趋向动词均带有方向性。如前文所述，苍南吴语很少使用复合趋向补语，所以简单趋向动词表示的方向性强于汉语普通话。比如，"望出走"相当于"望外面走"，"望底走"相当于"望底面_{里面}走"，位移方向是非常明确的。"上""落""来""去"的词化模式均融合了［方向］的义素。

　　"过、到"与上述词汇是有区别的。"过"的词化模式为［位移+路径_{经越}］，"经越"并无明确的方向性，位移主体可以从任何方向经越一个背景。所以"过"和方向介词"望"的语义不相融合。苍南吴语"过"表纯粹的"经越"路径，并没有附加方向性，所以无法进入介趋结构。②"到"是一个介于动词和介词之间的半虚化词，所以也很难出现在另一个介词的后面。而且苍南吴语"到"只指示位移终点不指示位移目标（如普通话可以说"到杭州去玩"，苍南吴语"到"不能用于该格式），所以语义上和指示位移方向的"望"难以相容。再来看"起"，"起"只有"望+起+V_{致使}"的表达（如"望起拔""望起［tai⁵³］_拉"），没有"望+D

----
① "底"在苍南吴语中可用作趋向补语，语义相当"进"，和"出"相对（如"走底""走出"）。
② 在一些北方方言中"过"可以进入介趋格式（如"往过挪"）。我们认为北方方言"往过V"中"过"已经附加了"去"的方向义。"往过挪"实际上表达的是"往过去挪""往远离说话者的方向挪"，已经剔除了"往过来挪"的语义。

+V_方式"的表达（如"*望起爬""*望起倚_站"）。这可能与动词"起"在苍南吴语中不能表示自移（如没有"起床"的表达），只有致使位移的用法（如"起屋""起水"等）相关。

苍南吴语能进入介趋结构的还有"转"。两者均为融合了［位移+路径_反向］的语义要素。两者的区别在于"转"强调的是改变方向，朝相反的方向位移，常和"倒"连用。而"归"则大多指位移至源点或原归属地/者，常特指回家。两者均带有方向性，所以均能进入该结构。①

王琦、郭锐（2015）提出"望+D+V"格式中的趋向词指向位移的方向，但并不指示位置，和方位词（localizer）还是有区别，可以称为方向词。按照王、郭的观点，"往+D+V"中的D为体词性成分。邢向东（2011a）则指出，"趋向动词用在介词的后面构成介词词组，其句法属性应该是名词性的，与方位词相当"，邢先生称该现象为趋向动词方位词化。按照邢先生的观点，该结构中的D为趋向动词，为了和结构相协调而转变为方位词。似乎邢先生的说法更有道理。这一点，可以从表示向下位移的结构为"望落V"，而非"望下V"得到印证。但是，类似于"落"的D，是否已经转变为方位词，我们持保留态度。因为除了由方位词语法化为路径动词的"上"和"底"②以外，所有能进入该格式的趋向动词，均没有在其他句法结构中用作指称性成分。所以，我们不能单凭一个格式就判断某一类词的语法属性已经发生改变。

综上，苍南吴语"望+D+V"结构具有三个特点：
（1）"望+D+V"为方向事件表达的主要格式。
（2）能出现在该格式中的介词只有"望"。
（3）该格式中的D并非方位词。

（二）"望+D+V"结构可能的成因

"望+D+V"结构是语言中范畴的错配。邢向东（2011a）和王琦、郭锐（2015）均对该格式提出过解释。邢先生认为是由于"上、下"同时

---

① 虽然不少文献（如Yiu, 2014；王琦、郭锐, 2015）提到温州方言中的"转"对应于普通话"回"，两者均为融合了［位移+路径_反向］的语义要素。但是温州方言"转"语义远远没有普通话"回"丰富。普通话的"回"往往包含"回到起点"的义素，所以会引申出"回到归属者/地"的语义。比如，普通话的"拿回来"，往往是指将物体移至出发点或原归属者/地；而这个义项是温州话"转"所没有，温州方言需表达为"扭归"。

② 关于"上"和"底"的语法化，我们将在第三章详细论述。

用作述语趋向动词和方位词……（有些）能作两可分析的现象，成为导致说话人将趋向动词重新分析为方位词的桥梁。趋向动词的方位词化，反映了语言中事物的位移与其处所的方位之间的相通性。

邢先生指出了处所词和位移动词的相通之处，这正是趋向动词能进入该格式的语义基础。

王琦、郭锐（2015）认为趋向动词和方向词都在意象图式中起指示路径的作用，这种相似性就是介趋结构中趋向动词可以作方向词的动因。而趋向动词与方向词的差异在于二者的扫描方式不同，从而在语言中表现为不同的词类。趋向动词用于描述射体（trajector）相对地标（landmark）的整个运动过程，属于顺序扫描；方向词用于描述射体相对于地标位移时的整体轨迹属于总括扫描。如果趋向动词的扫描方式改变，从顺序扫描转化为总括扫描，就演变为方向词。

王、郭对于趋向词和方向词在认知意象图式差异的观察是有见地的，它指明了趋向动词用作方位词是有认知基础的。

但是，我们认为认知解释还是没有解释句法结构上不匹配的问题。其次苍南吴语中格式类推的起点不可能为"上、下"。一则苍南吴语趋向动词为"落"，方位词为"下"，而出现在"望+D+V"中的为"落"，而"下"是不能进入该格式的，只能用方位词"下面/转"（如"望下面/转走"）。而且苍南吴语方位词"上"单用的情况较少，往往会用"上面"。换言之，温州方言类推的起点不可能是方位词"上"或"下"。

那么，温州方言"望+D+V"是怎么产生的呢？我们觉得还是格式的类推，但是类推的起点不可能是"上、下"，而可能是兼为方位词和趋向补语的"底"（关于"底"的功能和语法化详见 3.6.5）。温州方言"望底走"有两可的句法解析："望+Loc+V"或"望+D+V"。这样的双重分析提供了一个类推的桥梁语境。"底"成为格式类推的起点，也就顺理成章了。

但是，"底"仅仅提供了一种类推的桥梁。我们认为"望+D+V"结构之所以产生，并不只是类推，也不只是趋向动词改变了其谓词的性质，而成为指称性成分，是词项和结构之间相互调适和匹配。必须满足以下几个条件。

第一，趋向动词和方位词语义特征具有相似性，都包含了[方向]义素。趋向动词和"望+X+VP"结构语义相容，这是趋向动词进入介趋结构的基础。而且从本书第二章讨论可知,苍南吴语位移表达中,趋向动词很少用作主动词,而是高频地在补语位置使用,这使苍南吴语趋向动词的［位移］义素逐步淡化,而语义演变往往是语义要素之间此消彼长的一个过程,在［位移］义素逐渐淡化的过程中,［方向/路径］义素则得以强化。我们以"上"和"走上"的语义编码为例:

单动式的语义编码形式:［VP［V 上［位移+路径］］］

动趋式的语义编码形式:［VP［VD 走［位移+路径］+上［路径］］］

由上,常在动趋结构中出现的趋向补语,其谓词性减弱,方向义素凸显,已经具有较多方位词的属性,这为趋向词成为介词的宾语(如:望/往出走)提供了句法上的可能性。①

第二,一个语言形式往往是各种特征信息的聚合体,这些特征信息有句法的、语音的、词法的、语义的。言者在使用某个语言形式的时候,往往只提取其中部分特征信息,而舍弃掉另一些特征信息。如"望+D+V"表达中的"趋向"就是保留了其语义和语音方面的特征(即语义和语音形态没有方法改变),而舍弃了其谓词性成分的句法特征。这是非常常见的语言现象。比如,我们常说的作为临时修辞现象的"名词活用为动词""动词名物化",都是典型的语言特征信息的筛选。如"喜欢这份工作""工作到两点钟",前者提取了"工作"的指称性信息,后者提取了"工作"的活动信息。再如,"副名结构"(如:"很香港,太老狐狸"),就是提取了 NP 的典型语义特征,而忽略了其句法特征,从而实现了 NP 的去范畴化。再如,在共同语中也由不少路径动词用在体词性成分位置的现象:"往回走""有来有往""有进有出"等。语言形式特征的选择往往是词项与其所进入的句法结构互动的结果。

第三,这种词项和结构的互动,从构式语法角度来看,就是构式压制(construction coercion)(Goldberg,2006)。从构式和词项的互动关系来考虑,构式压制包括自上而下的"构式对词项的意义、题元和体的压制"(董成如、杨才元,2009),还包括自下而上的词项对构式的压制(王寅,

---

① 邢向东先生在私人交流中指出,就陕北神木话来说,"出、进"等都不能作补语,可是用在"往"之后却是十分常用的。这个现象笔者目前还没有令人满意的答案,但是总体来说,动趋式和介趋式中趋向词动词均较弱,而且苍南吴语中趋向词很少用作主动词,所以,苍南吴语趋向词的动词性较弱,应该是与事实相符的。

2011：189）。压制是用来调节语义和句法冲突的机制，其实质就是语言系统的组合限制（规则性）与语言系统的弹性（创新性）之间互相竞争、妥协的结果（宋作艳，2016）。

常规的"望+X+VP"构式中，"望……VP"是能性更强的选择者，要求 X 为体词性成分，被压制的是 X。如果 X 是名词短语、方位词，或方位词短语，则直接满足"望……VP"的选择要求。如果 X 是趋向动词，"望……VP"则会对这些词项产生压制，使其凸显"方向"的语义信息。介趋结构"望+X+VP"中，构式对趋向动词进行了自上而下的压制，使动词的"位移"义隐没，而"方向"义得到凸显。从认知角度解释，这是一种以部分替代整体的转喻，转喻的动因就是构式压制。

"构式压制分析应该特别关注构式特征及相应特征的契合情况，这是构式压制得以实现的基础，也是压制现象得以出现的内因。"（施春宏，2012）不是任何组合都可以通过压制机制合法化。压制机制只会对那些表面上看起来冲突、关键之处相一致的对象起作用。换言之，正如被压制的成分在某种程度上是有准备的，需要开发利用其自身的语义（Asher & Pustejovsky, 2006，转引自宋作艳，2016）。趋向动词自身所具有的方向性和"望……VP"结构语义特征的契合正是构式压制得以实现的基础。

最后，为什么苍南吴语中"望+Loc+V"结构不如"望+D+V"结构常用？上文已经指出 WSC 中"望+D+V"格式约占 82%；"望+Loc+V"格式约占 18%。① 而后者是普通话方向位移的强势格式，如"往前跑""往后退"等。我们认为这还是和方言句法结构的自身特征相关。苍南吴语单音节的方位词"外""底_里""上""下"很少使用，而以复合双音节词"外面/转""底面/转""上面/转""下面/转"为常。例如，苍南吴语一般说"望外面射_跑""望下转走"，而不说"*望外射_跑""*望下走"。双音节词进入"望+X+VP"格式形成"1+2+1"的节律（如：望—外面—走）。而受到汉语双音化的影响，言者会习惯性地将这样组合破解为"2+2"的节律格式（即"望外—面走"），这样容易造成语义（望+外面+

---

① 表1的统计结果表明，WSC 中"望+X+VP"结构中纯方位词的频次相当低，只有 5 次（"西""北""许面""门前（2）"）。其中"西""北"为单音节，且和"门前_{前面}"均没有对应的介趋格式。只有"望许面走"，可以替换为"望去走"。我们搜索了 CCL 语料库现代汉语部分，发现类似的规律。例如，往外走（240）：往外面走（1）；往里走（228）：往里面走（13）。这也是韵律制约的结果。

走）和节律（望外—面走）的不匹配。这样就为节律和语义匹配度更高的"望+D+V"格式的形成提供了空间。正如 Bergs 和 Diewald（2008：10）指出，非常规构式是对相同命题内容（the same proposaitional content）的探索性的表达（explorative expressions），是语言的创新，只有在某一或者某些方面表现出优势才能得以在一个语言中存在、流行。

总之，构式语法强调格式的力量，"望+方位词+VP"是一个格式，当有语言表达的需要，且具备了某个合适的桥梁语境，就可能产生格式的类推。当然，不同的方言中类推起点的不同是受制于方言本身的趋向词系统（如苍南吴语"上/下"少用或不用作方位词，不可能成为类推的起点）。在具体词语的选择上，不同方言之间没有比附性。①

第二节 苍南吴语的静态事件

一 静态事件表达模式

通过第一章第四节讨论可知，汉语普通话静态事件的基本表达格式为：F（+V）+在+G+Loc（+VP），如："他（躺）在床上。"苍南吴语静态事件表达基本格式与汉语普通话是一致的。主要有以下四种表达式。

表达式一：F+处所动词+G（+Loc）
(43) a 书包囥_在桌头。（书包在桌上。）
b. 阿民宿屋里。（阿民在家里。）
c. 阿民［uaŋ⁴⁴］楼上。（阿民在楼上）
d. 天安门生北京。（天安在北京。）
e. 阿民是上海。（阿民在上海。）

表达式二：F+ V+处所介词+G+Loc
(44) a. 衣裳摊囥床里。（衣服摊在床上。）
b. 阿民倚囥门外。（阿民站在门外。）

---

① 此观点为邢向东先生惠告，谨致谢忱。

表达式三：F+ V+G+Loc
(45) a. 衣裳摊床里。（衣服摊在床上。）
　　 b. 阿民倚门外。（阿民站在门外。）

从以上表达可知，苍南吴语有多个处所动词，动后处所介词"园"可以省略。苍南吴语后附于背景名词的方位词使用的强制性高于共同语，所以除了地点名词作背景外，方位词一般不省略（下文详述）。

另，普通话还有：介词短语+方式动词（如"在头上戴着"），苍南吴语中没有该表达格式。

二　静态事件表达的特点

苍南吴语静态事件表达的特点主要有以下几条。

（一）多个处所动词并存

苍南吴语中有多个并存、来源不同的"在"义动词（园/宿/是/生/[uaŋ⁴⁴]），且有不同程度的虚化，这是其他吴语未曾报道过的。其中"园"作为处所动词只能携带低生命度的焦点实体、作为处所介词只能用于动后的；"宿"作为处所动词只能携带高生命度的焦点实体，用作介词只能为引介事件发生场所的动前介词："[uaŋ⁴⁴]""是""生"的处所义来源、语义发展和使用句法环境也都呈现出自己的特点。关于这几个处所动词处所义的来源和演变，本书第五章逐一详述。

（二）方位词的虚化程度更高

方位词的虚化程度较高是整个吴语的特点之一。正如刘丹青（2001）所指出的，"北京话的方位词处在由方位词向后置词虚化的半途中，但是吴语有些后置词，在语音形式、语义和句法多个方面都展现出了更深的语法化程度"。"如果说，'上、里'等词的某些用法（如'朝上/里看'）在北京话还可勉强归入作为名词小类的所谓'方位词'，那么已经读作'浪/酿、勒/特'的吴语'上、里'已经丝毫不沾名词的边，只能分析为虚词，而最适合的归类便是后置词。"

方位词虚化程度高的现象在苍南吴语中表现明显。苍南吴语最为常用的方位词"里"的虚化程度相当高，已成为一个泛指性方位词。

（三）方位词的强制性

普通话中具有方位义的普通名词可兼所处词，在编码［背景］的同时，编码部分［位置］信息，方位词可省略（如"在学校""在广场"）。相较之下，吴语的方位词整体上有更大的句法强制性。在吴语中，单靠介词、无须方位词的方所题元严格限制于地名类专名。甚至在地名后也可以加上方所词，如苏州上海的老派吴语表示"在山东"会说成"勒山东地方"；宁波话"往南京走"可以成"搭南京垯走"，"垯"是个完全虚化的后置词，其用在地名后的功能更是普通话方位词所不具备的（刘丹青，2001）。

苍南吴语方位词有很强的强制性。下面是普通话和苍南吴语的比较：

（46）a. 在学校（里）／教室（里）／图书馆（里）／电影院（里）／单位（里）／公司（里）／公园（里）／广场（上）／陆地（上）／海洋（上／里）／天空（中）
　　　 b. 宿学堂里／教室里／图书馆里／电影院里／单位里／公司里／公园里／广场里／陆地里／海里／天里

例（46）中，普通话的泛指方位词"里"可省略，而苍南吴语的泛指方位词"里"则是强制的。此外，定指性很强的其他方所后置词（如上面、下面、底、中央、当中等），由于语义和句法强制的双重因素，就更加不能省略了。

（四）处所介词可省略

与方位词的强制性形成对比的是，吴语处所表达前置介词常省略。例如，在绍兴、宁波等方言中，表示行为发生处所的状语前经常省略"在"义前置词，相应的普通话句子很难省去这些前置词。

（47）a. 我（来埭）屋里吃饭，伊（来埭）单位里吃饭。
　　　（我在家吃饭，他在单位里饭。）（绍兴话）
　　　b. 诺（来埭）老板里要话些好话。
　　　（你在老板那儿要说些好话。）（绍兴话）
　　　c. 贼骨头（来堆）屙坑间里幽该。
　　　（小偷在厕所里躲着。）（宁波话）
　　　d. 老师（来堆）黑板上写字。
　　　（老师在黑板上写字。）（宁波话）

（引自刘丹青，2001）

以上括号处可以加入"在"义前置词，但是吴语区人觉得不用前置词更加自然。在绍兴、宁波等吴语中甚至可以将处所动词置于背景名词之后。例如：

(48) a. 我图书馆来埭。（我在图书馆。）（绍兴话）
b. 我图书馆来堆。（我在图书馆。）（宁波话）

苍南吴语"在"义前置词省略主要有两种情况。
第一，动后处所介词"园"的省略：

(49) a. 花瓶顿_坚放_（园）桌里。（花瓶放在桌上。）
b. 渠俫逮屋起（园）河股边_河边_。（他们将房子建在河边。）
c. 花朵_拿_（园）手里。（花拿在手上。）
d. 你个话我记（园）心里罢。（你的话我记在心里了。）

终点处所介词"园"的省略，我们将在第五章第二节详细讨论。
第二，动前处所介词"宿"的省略。

(50) a. 我（宿）图书馆里眙_看_书。（我在图书馆看书。）
b. 我（宿）阿妈狐_那儿_吃饭喽！（我在妈妈家吃饭喽！）
c. 该姆儿_孩子_（宿）香港生个。（这孩子在香港出生的。）
d. (*宿) 头里戴牢。（（在）头上戴着。）
e. (*宿) 手里朵牢。（（在）手上拿着。）

需要说明的是例（50a-b）倾向于不省略，c省略和不省略均可，而(50d-e)则不能加处所介词。
以上为苍南吴语静态事件表达的基本格式和特征。

第三节 本章小结

本章从共时层面考察了苍南吴语位移事件表达的主要格式。从语义上将动态位移事件划分为起点、目标、方向、途径、终点五类位移事件，对五类事件的表达格式进行逐一刻画，并分析了方向事件的特殊表达格式。本章通过田野调查和诱导性语料相结合，定性和定量分析的结果一致表明，苍南吴语位移表达的句法和语义对应较共同语要规整和严格。主要表现为以下几个方面：

（1）苍南吴语位移事件表达呈现出显著的卫星框架语倾向；
（2）苍南吴语位移方式的凸显度高于普通话；
（3）苍南吴语可以但不经常使用复合趋向补语；
（4）苍南吴语静态事件表达中并存多个处所动词；
（5）苍南吴语静态事件表达中后置方所词强制性高而前置介词常可省略。

本书的量化统计结果和 Yiu（2014）汉语位移事件类型跨方言研究所得出的吴语位移事件类型演变速率较普通话快的结论相一致。苍南吴语也展现出了有别于吴语甚至有别于温州话的特点，部分现象可能受到语言接触的影响。

第三章

苍南吴语路径动词的多功能研究

从本章开始,我们拟对苍南吴语位移事件核心要素[路径]表达的多功能性进行探索。本章聚焦苍南吴语路径动词的多功能模式,通过梳理这些功能之间的内在联系,结合跨方言和汉语历史事实,概括这些多功能模式的演化链条。最后,总结苍南吴语路径动词语法化的共相(commonality)和殊相(speciality)。主要包括以下内容:

(1)苍南吴语路径动词的界定;

(2)指向动词(deictic verb)"来""去"的多功能和语法化及相关问题;

(3)非指向动词(non-deictic verb)("起""上""落""出""底""过""到"和"转")的多功能和语法化及相关问题;

(4)苍南吴语路径动词语法化的语言特性和类型共性。

第一节 苍南吴语的路径动词

"路径动词"(path verb)是指只融合了[路径+位移],没有融合其他概念要素(如[方式])的动词,即纯粹路径动词。这类动词往往承载了[主体]相对[背景]的位移信息,路径动词是汉语表达位移事件路径要素的主要手段。

在位移事件类型学中,"路径动词"是与"方式动词""致使动词""副事件动词"等相对的概念。一般的汉语研究中称为趋向动词(directional verb)(如 Li & Thompson,1981),即"表示从远到近、从近到远、从低到高、从高到低、从里到外、从外到里等的运动动词"(李临定,1990:103)。本书一般在指涉位移事件中"编码路径要素的动词"时使用"路径动词"这一名称,而在句法分析中,描述这类动词用作主要谓语动词的功能时,用"趋向动词"这一术语,与"趋向补语"相对。换言之,"路径动词"是位移事件类型学中的概念而"趋向动词"是传统语法学的概念,在本书中两者的所指是一致的。①

汉语史研究成果表明,动趋结构产生后,用趋向动词作补语表达路径时,这个补语的成员逐渐减少,并成为一个封闭的类(史文磊,2014:175)。吕叔湘(2013:16)和刘月华等(2001:546)所列的现代汉语动趋式中表趋向的动词,是典型的路径动词,包含"来、去、上、下、进、出、回、过、起、开、到"。

现代汉语路径动词是一个相对封闭的类,使用频率相当高。我们检索上述路径动词在 CCL 语料库中的排列位次,结果如表 3.1 所示。

表 3.1　主要路径动词在 CCL 语料库中的使用频次排列统计

路径动词	上	起	下	进	出	回	过	开	到	来	去
位次	18	124	55	41	26	272	58	56	24	22	111

注:(1) CCL 现代汉语语料库中汉字的总形符数(Token number of total Characters)为:509,913,589;而汉字的总类符数(Type number of total Characters)为:10645。(根据 CCL 网站 2016 年 11 月所提供的"现代汉语语料字符统计信息表")

(2) 部分词项存在兼类现象,如"上""下"既可以为路径动词也可以用作方位词,但是不同义项可能就是语法化的不同阶段在同一共时层面的体现。而且 CCL 中的语料是未标注(untagged)的生语料,无法辨别词汇的不同功能和义项的分布,我们列上表仅作为趋向动词在现代汉语中高频使用的辅证。

从表 3.1 可知,在现代汉语中,路径动词是使用频率相当高的类,在总类符数为 10645 的语料库中,使用频率排名均相当靠前。高频使用是词项语法化的前提之一。

汉语方言的路径动词往往和共同语有所差异(参看 Yiu,2014:165)。苍南吴语主要的路径动词,及其和汉语普通话的对应关系如表 3.2 所示。

---

① 需要注意的是,有些语言中"路径"成分往往由卫星成分(satellite elements)表达,另一些语言中[位移+路径+主动词]是融合(incorporate)在单一词项中,所以本书讨论的"路径动词"仅仅指汉语中纯粹编码路径要素的动词。

表 3.2　　　　　　　　苍南吴语的主要路径动词

普通话	上	起	下	进	出	回	过	开	到	来	去
苍南吴语	上	起	落	底	出	转	过	开	到	来	去

注：苍南吴语表示"进入"（enter）的为"底"，但"底"只用趋向补语，不用作主动词。"进"相对较文，且只表示"往前移动"，与"退"相对，且不能用作趋向补语。"转"的语义较普通话的"回"要窄，"转"仅指"改变方向，朝相反的方向位移"，而"回"还可以指"位移至源点或原归属地/者"。"到"仅用于抵限终点位移事件。以上几点下文均会有较详细的描述。

第二节　"来""去"的多功能及语法化

根据 Talmy（2000b：53），路径是一个复合体（path complex），可以分解为三个主要的成分：矢量（VECTOR）、构向（CONFORMATION）和指向（DEICTIC）[①]。其中"指向"主要有两个成分：面向说话人的方向（toward speaker）和其他方向（in a direction other than toward speaker）。现代汉语分别以一对意义相反的指向动词"来""去"表示。"来"的基本义为"动作朝着说话人所在地"（吕叔湘，1984：309）。"去"的基本义为"动作背离说话人所在地"（吕叔湘，1984：401）。指向动词（deictic directional verb）"来""去"是以言者自我为参照点的路径动词，指向并非客观路径本身，而是一种主观表述（Filipović，2007：17）。指向动词也称为直指趋向动词（如唐正大，2008），或主观位移动词（如刘丹青，2001a）等。

Nicolle（2012：377）指出：运动动词，尤其是路径动词很容易语法化为时体标记，其中相当于"来"和"去"的指向动词最容易发生语法化。就汉语整体而言，"来""去"的语法化也相当普遍，且类型丰富。

苍南吴语指向动词"来""去"也发生了语法化，其语法化路径和世界语言在类型上有共性，也有特殊之处。苍南吴语"来""去"并未沿着最常见的"趋向动词>体标记"的路径演变，它们的主要功能为趋向动词、趋向补语、可能补语和补语标记。本节拟在讨论"来""去"句法多功能的基础上，拟构"来""去"的语法化路径，讨论"来""去"语法

[①] Chu（2004：146—176）在 Talmy 的基础上，增加了路径的三个要素：方向（DIRECTION）、维度（DIMENSION）、视角（PERSPECTIVE），并将指向（DEICTIC）视为视角的下位范畴。

化过程中的主观性。

一 "来""去"的共时多功能性

苍南吴语"来""去"（音［li^{31}］［k^{h}i^{42}］）的主要功能有以下几种。

（一）趋向动词

"来""去"在苍南吴语中可以充当述语动词，即用 V 型结构表达空间位移。例如：

(1) a. 渠昨日<u>来</u>杭州个。（他明天来的。）
  b. 阿弟今日<u>来</u>蛮早。（弟弟今天来得挺早。）
  c. 渠<u>去</u>北京，还未矅_{行走}归。（渠去了北京，还没有回来。）
  d. 阿弟<u>去</u>单位罢。（弟弟去单位了。）

从上例可以看出，"来""去"均以说话人所处的地方为参照点（reference point），但是"来"移动的终点为说话人所在地，终点明确，其后的终点处所 NP 可现（如例 1a.）也可隐（如例 1b.）。换而言之，"来"的锚定域（anchorage）为起点（远离说话者的某个地方）和聚焦域（region of attention）为终点（即说话者）。"去"表示以说话人所在地为起点向某个目的地移动，位移的方向和终点是明确的，换言之，"去"概念化的锚定域是起点（即说话者），而聚焦域为终点（某个特定的地方）；所以"去"的处所论元必须明示，即"去"必须携带表示终点的处所 NP①（如 1c. 和 1d. 所示）。

我们以史文磊（2014：173）为参照，简单绘制"来""去"的基本视域示意图如下：

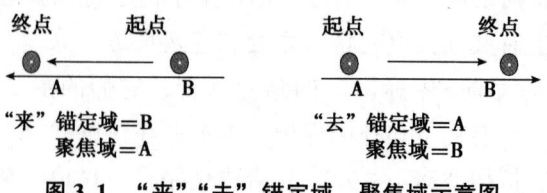

图 3.1 "来""去"锚定域、聚焦域示意图

---

① "去"终点省略的情况一般只出现在特定语境中，比如在对话层面作为应答句的情况。

(二) 趋向补语

正如第二章论证，苍南吴语位移事件的惯常表达为 S 型结构，"来""去"在苍南吴语中更常用作趋向补语。例（1）中的句子在均可在"来""去"前加上基本方式动词①"走"构成 S 型结构，意义不变。

（2）a. 渠昨夜日<u>走来</u>个。（他昨天来的。）
b. 阿弟今日<u>走来</u>蛮早。（弟弟今天来得挺早。）
c. 渠<u>走</u>北京<u>去</u>，还未𬳵_行归。（渠去了北京，还没有回来。）
d. 阿弟<u>走</u>单位<u>去</u>罢。（弟弟去单位了。）

苍南吴语更常用的为例（2）中的句式。而且如果终点背景为较长的方所短语时，例（1）"来/去+NP"的格式则显得不自然，而更加自然的表达格式为"走+NP+来/去"。如：

（3）a. *渠<u>来/去</u>外婆屋里罢。（他来/去外婆家了。）
b. 渠<u>走</u>外婆屋里<u>来/去</u>罢。（他来/去外婆家了。）

在致使位移事件中"来""去"也可以加在副事件动词后，构成"V 来/去"，表示相对说话者的位移方向。

（4）a. 逮茶壶<u>挎来</u>。（把茶壶拿过来。）
b. 逮茶壶<u>挎去</u>。（把茶壶拿过去。）

综上，"来""去"可用于自主位移事件和致使位移事件中，表示主体相对言者为背景发生的物理空间位置转移。苍南吴语"来""去"是典型的指向动词。

"来"和"去"在位移动词或具体的行为动词后作趋向补语时，其空间位移义明显，"来"和"去"意义相对。但是当述语动词为抽象动词

---

① 基本方式动词由 Slobin（1997）提出，指不包含具体位移方式细节的动词，与高方式动词相对，如英语中的 climb: clamber/scramble，后者包含更多位移方式细节。详见池昌海、姜淑珍（2016）。

时,"来""去"的趋向义就逐渐弱化,即"来""去"走上了语法化的道路。

(三) 动相补语

"来""去"在苍南吴语还可用作补语表示 V 的完成①,"来""去"仍带有"获得""消失"的语义,但是"来""去"语义指向只能是 V 不能是施事、受事,"V 来/去"也没有扩展形式,不能指派论元,所以较结果补语更虚可以视为半虚化的动相补语。"来""去"读轻声,如:

(5) a. 你钞票恁多宿狃_{哪里}近_赚来啊?(你在哪儿赚来这么多钱?)
b. 钞票白白丐人近_赚去爻。(钱白白让别人赚去了。)

(6) a. 狃_{那儿}有个车位,快递渠停来爻。(那儿有个车位,快把它停过来。)
b. 头先狃_{那儿}有个车位,能届_{现在}丐人停去爻罢。
(刚才那儿有个车位,现在被人停去了。)

(7) a. 村里证明还未打来。(村里证明还没打过来。)
b. 今天买软柿丐许老娘客赖去。(今天买柿子被那妇女占了便宜。)

以上"来"有明显的相对说话者的"占有、获得"义,而"去"有"失去、消失"义。游汝杰(1996:345;2003:200—201)曾注意到温州方言中的"来"的这种用法。举例如下:

(8) a. 近_赚来一百番钿。(赚了一百块钱。)
b. 买来三个苹果。(买了三个苹果。)
c. 我船票买来罢。(我已经买了船票。)
(引自游汝杰,2003)

---

① "消失"义的"去"还可作为主动词,有"不如意"的语用含义,常常后接尾助词"爻"。如:
a. 该日走店里吃一厨就去爻三百钞票。(今天到饭店吃一顿,就花掉了三百块钱。)
b. 为着画该张画,就去爻十俫张纸。(为了画这张画,就耗费了十张纸。)
c. 该年生意做折爻,去爻几十万。(今年做生意亏了,损失了几十万。)
但是,"获得"义"来"很少用作主动词。"去"的这种用法显然是趋向义的引申。

苍南吴语更倾向于将例（8）中的"来"置于句末，语义不发生改变。游先生将上例中"来"视为完成体标记①，同时也指出"来"之前的动词只能为"表示积极意念"的动词，如果表示消极意念，只能用"爻"。例如：

(9) a. 去爻三百番钿。（损失了三百块钱。）
b. 吃爻一个苹果。（吃了一个苹果。）
c. 我船票卖爻罢。（我的船票卖掉了。）
（引自游汝杰，2003）

我们赞同游先生关于"来"表示积极意念，"爻"表示消极意念的看法②。但我们认为这个阶段的"来""去"还是滞留了"趋向"义，表示V的结果，两者之后均可以加上意义更加虚化的"爻"（如例5b、6和10所示）。因此，这个结构中的"来""去"还未发展为完成体标记③。而与"来"相对，具有趋向义且表示消极意念的补语为"去"。如（8）例子的最小对比对也可以是：

(10) a. 一百番钿丐人近_赚去爻。（一百块钱让人赚去了。）
b. 三个苹果沃_都丐人买去爻。（三个苹果都被人买走了。）
c. 船票丐人买去爻。（船票被人买走了。）

再如：

(11) a. 我昨夜日宿渠徛_{那儿}买来三斤苹果。（昨天我从他那儿买了三斤苹果。）
b. 渠昨夜日宿我榖_{这儿}买去三斤苹果。（昨天他从我这儿买了三斤苹果。）
c. 我逮渠个三十斤苹果统统买来爻。（我把他的三十斤苹果都买

---

① 吴福祥（2010）认为温州方言"来"的这种用法应称为完整体助词。
② 一般认为温州方言的"爻"是语法化自消失义动词，源动词尚无定论。
③ 实际上，例（9）中"爻"也还在动相补语阶段，语义和功能均接近于共同语的"掉"。

完了。）

　　d. 渠逮我个三十斤苹果统统买<u>去</u>爻。（他把我的三十斤苹果都买完了。）

　　游先生并未指出"去"的这种用法。虽然以上例句中"来"的语义较"去"更加虚一些（即趋向义更加空灵），但是以上例句表明"来""去"均能表示完结，语义趋近，但是尚未中立，它们仍然存在对立的语义要素（相对或远离言者）。我们认为，"来""去"是以说话者的主观心理为参照点，将符合主观企望的事件或动作归为"来"，而将违背主观企望的事件或动作归为"去"。换言之，"来""去"仍具备以说话人的主观企望为参照点构成的虚拟心理空间位移义。

　　基于以上事实，我们认为"获得"义和"消失"义的"来""去"由空间趋向义引申而来，表示 V 的结果，且其后还可加同类型的体标记（爻），所以还未虚化为时体标记。

（四）完成体标记

　　苍南吴语"来""去"已经发展出完成体标记的功能，例句如下：

　　（12）a. 我昨夜日亲眼眙着_{看到}<u>来</u>个。（我昨天亲眼看到的。）
　　　　 b. 你头先逮我脚脚踏着_{踩到}<u>来</u>。（你刚才踩到了我的脚。）
　　　　 c. 自两人昨夜日讲话有丐渠听着<u>来</u>。（我们俩昨天说的话被他听到了。）
　　　　 d. 人阿丐你吓着<u>来</u>！（人都被你吓到了。）
　　（13）a. 渠手丐门夹<u>去</u>。（他的手被门夹了。）
　　　　 b. 我头先脚碰<u>去</u>，能届_{现在}还有厘痛。（我刚才碰伤脚了，现在还有点痛。）
　　　　 c. 渠昨夜日一百钞票遁_掉爻<u>去</u>①。（我昨天丢了一百块。）

---

① 该句子"去"也可以不加，但是"去"加上去"损失"的意味更浓。"去"和"爻"均可用作动相补语和完成体标记。比较：
　a. 渠昨夜日一百钞票_遁掉<u>爻去</u>，可惜死。（他昨天掉了一百块钱，太可惜了。）
　b. 蛮好个物事［pʰia⁴²］_扔<u>去爻</u>，可惜死。（蛮好的东西扔了，太可惜了。）
根据句子信息的结构安排，补语比体标记更加靠近动词，所以动相补语在前，体标记在后。a. 句中"爻"是动相补语，"去"是完成体标记，b. 句则刚好相反。

d. 桌头肴配_菜_统统逮渠吃爻去！（桌上的菜都把它吃光！）

完成体标记"来""去"受到源动词的影响，前者一般和表"获得、实现"的动词或补语连用，而后者一般和消失、消极语义的动词或补语连用。而且似乎"去"的使用范围更广一些，"来"只能加在表示结果的"V 着"之后。

（五）能性补语①

苍南吴语"来""去"均可用作能性补语，两者表义功能有区别。

1. 能性补语"来"

苍南吴语"来"作为能性补语，可用在"V 来/V 不来"的结构中，表达施事主体是否具备某种能力，即表达动力情态。该结构中的"来"必须读为焦点重音。

(14) a. 我足球踢来，篮球打不来。（我会踢足球，不会打篮球。）
b. 该首歌渠唱来，我唱不来。（这首歌他会唱，我不会唱。）
c. 我是数学老师，语文课教不来。（我是数学老师，语文课不会教。）

能性补语"来"不能接受程度副词的修饰。例（15）句子不合法。

(15) a. *该首歌我唱蛮来。（这首歌我很会唱。）
b. *该首歌我唱来显。（这首歌我很会唱。）

苍南吴语"来"作能性补语主要表达施事的某种能力，但不能表示

---

① 对相当于汉语普通话"V 得/不 C"结构的界定，学界有不同的看法。吕叔湘（2013）称此形式为"结果补语和趋向补语的可能式"；王力（1985）称之为"使成式里的可能式"；丁声树（1961）称之为"补语的可能式"。朱德熙（1984）将其称为"可能补语"。张旺熹（1999）则称其为"补语的可能式"，认为这种结构是在动结式或动趋式的基础上构成的，是其下位概念，不能并列称作"可能补语"。吴福祥（2002）将"V 得/不 C"纳入能性范畴，称之为"能性述补结构"。本书讨论"来"使用吴福祥先生的"能性补语"，以便和"趋向补语的可能式"相区分，凸显"来"具有有别于趋向动词的情态义。

"某物具备某种能力",也不表示客观的许可。表示"物力"和"许可"只能用"得"表示。例如：

(16) a. 饭煮生爻去,吃不得。(饭煮生的,不能吃。)
b. 洋芋发芽起罢,吃不得个。(土豆发芽了,不能吃的。)
(17) a. 该本戏大人眙看得,姆儿眙看不得。(这部戏大人可以看,小孩不能看。)
b. 该种话讲不得个。(这种话不能说的。)

值得申说的是,趋向动词在自主位移动词或者致使位移动词后,表示事件的可能性在整个温州方言中普遍存在（如：走上,走不上能不能上来；走归,走不归能不能回来）。但该结构中趋向动词的趋向义明显,上述表达的能性意义来自结构,而非趋向动词自身具有能性意义。正如张旺熹(1997)所言"是动结式或动趋式的基础上构成的,是其下位概念",为"补语的可能式"。然而,苍南吴语"V来"表达动力情态,即表达施事主体的某种能力时,"来"已经失去趋向义,且V可以是一般行为动词,而不限于位移动词。

2. 能性补语"去"

"来"的能性补语功能在整个吴语常见。然而"去"作为能性补语的用法较罕见。[①]"去"在苍南吴语可用作能性补语,指涉能力的可及性,不涉及转移的方向,读为焦点重音。

(18) a. 一日总只学来得一样两样物事,三样物事学不去个。
(一天只能学一两样东西,学不了三样东西。)
b. 恁多作业,姆儿乜做来得去吗?(这么多作业,孩子怎么做得了吗?)
c. 你今日教忒多,我学不去。(你今天教太多,我学不了。)

[①] "去"在近代汉语中可作为能性补语。如：
a. 贾政道："这也与破题同病的,这改的也罢了,不过清楚,还说得去。"(《红楼梦》)
b. 宝玉听了,忙的自己又亲检了一遍,实在搪塞不去,便说："明日为始,一天写一百字才好。"(《红楼梦》)(参见胡晓慧,2012：151)

d. 你恁多肴配搛丐我，我吃阿吃不去。
（你这么多菜夹给我，我吃都吃不掉。）

3. 能性补语"来"和"去"的区别

苍南吴语可能补语"V 来"和"V 去"均可表达情态义，是空间域向情状域的映射，表示主体（一般是生命度较高的施事主体）是否具备实现某种状态或达到某种程度标准的可能性。具体来说，"来""去"在苍南吴语中均可表动力情态。那么它们有哪些区别？试看以下四组例句：

（19）a. 该首歌忒难，姆儿唱不来。（这首歌太难，孩子不会唱。）

b. 该日教三首歌罢，姆儿学不去。（今天教三首歌了，孩子学不了。①）

（20）a. 今日肴配_菜忒辣，我吃不来。（今天菜太辣，我不会吃。）

b. 今日肴配_菜忒多，我吃不去。（今天菜太多，我吃不过来。）

（21）a. 该事干我做不来。（这件事情我不会做。）

b. 恁多事干我一个人做不去。（这么多事情我一个人完成不了。）

（22）a. 姆儿还小，衣自个着_穿来着不来？（孩子还小，会不会自己穿衣服？）

b. 姆儿还小，该衣着_穿去着不去？（孩子还小，这件衣服穿得了穿不了？）

例（19）-（22）中 a. 例用"来"仅描述施事是否具备完成某事的能力。如（16a）的"该首歌忒难，姆儿唱不来"。表示主体"姆儿"没能达到"获得"这种能力。"V 来"可视为虚拟的位移，即在情状域中，以"要达到或具备的能力"为位移终点目标。目标的达成符合主体的企望，包含积极的语用义，故而用朝向说话者的"来"表示。"吃不来/唱不来/做不来、着_穿不来"指在情状域中未达到位移的终点目标，即"未

---

① 如果表示"获得"某种能力，苍南吴语用"起"。例如：
该日教个歌忒难，姆儿_{孩子}学不起个。（今天教的歌太难，孩子学不会的。）

获得某种能力"。而 b. 例用"去"专指能力达到某个预设的量，一般在前景句中有对 V 的宾语（如"肴配菜""事干"等）"量"的描述，如（19b）的"三首"、（20b）"忒多"、（21b）的"恁多"。或者其前景句至少在语义上蕴含（entail）量的描述，如（22b）意思为"相对孩子的身高，这件衣服太大了，孩子没法穿"，即孩子身高是否达到了穿这件衣服需要具备的"量"。此句蕴含着衣服大小和孩子穿衣尺寸这两个参数"量"的比较。正如上文所述，"去"表示在空间域中位移的方向和终点是明确的。而在情状域中，"去"的位移终点也是明确的，且是定指的。我们认为"去"是把"预设的量"当作位移终点，实现的过程就是"量"一点点消除的过程。如（19b）中的"三首歌"、（20a）中的"恁多肴配"、（21b）中的"恁多事干"、（22b）中"衣服的尺寸"。这里需要解释的是，（22b）是一个抽象的量消除过程：孩子长大了，衣服多余的尺寸消除了，即能够穿了。从（22a）和（22b）的对比可以看出，"去"的对象必须是定指的，而"来"则不受对象的定指性所限。

基于以上推理，我们认为，表示情态义的"来"直接来自"获得"义"来"；而情态义"去"源于"消失"义"去"。究其根源，情态义"来""去"是空间域位移事件在情状域的隐喻投射。

（六）补语标记

苍南吴语"去"可以用在"V 去 C"的结构中（如：掼去远_{扔得远}），但是"去"趋向义有一定滞留，且可以单独用"V 去"，"去"的语义没有改变，所以，我们认为"去"还是趋向补语（详见本书第 153—158 页讨论）。

和"去"不同的是，"来"[①] 已经演变为一个补语标记。苍南吴语

[①] 关于温州方言可能补语标记，学者们大致有以下三种看法：

（1）温州方言不用可能补语标记。"（温州话）可能补语直接后置于动词，北京话的补语标志'得'和'个'温州话不用。"（游汝杰，1997）；（2）温州方言的可能补语标记为"得"。郑张尚芳先生（2008：240）曾指出，温州方言可能补语标记为"得"的通音化。（笔者就该问题向郑张先生求教，先生指出"得"和"来"的可能性均不能排除。）；（3）温州方言的可能补语标记为"来"。刘坚等（1992：146—148）曾指出吴语"来"可以"引出表示结果、程度、状态的补语"。根据梅祖麟（1997）吴语"勒"以及"辣"都是促化而来的"来"字（转引自吴福祥，2001）。吴福祥（2001）直接指出温州话"来"可用作补语标记。

从汉语史的证据来看，唐诗和敦煌变文中可以找到"来"用作补语标记的用例，在宋金文学作品以及明清吴语小说中也能看到这样用法的"来"（赵日新，2001）。此外，"来"在汉语方言中用作补语标记常见，吴福祥（2002）还指出现代方言里，"来"作为补语标记即见于（转下页）

"来"用作结果补语标记,例如:

(23) a. 该事干丐你做吃来~得~落 [.bɔ]①?(这件事情让你做吃得消吗?)
b. 不用你牵,我自个爬来~得~起。(不用你扶,我自己能爬起来。)
c. 屋里钞票憳~虽然~有,两领衣总~还是~买来~得~起个。
(虽然家里没钱,几件衣服还买得起的。)
d. 该箱蛮重,你自个拴来~得~去 [.bɔ]?(这箱子挺重,你自己拿得动吗?)

苍南吴语的"来"还可以用作状态/程度补语标记。

(24) a. 盐囥来~得~恁多,太咸罢。(盐放得太多,太咸了。)
b. 猪脚蹄煨来~得~恁 [ɸia⁴⁴]烂罢,阿娘~奶奶~能届~现在~嚼来~得~落罢。
(猪蹄已经炖得这么烂了,奶奶现在嚼得动了。)
c. 今日个事干逮我吓来~得~煞。(今天的事情把我吓得厉害。)
d. 今日手套冇套,冻来~得~煞,手冻爻全僵。
(今天手套没戴,冻得厉害,手都冻僵了。)

以上"来"已经完全丧失了"向着说话人移动"的趋向义,虚化程度很高。

需要说明的是,温州方言就整体而言,补语标记"来"不发达,常常无须标记的引介,而将补语直接置于动词后,读为焦点重音。比如例(23)可以表达为:

(接上页)东南的吴语、徽语、客家话、闽语以及西南的成都官话,也见于西北的神木晋语、内蒙古晋语等,此外还有徽语绩溪话(赵日新,2001)。

我们认为 [.le] 来自"来",一则有来自邻近吴语方言的证据支持,二则也符合音变规律,温州方言的动词"来"和补语标记 [.le] 读音相近。三则"来"作为补语标记在汉语史上有迹可循,在汉语方言中有证可引。本书认为苍南吴语补语标记 [.le] 来自趋向动词"来"。

① [.bɔ] 为句末语气词,含有质疑的语气。句本书调查该语气词在其他温州次方言中未见使用,笔者推测可能借自浙南闽语表示否定的语气词。

(25) a. 该事干丐你做吃落［.bɔ］？（这件事情让你做吃得消吗？）
　　b. 不用你牵，我自个爬起。（不用你扶，我自己能爬起来。）
　　c. 屋里钞票懵_{虽然}冇，两领衣总_还买起个。
（虽然家里没钱，几件衣服还买得起的。）
　　d. 该箱蛮重，你自个担去［.bɔ］？（这箱子挺重，你自己拿得了吗？）

温州方言可以通过变调来区分趋向补语和可能补语（即结果补语的可能式，而非上文的能性补语），所以即使没有补语标记也是可以将组合和粘合述补结构①相区分。例如：

(26) a. 床上爬起。（从床上起来。）
　　b. 眙_看渠倒_摔蛮煞，爬起爬不起？（看他摔得蛮严重，起得来，起不来？）
　　c. 覅_{不要}逮渠钞票摸_讨来。（不要把他的钱要过来。）
　　d. 渠个钞票摸_讨来冇？（他的钱有没有要来？）

例（26）a. 和 c. 趋向动词"起"和"来"均读为轻声，为趋向补语；而 c. 和 d. 中"起"和"来"读为焦点重音，为结果补语的可能式。温州方言可以通过变调这一手段别义，使得温州方言的可能补语"来"常常省略。但是加了"来"，往往语用上凸出施事具备某项能力。如(23a) 所传达的"是否具备干这件事的能力"的询问语气较（25a）重；而（23b）中说话人拒绝他人牵扶，强调自己具备"爬起来"的能力，所以倾向于加上补语标记"来"。

状态/程度补语标记"来"的使用有句法、语义和韵律上的限制的。"V 来 C"中的 C 一般为光杆谓词。如果 C 后面加上后置程度副词"显"（如例27），或者前置程度副词"蛮"（如例28），则一般需要将补语标记"来"省略，如果"C"的形式复杂（如形容词的生动形式或主谓结构

---

① 朱德熙（2012［1982］：125）将述补结构分为组合式和粘合式，其中可能补语、状态补语属于组合式，结果补语、趋向补语属于粘合式。

等），则一般不用补语标记"来"，而改用"爻"或"起"（如例29）。

(27) a. 该遍渠阿爸打狠心显。（这次他爸爸打得很狠心。）
b. 猪脚蹄煨［ɸia⁴⁴］烂显罢，阿娘奶奶能屇现在嚼得来落罢。
（猪蹄已经炖得这么烂了，奶奶现在嚼得动了。）
(28) a. 今日个事干逮我吓蛮煞。（今天的事情把我吓得厉害。）
b. 渠阿爸该遍打蛮狠心啊！（他爸爸这次打得狠心！）
(29) a. 渠射跑爻整个透气不出。（他跑得完全上气不接下气。）
b. 许个老娘客日日打扮起狐狸精一色。
（那个妇人每天打扮得像个狐狸精一样。）

二 "来""去"的语法化

位移事件是人类基于自身体验的一种基本认知模式。它会向变化事件（event of statechange）、廓时事件（event of aspect）等非位移事件引申扩展，实现空间范畴向其他非空间位移事件引申扩展，即由空间概念范畴向其他概念范畴（空间域、时间域、领属域、数量域、心理域、情状域、社会域、目的域等）的隐喻延伸。

指向动词"来""去"的基本义分别为："向着说话人所在的方向移动"和"背离说话人所在的方向移动"，是基本语义对称的一对反义成分。但是它们在语法化过程中，随着语义的引申和虚化，逐步远离它们的核心语义原型，并产生了一些非对称的功能和用法，是非常值得关注的现象。

我们将苍南吴语的"来""去"功能大致上分为以下三类：
(1) 空间趋向义"来"和"去"（趋向动词和趋向补语）；
(2) 空间引申义"来"和"去"（动相补语）；
(3) 非空间域的"来"和"去"（时体标记、能性补语、补语标记）。

苍南吴语"来"和"去"大体上的语法化路径和汉语共同语是一致的，即空间趋向义>非空间义。

首先，在补语位置表示完结的"来"和"去"，是在心理空间上朝向或者背离说话者的虚拟位移，为空间引申义，所以动相补语直接来自指向动词，是以"获得物"或"消失物"为动体所拟构的虚拟位移（fictive motion)。例如：

(30) a. 老师个本事，我统统学来爻罢。（老师的本事，我都学会了。）
b. 我该本事，别人学不去个。（我这个本事，别人学不会的。）

虽然例（30）中"来"和"去"的实际物理空间的趋向义较弱，但是言说者的视角（perspective）是明确的。换言之，言说者将自己置于言语事件（speech event）的舞台（stage）上，并以自身位置为坐标，构建了动体"本事"的虚拟位移。正如 Langacker（1990）所述："将实体与实体之间的关系从客观轴调整到主观轴。"言说者对情景进行了"心理扫描"（mental scanning），想象"本事"在做虚拟空间位移。

实际上，"获得"和"消失"义的"来""去"体现言者的情感（affect），是语法化中的主观化。①"V 来"往往表达说话人所企望的事件或动作，其语用含义是积极的；"V 去"往往违背说话人的企望，含有消极义。"来、去"不再表示空间位移，而是以言者心理期望为参照点的虚拟位移。

蒋冀骋、吴福祥（1997）也曾提出汉语动态助词"来"（相当于本书的动相补语）与趋向补语"来"相关，或者来源于趋向补语。董秀芳（2013）也认为"来"的完结义归根结底还是从趋向动词发展来的。

其次，从动相补语到完成体标记的演变是一条被反复论证的语法化途径，苍南吴语的完成体标记"来""去"的语法化路径也不例外。"来""去"对共现的动词或补语的选择可以视为对"获得"和"消失"义素的继承。

再次，能性补语"来""去"来源于"获得"和"消失"义，可视为"来""去"的情状义，是空间域位移事件在情状域的隐喻投射。能性补语"来""去"表达主体的动力情态，即主体具备某种能力。获得某种能力后，主体便拥有该能力，这是符合逻辑的。能性补语"去"则表示主体将固有的量作为既定目标逐步去消减的能力，也是"消失/失去"义

---

① 主观性指说话人在说出一段话的同时表明自己对这段话的立场、态度和感情，从而在话语中留下自我的印记（沈家煊 2001）。"主观化"（subjectivisation）具有双重内涵，既指共时层面上用于编码主观性的规约化结构或者表达，也指历时层面上此种结构或表达的衍生（Lyons 1977；黄蓓、张建理 2015）。沈家煊（2001）总结了主观性的三个方面表现：说话人的视角（perspective）、说话人的情感（affect）、说话人的认识（epistemic modality）。

项的延伸。"来"的情状义可能和"来"作为趋向动词具备的内在终点相关，有能力达到该终点，即为"来"。而情状义的可能补语"去"表示将"一定量消减或消除的能力"，则来自"远离说话者"而引申出来的"消失"义。

能性补语"来""去"表达施事主体的能力。从趋向义到情态义，"来""去"由客观趋向义转变为对能力的评价，体现了言说者的态度和情感。"来""去"成为主观评价范畴的载体。此外，苍南吴语"来"是指主体具备某种能力，主观上是积极的；而"去"表示"量的消减"，是一种的消极的视角。这些都是语法化过程中主观化的体现。

最后，温州方言中存在"V+D+C"（如"放落低_{放低}"）的结构，处于该结构中的趋向动词语义容易虚化，而成为补语标记。这类趋向动词中"起"和"来"已经成为较成熟的补语标记，而"去"和"落"由于趋向义滞留较多，本书认为仍可视为趋向补语（见本章第七节讨论）。

吴福祥（2002）提到"来"在汉语史上经历了由向着言说者的位移动词，经由连动式的后项动词演变为趋向补语，并演化表示动作已经完成（或实现）并有结果的动相补语，并在动态动词后虚化为完成体标记，最后在完成体标记的基础上演变为状态补语标记的过程。吴先生还通过方言事实论证了这条语法化路径，其中一个证据便是温州方言的补语标记"来"。但是吴福祥（2010b）则做出了自我更正，认为汉语方言中补语标记"来"的直接语源为动相补语，而非完整体标记，该文也提到温州方言的补语标记"来"。

吴先生的论述和我们上文的考据基本路径是一致的。但是，我们认为温州方言补语标记"来"，可能并非来自动相补语，其直接语源就是趋向补语，衍生于温州方言特殊的语法格式"V+D+C"中的D。

综上，我们拟构苍南吴语"来""去"的语法化路径如图3.2图示。

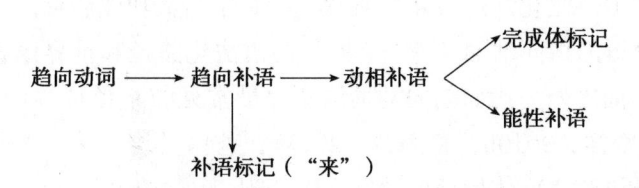

趋向动词 ⟶ 趋向补语 ⟶ 动相补语 ⟶ 完成体标记
                                    ⟶ 能性补语
                  ↓
            补语标记（"来"）

图 3.2　苍南吴语指向动词"来""去"的语法化路径拟构

三 指向动词语法化的共性和特性

指向动词是空间范畴中非常核心的概念，在世界语言中普遍存在，也极易发生语法化。如海地克里奥法语（Haitian CF）中"来（la）"可作向心标记，古伦尼语（Gurenne）中"去（ta）"可作离心标记，恩马卡马伯语（Ngbaka Ma'bo）中"来""去"语法化为目标域标记（转引自Heine & Kuteva，2012：211）。此外，"来"在世界语法化词库中还有语法化为 consecutive（接续词）、continuous（持续体标记）、hortative（劝告式）的报告（Heine & Kuteva，2012：89—91）；"去"则由位移动词演变为标识状态变化的助动词、接续词、持续体标记、远指指示词、劝告式等（Heine & Kuteva，2012：212—218）。石毓智、白解红（2007）总结Bybee 等（1994）和 Heine 和 Kuteva（2012）的研究数据，并指出，"来"发展成将来事件概念的有 28 种语言，"去"发展成将来时间概念的有 24 种语言。

就汉语整体而言，"来""去"的语法化也相当普遍，且类型丰富。吴福祥（2002）论及了"来"由"趋向动词>动相补语>持续体标记"的语法化路径；李明（2004）论述了中古汉语"来"由"趋向动词向劝告语气标记"的语法化路径；梁银峰（2007）则讨论了充当"动相补语""动态助词"和"事态助词"的"来"的来历。"去"研究成果也不少，大多和"来"进行对比。比如梁银峰（2007）对汉语事态助词"去"形成过程的分析；以及动相补语"来""去"形成过程的对比分析等。胡晓慧（2012）对汉语"V来"和"V去"中"来""去"语法化的综合分析。另林华勇、郭必之（2010）对廉江粤语的趋向动词"来""去"的语法化做了分析，并指出从趋向动词到补语再到语气助词，"来/去"的语义逐渐虚化，功能也逐渐趋近；这是因为语法化过程中，"来/去"的趋向义逐步消退、泛化后进一步主观化，导致了语义功能趋近。

苍南吴语的指向动词"来""去"的语法化路径和世界语言有相似之处，也有不同之处。比如趋向动词语法化最常见的路径是"趋向动词>体标记"（吴福祥，2010b；董秀芳，2013），苍南吴语"来""去"也发展出了动相补语和完成体标记的功能。这体现了语法化的共相。

然而，苍南吴语"来""去"语法化也展现出一些个性。例如，如前文所述，"来""去"在世界语言中用以表达将来时间概念非常常见。但是苍南吴语"来""去"却经由动相补语发展为完成体标记。

另，世界语言中，指向动词普遍的语法化格局是发展为将来时标记后，进一步发展出表达认识情态的用法，具有估计、预测等主观功能（见Bybee et al., 1994; Heine & Kuteva, 2012）。而苍南吴语的"来""去"却发展为动力情态，也表现出一定的特殊性。

苍南吴语"来"和"去"的语义在语法化过程中表现出一定的不对称性（如能性补语的语义差异，补语标记的功能和虚化程度的差异），究其根源，在于两者核心语义的细微差别。"来"以位移终点（说话者的位置）为参照点，位移终点是可预知的信息；而"去"则以位移的起点（说话者的位置）为参照，位移终点是不可预知的信息。因此，当语言环境中位移终点显性时，选择"V 来"表达语义则比较自然。汉语是一种终端凸显的语言（杉村博文，2015），所以"V 来"的功能普遍较"V 去"更为发达。

第三节 "起"的多功能及语法化[*]

据《说文》："起，能立也。从走，己声。"《汉语大字典》注："由躺而坐；由坐而立。"由此可知，"起"原是趋向义姿势改变类动词。现代汉语路径动词"起"融合了［位移＋路径$_{向上}$］的语义要素，为上移类路径动词。

路径动词"起"的语法化在汉语中常见。据已有报道，"起"在现代汉语中（含普通话和汉语方言）的语义和句法功能包含趋向动词、趋向补语、结果补语、起始体标记、先行体标记、动相补语、完成体标记、持续体标记、状态补语标记、趋向补语标记、比较标记、终点介词等（见蔡瑱，2014：54—91）。从以往研究来看，"起"在方言中意义丰富，意义之间存在语法化痕迹，但是人们大多语焉不详。苍南吴语"起"句法功能丰富，除了述语动词外，还可用趋向补语、结果补语、动相补语（可表起始相或完结相）、先行体标记、补语标记等。苍南吴语"起"比较完整展示了路径动词向时体标记和补语标记演变的链条，是非常值得关注的现象。

---

[*] 本节主要内容在《澳门语言学刊》2019 年第 1 期刊出。

一 "起"的共时多功能模式

苍南吴语"起"（音［tɕʰi⁵³］）可用作趋向补语、结果补语、时体标记、补语标记等。

（一）趋向动词

苍南吴语"起"作为行为动词，可以表示"使……向上位移"，只能用于致使位移事件，不能用于表达自主位移。例如：

(31) a. 许半宿狐_{那儿}起屋，勥走狐_{那儿}过。（那边在建房子，不要从那边走。）
b. 田里太燥，着起水罢。（田里太干了，需要抽水灌溉了。）
c. 我明朝就起身走杭州去。（我明天就动身去杭州。）

"起屋"（建房子），即"使屋起"；"起水"，即"使水起来"；而"起身"为"动身"解，也具有致使义。普通话"起来""起床"，苍南吴语分别说成"走起"和"爬起"①。苍南吴语"起"单独用作趋向动词并不多见。

苍南吴语"起"用作主动词还可以表示"开始"，大多用在时间域中，可用于已然和未然事件。"起"读为重音。例如：

(32) a. 三点钟起，到能届_{现在}沃_都有醒过。（从三点钟开始，到现在都没有醒来。）
b. 三月份起，太阳阿有张_见着。（三月份开始，太阳都没见到。）
c. 年头起，一日阿有歇着。（新年开始，一天都没休息过。）
d. 明朝起，我就不上班罢。（明天开始，我不上班了。）

---

① 温州方言"爬起"可有三种意思。(1) 专表"起床"，"起"读重音；(2) 相当于普通话"爬起来"，"起"为趋向补语，读轻音；(3) 相当于普通话"爬得起来"，为结果补语的可能式，读为焦点重音。第一种用法"爬起"专表"起床"是语言向言语的"专化作用"（邢公畹，2000：61）；第二种解析源于温州方言复合趋向补语不用或少用；而第三种用法是温州方言可能补语标记省略的结果。尽管有三种不同解析，一般在语境中不会产生歧义。蔡瑱（2014：104—107）论证温州方言"起"作为趋向动词用法的例子为"起床"，是不准确的。

时间域虚拟位移（fictive motion）是一种时空隐喻投射，"起"仍可视为位移动词。而"三点钟""明朝"等为位移源点，源点标记缺省，这是吴方言的共性之一（参看刘丹青，2013 [2003]：278）。

（二）趋向补语

（33）a. 姆儿跌倒，自个会翟_{行走}起个。（小孩摔倒，自己会起来的。）
b. 渠每日天光五点就爬起。（他每天早晨五点钟就起床。）
c. 渠逮地下个单百头 [kʰei³³⁴]_捡起。（他把地上的一百元纸币捡起来。）
d. 快倚起，丐老人家坐落。（快站起来，让老人家坐下来。）

趋向补语主要指示由下至上的空间位移方向，[位移] 义由前面表示动作行为的述语承担，词汇意义有所虚化。趋向动词作为主要动词构句时缺少语法化的环境，当其位于主要动词后充当趋向补语时才有进一步虚化的可能。

（三）结果补语

"V起"可表动作V的实现和完成，"起"的语义指向是V表达的动作，关注V对受事带来的某种结果。由于"起"内在的"向上"位移义，多引申为积极的实现和达成。

（34）a. 逮稻秆捆起。（把稻草捆起来。）
b. 渠逮衣裳收起。（他把地下的绳子收起来。）
c. 阿英个命是渠救起个。（阿英的命是他救的。）
d. 眼睛 [kei³³⁴]_闭起（眼睛闭上。）
e. 衣里肴配汤滴起。（衣服上滴上了菜汤。）

苍南吴语结果补语"起"的使用范围较普通话广，基本上普通话用结果补语"起"和"上"的环境，苍南吴语均用"起"（详见本章第四节）。苍南吴语结果补语"起"还可表示达到某种目标和获得某种能力，有可能式。

(35) a. 箱蛮重，你自个掇起掇不起？（箱子蛮重的，你自己端得了端不了？）

b. 该棚架搭起搭不起。（架子搭得好搭不好。）

c. 该儿教不起罢。（这孩子已经教不好了。）

d. 该项链恁贵，我买不起。（这条项链太贵，我买不起。）

e. 遥控毛爻，电视开不起罢。（遥控器坏了，电视机开不了了。）

以上为结果补语的可能式，本书视为结果补语的下位概念。苍南吴语结果补语读为轻声而可能补语则读为焦点重音，这符合温州方言的语音特征（参见郑张尚芳，2008）。

（四）动相补语_{完结}

苍南吴语"V起"可表动作或状态的完结相（completive phase），即"起"可用作动相补语_{完结}。例如：

(36) a. 肉切起囥狃_{那儿}，还未炒。（肉切好放那儿，还没炒。）

b. 该两年渠妆_弄好显，三层楼起起①，老婆揆_讨起。（他这几年干得很好，三层楼（的房子）建好了，老婆也娶上了。）

c. 物事 [ziɛ⁵³]_{整理}起，走娘家嬉两日。（东西整理好，到娘家玩几天。）

d. 头先正乱爻，能届_{现在}亦_又好起罢。（刚刚吵过架，现在又好上了。）

从语义上看，动相补语表达的语法意义要比结果义更虚一点。表完结相的"V起"通常隐含"时间持续"和"状态变化"两项语义特征。完结相"起"读轻声。

完结相"V起"大多带有积极的附加意义，同时动词的宾语如果是光杆体词，则只能话题化而置于V起之前。例如，苍南吴语只能说"饭煮起罢"，不能说"煮起饭罢"。而且"V起"有可能式，可以成为信息焦点，读焦点重音，"V起"还可以加完成体标记"罢"。例如：

---

① 该句中第一个"起"是致使动词，第二个"起"是完结相动相补语。

(37) a. 三日一领绒衫~毛衣~肯定［tɕʰi³³⁴］~织~不起。（三天一件毛衣肯定织不完。）
　　b. 吵爻能个~这样~，眙~看~来好不起罢。（吵成这样，看来没法和好了。）

再则，"起"也不可以用在动补结构之后。例如，不能说"＊吃饱起"。

以上语义和句法限制足以说明表示完结的"起"还处于动相补语阶段，未发展为完成体标记。（动相补语和结果补语、完成体标记的区分，详见第一章第五节讨论）

（五）动相补语~起始~

学者们已经基本达成共识，普通话表示"开始"的"起"还未发展为起始体标记（inceptive），表示起始义（commencement）的为"起来"。由于苍南吴语复合趋向补语尚不成熟，所以普通话用起始义"起"（如：唱起歌）和"起来"（如：开心起来）的句法环境，苍南吴语均用"起"表达。苍南吴语"起"表"起始"可分为两种情况。

一读轻声：

(38) a. 该事干讲起，三日三夜阿讲不完。（这事情讲起来，三天三夜都讲不完。）
　　b. 头先还好好能，能届~现在~打起罢。（刚才还好好的，现在打起来了。）
　　c. 姆儿哭起，两人正歇落。（孩子哭起来，俩人才停下来。）
　　d. 外婆慢慢能好起罢。（外婆慢慢地好起来了。）
　　e. 天慢慢能光~亮~起罢。（天慢慢亮起来了。）

二读焦点重音：

(39) a. 该桥交旧年造起，造到能届~现在~还未造好。
　　（这座桥去年开始建，到现在还没建好。）
　　b. 三点钟队排起，到能届~现在~还未排到。
　　（三点钟开始排队，到现在还没有排到。）

c. 文章前个月日就写起罢，能届_{现在}差不多写好。
（文章上个月开始写，现在差不写好了。）
d. 正月卖起，二月份就卖爻断厘_{一点都没有}。
（正月开始卖，二月份就卖光了。）
e. 姆儿天光就哭起，哭到能届_{现在}冇歇。
（孩子早上就开始哭，哭到现在没停。）

我们认为前者为动相补语，后者尚不符合动相补语的句法要求，详见下文讨论。

（六）先行体标记①

苍南吴语"起"还可置于动词或动词结构之后，表示其前项动作或事件在时间或次序上领先，语义大体相当于普通话"先"。读为重音。

（40）a. 是渠打我起。（是他先打我的。）
b. 丐阿弟画起，阿弟画好你画。（让弟弟先画，弟弟画好了你话。）
c. 上盘棋是你走起，该盘着我走起罢。（上盘棋是你先走，这盘该我先走。）

例（40）中，"起"也可以替换为一个副词性成分"先"。例如：

（41）a. 是渠打我先。（是他先打我的。）
b. 丐阿弟画好先，阿弟画好你画。（让弟弟先画，弟弟画好了你画。）
c. 上盘棋是你走先，该盘着我走先罢。（上盘棋是你先走，这盘该我先走。）

潘悟云（1996）将温州方言该用法的"起"看成先行体标记。本书认为表示先行的"起"是否为体标记还需要进一步讨论。

---

① "先行体"一说尚需进一步思考，本书目前未能对苍南吴语表示先行的"起"的性质定性，暂时借用"先行体标记"一说。

首先，体是"用于表达一个时间进程中事件的构成方式"，而所谓的"先行体"则涉及两个事件发生时间先后的比较（汪化云，2016：80—81）[①]。"你走起"是"你走"和"我走"两个事件的比较，"你走"这一事件以"我走"这一隐含的事件发生的时间为参照点，并在这一参照点之前完成，换言之，"起"具有先时性。[②]

其次，温州方言表先行"起"读为重音。体标记是虚化的语法成分，是不能读为重音的。

再次，"先行"义的"起"语义还是比较实在。

温州方言存在状语后置现象，一般认为是南方少数民族语言的底层现象（张尚芳，2008：232；汪化云，2014以及待刊），如："你走先、你走快、你走紧、吃碗添"。那么这个"起"是否为副词性成分，和"先"一样为后置状语呢？我们认为不是。

表面上看来，"起"也有类似的句法表现。例如"起"和"先"均位于句子或小句末尾，上例（41）动词或动词词组后的"起"，可以替换为"先"。但是"起"和"先"的句法地位是不一样的。"起"的语义指向是动词，而"先"的语义指向为整个句子，所以"起"须后附于动词，而"先"的位置灵活（你吃先、你先吃、你吃爻先、你吃完先等）。例如，"V起"中间不能添加补语性成分，而"先"为后置状语不受此限制。例如：

（42）a. 你吃先。——你吃起。（你先吃。）
　　　b. 你吃好先。——＊你吃好起。（你先吃完。）
　　　c. 你吃爻断厘先。——＊你吃爻断厘起。（你先吃得一点不剩。）
　　　d. 逮渠挋来先。——＊逮渠挋来起。（先把它拿过来。）
　　　e. 丐渠哭一夜先。——＊丐渠哭一夜起。（让他先哭一个晚上。）

因此，"先"是副词，句末的"先"可以看作后置状语，而先行义

[①] 汪化云先生（2016：80—81）认为黄孝方言表示先行义的"着"不是体标记，而应该看作一个起连接作用的助词。黄孝方言的"着"和温州方言的"起"虽然都含有"先行"义，但是表现上还是有诸多差异。

[②] "先时性"指事态的起点发生在参照时间之前，参照时间点可以是说话时间，也可以在说话时间之前，也可以在说话时间之后（李明晶，2013：27）。

"起"则不是后置状语。"起"还是动后的助词,是一个补语性成分。

(七)补语标记

"起"作为补语标记用于连接动词和补语,其中补语描述 V 的状态,"起"虚化为结构助词。

(43) a. 逮肉切<u>起</u>薄侠。(把肉切得薄一些。)
b. 打扮<u>起</u>新郎倌能。(打扮得像新郎一样。)
c. 香水洒<u>起</u>喷香香。(香水起喷喷香。)
d. 为着个老娘客儿,两个人面红<u>起</u>猴大股臀能。(为了个女人,两个人脸红得像猴子屁股似的。)
e. 字眼写<u>起</u>蟹浆能。(字写得一塌糊涂。)

"V+起+C"的结构中,补语多带有积极义(43a-c),但也可跟表消极、不如意的补语,如(43d-f)。这意味着"起"的"向上"语义要素基本消失,语义空灵,仅起到连接动词和补语的句法作用。苍南吴语另一个由"消失"义动词演变而来的补语标记"爻"则和"起"相反,后接的补语大多具有消极义。对共现成分语义的选择是语法化过程中源动词语义滞留(persisitent)的表现。但是"起"和"爻"的对立,在某些环境中已经没有那么泾渭分明,这是语法化过程中源动词语义漂白(bleaching)的结果,使原本语义对立的词项语法功能趋近。例如:

(44) a. 猪脚蹄煨<u>爻</u>糊[ɸia⁴⁴]_烂烂熟,好吃显。(猪蹄炖得很烂,很好吃。)
b. 猪脚蹄煨<u>起</u>糊[ɸia⁴⁴]_烂烂熟,好吃显(猪蹄炖得很烂,很好吃。)
c. 画<u>起</u>蟹浆能。(画得一塌糊涂。)
d. 画<u>爻</u>蟹浆能。(画得一塌糊涂。)

二 "起"的语法化

本书认为苍南吴语"起"的语法化,可能不是简单沿着一条路径发展,而是沿着两条平行路径演变。具体分析如下。

（一）趋向动词>趋向补语>结果补语

据郑张尚芳（2008：8—14），温州方言在唐时独立发展为自有特色的一支吴语方言。我们推测在唐之前，苍南吴语语法化路径与整个汉语体系相一致。

"起"原是趋向义姿势改变类动词，后逐步语法化，成为语法标记。根据马云霞（2008：143），先秦时期，"起"主要单独使用。例如：

(45) a. 反风，禾则尽起。（《尚书·金縢》）
b. 景公遽起，传骑又至。（《韩非子·外储说左上》）

值得关注的是，单动式的"起"可以用于致使位移事件，即"起"有致使义。例如：

(46) 二公命邦人，凡大木所偃，尽起而筑之，岁则大熟。（《尚书·金縢》）

"起"后用于连动式结构中，如：

(47) a. 楚子闻之，投袂而起。（《左传·宣公十四年》）
b. 未至身，秦王惊，自引而起，袖绝。（《史记·刺客列传》）

用于连动式中的"起"是意义比较实在的谓语动词，义为"站起来"，和句中的另一个动词一起表示先后发生的两个动作，由于受到复音化趋势及"起"作补语的影响，在唐五代及后代开始萎缩。作趋向补语的"起"产生于汉魏，趋向义和结果义的"起"在唐代开始受到"起来"和其他格式的竞争而开始衰退。（刘芳，2009：121）。例如：

(48) a. 狱主闻语，扶起青提夫人。（《大目乾连冥间救母变文》）（趋向补语）
b. 虎狼性纵恣，禽兽心长起。（《敦煌变文集·譬喻经变文》）（结果补语）

马云霞（2008）、刘芳（2009）等用历时语料论证了汉语"起"经历了"趋向动词>趋向补语>结果补语"的历时演变。"起"由谓语动词到趋向补语，是由于它长期处于动词后的非典型位置，语义中心的前移而使其语法功能改变，由连动结构的第二个动词语法化为趋向补语（蔡瑱，2014：52）。这是重新分析的结果。趋向补语到结果补语的发展伴随着前项动词 V 类的扩展，大量非位移动词出现在了 V 的位置上，从而使得"起"趋向义减弱。

从趋向补语发展为结果补语是趋向动词语法化的一条基本路径，这是有认知基础的。事件关注时间轴的两端（始端和终端），位移事件须有一个内在的终结点，当位移结束，就意味着动作的完成，所以大部分趋向动词都发展出结果补语的用法，这是由趋向动词的自然属性决定的。作为结果义的"起"表示动作行为的实现或产生某种结果，这种结构中，一般受事明示或者能够补出。

"起"从趋向动词到结果补语的演变符合路径动词演变的一般规律，且前人论述较多，本书不详述。

（二）结果补语>动相补语_{完结}

趋向发展到最终阶段就会产生某种结果，而结果一旦稳定下来就会呈现出某种状态（齐沪扬、曾传禄，2009：9）。苍南吴语完结相"起"大多数情况下表示动作完成后呈现出积极的状态，这是"起"的"向上"义的滞留。例如：

(49) a. 电视机修起罢。（电视机修好了。）
b. 渠屋里今日闹热显，三桌酒摆起。（他今天家里很热闹，摆了三桌酒席。）
c. 肴配 [ε⁴⁴] 起罢。（菜烧好了。）
d. 饭煮起罢。（饭煮好了。）

但是"起"在有些动词后虚化得比较彻底，积极状态这一特征也就不那么明显。这是源动词语义漂白的表现。例如：

(50) a. 腌肉霉起。（腌肉发霉了。）
b. 天色冷，肴配沃_都冻起罢。（天气冷，菜都结冻了。）

c. 索面发黄起罢，吃不得罢。（细面发黄了，不能吃了。）
d. 毛心生起，就着防渠罢。（有了坏心眼，就得防着他了。）

总的来说，"起"表示完结相在消极动词后的用法并不多，和消极意念词汇搭配的动相补语为"爻"，且"爻"已经发展为较成熟的完成体或完整体标记（详见潘悟云，1996：264）。

（51）a. 碗打破爻。（碗打破了。）
b. 饭烧乌焦爻。（饭烧焦了。）
c. 门开爻，大家人底来。（门开了，大家进来。）
d. 饭吃爻走。（饭吃了再走。）

苍南吴语表示完结的动相补语"起"，句中的宾语（含话题化的逻辑宾语）往往是定指的。如"画画起罢"特指"某一幅画"。而且在动作完成后对象必须产生新的变化（如产生了一幅新的画），换言之，"V 起"中的 V 必须具备［+终结］［+持续］［+动态］的情状特征，V 必须是"完结动词"（accomplishements）。完结相"起"是趋向义从低到高的位移在事件范域中的引申，关注的是位移终点。

（三）趋向补语>动相补语_{起始}

如上文所述，表"起始"义的"起"有二，一读轻声，二读重音。这两个"起"都是空间位移的隐喻。路径动词"起"表示向上位移，空间域中"从某一个起点开始位移"投射到时间域，就表现为某种状态的开始和延续。空间域"起"与时间域的"起"，语义要素的投射对应为如图 3.3 所示。

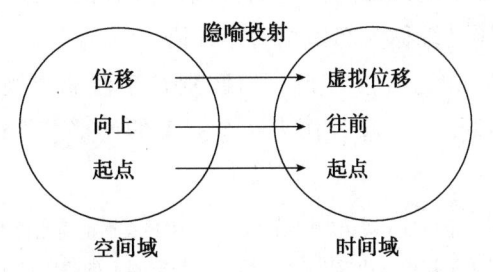

隐喻投射

位移 → 虚拟位移
向上 → 往前
起点 → 起点

空间域　　时间域

图 3.3　体标记"起"语义要素的时空隐喻投射

所以，我们认为"起始"义的"起"是空间位移域的趋向补语向时间域隐喻投射而来。① 两个"起始"义的"起"区别在于，轻声的"起"，相当于普通话表示"起始"的"起来"，只关注时间进程中内部事件的阶段，是一个表示动作或状态始续的动相补语；而重读的"起"则不同，不仅仅表示内部事件的开始，而且和外部时间衔接，把事件开始的时间进行定位，所以，重读的"起"不应该是体标记，也不符合体标记不读焦点重音这一条规则。所以我们认为，重读、表"起始"义的"起"为一个表示事件开始的状语，"起"仍为一个副词性成分。

那么，苍南吴语表起始，且读轻声的"起"是否已经虚化为起始体标记？尚需考察其句法限制。潘悟云（1996：269）曾指出"[温州方言表起始的（起）]一般要与动词连在一起，所以中间如果有宾语，宾语一定要前置"（如"歌唱起罢"，不能说"*唱歌起罢"）；且起始义"起"要求前项动词和动宾短语仅表示可持续的动作、行为，并不因为动作的结束产生或者形成新结果。以上限制在苍南吴语中也均有体现，这些限制都说明"起"的实词语义有一定的保留，起始义"起"应该还保留在表示起始状态的动相补语阶段，未完全虚化为体标记。本书称为动相补语$_{起始}$。

实际上，起始相"起"表征的情状和前项谓词的特征相关，如果谓词是一个具有延续性特征的动词，往往"起"仅表动作开始并持续下去（如"哭、打、讲"等）；而当谓词是一个表示状态的形容词，则"起"则表示一种能量逐渐增加，并以前项谓词为最终的目标或者终结点（如"好、光$_{亮}$"），这种情况下在时间轴上的每一个 t_i 和前后 t_{i-1}、t_{i+1} 的状态都是不一样的，即非均质的，而且这种状态的改变，正是言者注意的焦点。鉴于对于体貌系统内部阶段的划分应该具有概括性②，虽然两者有一定的差别，本书还是统称为起始相动相补语。

起始相"起"和完结相"起"的区别在于注意力视窗开启（window of attention）的不同。"V 起"作为一个完整的位移事件往往包含起始点、

---

① 林华勇（2006）也报告了粤语廉江话"起身"由述宾词组词汇化为趋向动词后，通过隐喻投射虚化为起始体助词的过程，并指出："起始意义是空间上的趋向转而表示时间或者过程的趋向。"这和吴语苍南"起"由趋向补语到时体标记演化的路径和机制大致相同。

② 陈前瑞先生在私人交流中指出，各类阶段体的名称应该具有概括性，不宜分得过细。

过程和终结点，状态义的"起"在时间轴上的展开有起始、持续、终结三个基本阶段。起始义"起"将起点设为锚定域（Region of Anchorage），聚焦域（Region of attention）为过程中的某个位置；而完结义"起"的聚焦域为终点，锚定域为过程中某个位置。起始义不关注位移终点，完结义不关注位移的起点。

（四）动相补语$_{起始}$＞先行体标记

先行义和起始义在语义上具有蕴含关系，"先行义"实际上就是"起始义"附加了比较义，是与某一动作或事件在时间或次序的比较。"起始义"表示"开始做"，而"先行义"可以看成"先开始做"，比如，"是渠打我起"，就是"渠"和"我"打人起始动作时间或次序的比较。因此，逻辑上，先行体标记应来自动相补语$_{起始}$。这一语义演变是诱使推理（Invited Inferences）造成的。例如：

（52）a. 大家人酒喝起。（大家开始喝酒。）
b. 大家人酒喝起，该俫喝完，再开一箱添。
（大家开始喝酒，这些喝完了，再开一箱。）
c. 大家人酒喝起，喝完，再喝饮料。（大家先喝酒，喝完，再喝饮料。）
d. 大哥喝起，二哥接落喝。（大哥先喝，然后二哥喝。）

例（52）"酒喝起"常规理解为"大家开始喝酒"，但是如果存在几种酒类或饮料供选择的情景，语境就可能诱使听话者推导出"先喝酒，再喝饮料……"的非常规语义。诱使推理义可能在多次使用中逐步泛化，并成为泛化的诱使推理义（Generalized Invited Inferences），最终成为常规语义（conventionalized），即实现语义化（semanticized）（参考 Traugott & Dasher, 2002；董秀芳, 2005）。在（52d）的结构中，"先行义"已成为常规语义。

（五）动相补语$_{完结}$＞补语标记

苍南吴语"起"还可以用作状态补语标记，用于"V+D+C"结构中，这一点我们在上一章已论及。补语标记"起"的语义已经很空灵，动体可以向空间的任意方向发生位移，"起"包含的"向上"语义完全虚化。游汝杰（1997：82）、郑张尚芳（2008：240）、吴福祥（2002）均论及了温州方言"起"的补语标记功能。游汝杰（1997：82）明确指出："温州方言趋向补语'起'的补语标记表示动作实现之后的状态，由趋向动词虚化而来。"游先生指明了补语标记"起"源于趋向动词，但未详述其演化路径；而且，"表示动作实现之后的状态"应该是完结相动相补语的句法功能，而补语标记是一个结构助词，语义功能虚化，这两者应当分开讨论。

我们以（53）为例，a、b两句中"起"的性质不同。

（53）a. 肉切<u>起</u>罢（肉切好了）。——动作的完成（动相补语$_{完结}$）

b. 肉切起薄倈（肉切薄一点）。——动作的完成+对象的状态（补语标记）

b句中，V后跟随了一个作为信息焦点的状态补语，由于汉语动词后很难容纳两个或者以上的补语成分，"起"就很自然地从一个表完结相的动相补语虚化为一个补语标记。

因此，本书在游先生观点的基础上，提出补语标记"起"是趋向动词经由表完结相的动相补语发展而来。吴福祥（2002）提出温州方言"起"的补语标记功能来自完整体标记，但吴先生后又做了自我修正（吴福祥，2010），认为温州方言状态补语标记"起"直接来自动相补语（吴福祥，2010）。这和本文拟构的路径是一致的。综合上述几条路径，我们拟构"起"的语法化路径如图3.4所示。

趋向动词 → 趋向补语 → 结果补语 → 动相补语$_{完结}$ → 状态补语标记
　　　　　　　　　　→ 动相补语$_{起始}$ → 先行体标记

图3.4 苍南吴语"起"的语法化路径拟构

三　小结和余论

苍南吴语路径动词"起"可充当述语，亦可充当补语。作为述语的"起"有比较实在的词汇意义，即"致使动体由低处向高处位移"，含有［致使］、［位移］、［方向］、［起点］等语义特征，如"起屋"。作为趋向补语的"起"由于V1位置已有方式动词（manner verb），"起"的位移义减弱，词汇意义有所虚化；［位移］［起点］等语义特征可以隐没，主要指示方向。结果补语"起"的语义进一步虚化,不再表示具体的位移和方向,而表动作行为的实现或带来某种结果。状态义则进一步虚化,表示动作的始续或完结后的状态,状态义"起"不再具有具体的词汇意义,成为一种准时体标记(动相补语)。而"起"在获得一类时体标记功能后,可再语法化为另一类时体标记(如:起始相动相补语演变为先行体标记)。完结相"起"后加状态补语,"起"的语义变得更加空灵,虚化成为结构助词。"起"从趋向动词到时体标记和补语标记演变的主要机制是隐喻和语用推理。

关于苍南吴语路径动词"起"还有以下几点需要说明。

第一,汉语普通话"起"还可以作为量词,如"一起风波""一起案件"。苍南吴语"起"也用作量词,如"一起事干_一件事情_""一起事故"等。作为量词的"起"表示一个起承转合的过程,可能由趋向动词演变而来。本书主要关注补语位置的"起",所以量词"起"不在本书讨论范围。

第二,蔡嵘(2014:46,52—53)提出"起"还有"准话语标记"的功能,起到"标记和关联话题的作用",如"说起、提起、谈起"等。潘悟云(1996:270)将温州方言"起"的这类功能描述为"表示动作涉及某事物"。潘先生的描述是准确的,但未给这个"起"定性。我们认为蔡嵘未将"起"的自身功能和"V起"结构的功能相区分。普通话中的话题标记(更确切地说为传信标记)应该是"说起、提起、谈起",而不是由"起"独立承担。这类"起"一般用在言说类动词(说起、谈起等)或者心理活动类动词(如想起、记起等)后,"起"是从物理空间的凸显,到抽象的话语、心理空间凸显的隐喻投射。"起"实质上还是趋向补语或者结果补语。苍南吴语"V起"和普通话一样,也可以用在言说类、心理活动类动词后用作话题标记,但并非"起"单独的功能。

第三,关注一个有争议的问题:温州方言(含苍南吴语)"起"是否可表示持续?蔡嵘(2014:105—109)提出温州方言"起"可表持续态,例句为:

(54)床上床单未摊起。(床上还没有铺上被单。)

王健（2018）指出：根据潘悟云（1996）、郑张尚芳（1996）、游汝杰（2003），温州话的完成体标记有"爻、起、罢、来"①，但它们都不能表示持续体。

完成体（或者完结相）的语义可解析为：［+动态］［+终结］［+先时］，完成体具有现实相关性，动作终结或实现后会产生一个状态的延续，这为完成体兼表持续提供了可能②。动作的终结点就是后续状态的起始点，从后续状态的起始到参考时间，也构成一个内部过程。（见刘丹青，1995：203；王芸华，2016：61）

在一些汉语方言中存在同一形式兼表完成（perfective）和持续（imperctive）的现象。最早提出该现象的是邢公畹（1979），邢先生指出安徽安庆方言，完成体和持续体都用助词"着［tso⁵⁵］"。例如：

（55）吃<u>着</u>吃<u>着</u>睡<u>着</u>。

动词"吃"后面的"着"表示行为的持续，句末的"着"是完成体标记，两个"着"都读入声［tso⁵⁵］。"起"兼表完结（相）与持续的用法在一些汉语方言中存在，如湘语"起"可兼表完成和持续（王芸华，2016）。例如：

（56）长沙话：一天跺<u>起</u>一件大衣。（一天缝成一件大衣。）（完成）

长沙话：他提<u>起</u>一篮子鸡蛋。（他提着一篮子鸡蛋。）（持续）

王健（2018）提出判断持续体标记的标准为："能够出现在'坐、站、拿'等动静动词后，而且可以与副词'一直'（或方言中相应的词语）共现的；或者用在'走、唱、跳、活'等可以表示持续的动作行为

---

① 对于将温州方言"爻、起、罢、来"均称完成体，我们持保留态度。实际上，表示完成义的"爻、起、罢、来"虚化程度不一样。"罢""爻"虚化程度较高可以视为完成体标记，而"起"关注为位移终点时，有完结义，"来"表示完结相时其"向着说话者趋近"的义项滞留，所以后两者虚化程度未及完成体标记。

② 潘悟云（1996：258）指出，汉语的体不仅与事件内部有关，而且还与后续状态有关。例如，汉语普通话"他进了城"这个短语所对应的事件发生以后，隐含着的后续状态是"他在城里"。

或状态但不表示瞬时变动的动词后，可以对译成普通话'着'的是持续体标记。"我们以该标准为参照，考察苍南吴语"起"是否兼表"完成"和"持续"。上文我们已经论证了苍南吴语"起"可表完结相，此处无须赘述。那么"V起"是否可表持续？

首先，苍南吴语"起"可以跟在静态动词后面。

(57) a. 大路头三四部车停起。（路上停了好好几辆车。）
b. 门槛头两杆旗儿插起。（门口插了两根旗子。）

但是上例加上"一直"就不合法了。

(58) a. *大路头三四部车一直停起。（路上好好几辆车一直停着。）
b. *门槛头两杆旗儿一直插起。（门口两根旗子一直插着。）

上例"起"如果换成持续体标记"园狐那儿"才合法，例如：

(59) a. 大路头三四部车一直停园狐那儿。（路上好好几辆车一直停着。）
b. 门槛头两杆旗儿一直插园狐那儿。（门口两根旗子一直插着。）

其次，苍南吴语"起"加在"走、唱、跳"等动词后，可以表示起始（60a）或先行（60b），但是不表示持续。例如：

(60) a. 礼拜堂里歌唱起罢。（教堂里唱起了歌。）
b. 你跳起，我跟你后半跳。（你先跳，我跟在你后面跳。）

综上，我们认为苍南吴语"起"可表完成，但不能表示持续。

第四节 "上"的语法化

"上"，甲骨文记作"⌣"。《说文》："上，高也。"故而"上"本为方位名词，义为"在高的位置"，例如：

(61) a. 故居上位而不骄，居下位而不忧。(《周易·乾卦》)
b. 上漏下湿，匡坐而弦。(《庄子·让王》)

现代汉语普通话路径动词"上"可以用作方位词、上移类路径动词、趋向补语、结果补语、动相补语等。而苍南吴语"上"的功能却非常受限。本节在比较"上"在现代汉语普通话和苍南吴语中功能的差异的基础上，探讨苍南吴语"上"的语法化阻断的原因。

一 现代汉语普通话"上"的主要功能

从共时平面来看，现代汉语普通话"上"的句法功能有以下几类：

1. 方位词

"上"用作方位词可表：位置在高处或空间在上：树上、房顶上、桌上、地上、上面、上头等；处所、时间范围之内：海上、天上、墙上、早上、晚上等；次序、时间在前或地位较高：上次、上个月、上午、上等、上级等。

表示处所的义项较为实在，而表示时间、地位范畴的概念则较虚。为方便讨论，并和趋向动词"上"相区分，我们将上面的义项统归为方位义。

2. 趋向动词和趋向补语

现代汉语普通话"上"可以作为主动词单独编码位移路径，也可以用作方式/致使动词的补语，构成动趋式。可以表达垂直方向的位移，也可以表达水平方向的位移。例如：

自下趋上的纵向位移：上楼、爬上山、跳上等。
客体趋近目标的横向位移：上前、追上去、冲上去①等。

3. 结果补语

---

① 水平趋近义和结果义常需要在语句中区分，譬如"追上"可表趋近义，亦可表结果义。例句如 a. 和 b.：

a. 玉卿嫂转了几个弯，往一条死街堂走了去，等我追上前，连个人影都看不见。(《玉卿嫂》)
b. 终于把校花追上了……

现代汉语普通话"上"可以用作结果补语，表达"动作完成而使客体附着于某处或某物"的结果义，例如"穿上衣服、铺上桌布、闭上眼睛、关上门、涂上油漆、补上礼物"等。

4. 动相补语

普通话"上"用在动词后还可以表示一种新状态的开始和持续，为动相补语。例如：

（62）a. 过了一会，我听到爹在那边像是吹唢呐般地哭上了。（引自《活着》）

b. 夜幕降临，街上的灯渐渐亮上了。（引自《现代汉语八百词》）

以上为普通话"上"的主要义项和功能①。结果义和状态义为空间域的趋向义向结果范畴和状态范畴的隐喻投射，是"上"的语法化。

二 苍南吴语"上"的主要功能

苍南吴语"上"的功能相对简单，主要如下：

1. 方位词

苍南吴语表方位的"上"念为 [dzie²²]，阳去调，如："上面、上等、上级、上辈子"。但是"上"很少单独后附于名词之后表示方位在上或在范围之内。此义项常以"上面""头"或"里"表示②。如："桌头/桌儿上面、交椅椅子头/上面、凳儿上面、墙里、天里、海里、山里、桌里、交椅里、面里脸上"等。"上"表方位可以出现熟语化程度较高表达，如"楼上""头上"等，但是此时的"上"念阳上调 [dzie³⁴²]。

2. 趋向动词和趋向补语

苍南吴语趋向义"上"念为 [dzie³⁴²] 阳上调，可作为主动词或者趋向补语，表示"向上位移"。如："上山""上楼""上来""走上来""跳上来"等。

---

① 根据《汉语大词典》第六版"上"还有按规定时间进行或参加某种活动：上课、上班；涂：上药；到：上街，等等。语法化研究更关注补语位置"上"的功能，所以不列为独立义项。

② "里"在苍南吴语已经接近一个泛义处所词，这一点我们将在第四章第一节详述。

苍南吴语"上"没有"通过动作趋近、到达受事宾语所在位置"的义项。即苍南吴语"上"的［路径］只能表达垂直位移，不能表达水平位移。如苍南吴语不说"跟上"而只说"跟牢""跟去"，不说"碰上（一个朋友）"，而说"碰着（一个朋友）"。

在苍南吴语中趋向动词"上"有致使位移义。如"门板上起_{把门板装上去}""斗门上起_{装上防洪闸}""螺丝上起_{拧上螺丝}""上梁_{装上房梁}"。"上"的致使位移的用法古汉语就有，如"上书""上璧"等。现代普通话"上"作为致使位移动词只保留在熟语化高的词汇中，如"上菜""上药"等。

相对普通话，苍南吴语"上"没有结果和状态义项。

三 苍南吴语"上"的语法化阻断

据史文磊（2014：240），方位义"上"通过转喻衍生出动词用法，该过程伴随语音形态变化，作名词念去声，而动词念为上声。这一转变过程可归纳为：

上古 $N_{[方位]} \rightarrow V_{[路径+位移]} / <去声> \rightarrow$ 上声；路径为"往至该方位所指" >
现代 $N_{[方位]}$ $V_{[路径+位移]}$ / 形态区别消失

方位词"上"通过形态曲折衍生出路径动词；而后随着动补结构的形成和类推，连动式"V上"语法化为动趋式；此后，趋向补语"上"继续语法化为结果补语和时体标记。

相对普通话"上"而言，苍南吴语的方位词和趋向动词"上"仍然保留形态变化，但是苍南吴语补语位置的"上"只有趋向义，而没有虚化的结果义和时体义。换言之，苍南吴语"上"的语法化路径被阻断了。在解析苍南吴语"上"的语法化阻断的诱因之前，我们先了解现代汉语普通话中由"上"表达的结果义和状态义在苍南吴语中以何种语言形式来表征？

现代汉语普通话"上"的结果义和状态义，在苍南吴语中主要以"起"来表达，例如：

(63) a. 普通话：把门关<u>上</u>。（闭合义）
    b. 苍南吴语：逮门关<u>起</u>。
(64) a. 普通话：闭<u>上</u>眼睛。（闭合义）

b. 苍南吴语：眼睛 [kei³³⁴]闭 起。

(65) a. 普通话：把被子盖上。（覆盖义）

b. 苍南吴语：逮被盖起。

(66) a. 普通话：涂上油漆。（添加义）

b. 苍南吴语：油漆油起。

(67) a. 普通话：住上新房。（实现义）

b. 苍南吴语：新屋住起。

(68) a. 普通话：交上朋友。（实现义/状态始续义）

b. 苍南吴语：朋友交起。

(69) a. 普通话：把灯点上。（状态始续义）

b. 苍南吴语：逮灯点起。

(70) a. 普通话：他俩早就好上了。（状态始续义）

b. 苍南吴语：渠俩人早就好起罢。

当然，普通话"上"的少部分义项，苍南吴语"起"无法覆盖，而用其他形式表达。例如：

(71) 普通话　　　　　　苍南吴语

a. 赶不上（火车）　　（火车）赶不牢

b. 跟上　　　　　　　跟牢

c. 碰上（坏人）　　　碰着（破人）

d. 遇上（老朋友）　　碰着（老朋友）

(72) a. 普通话：你走太快了，我跟不上。

b. 苍南吴语：你走忒快了，我跟不牢。

(73) a. 普通话：万一碰上坏人，可怎么办？

b. 苍南吴语：懂不得碰着破人坏人，嘎乜呢？

(74) a. 普通话：我在街上遇上了一个老朋友。

b. 苍南吴语：我宿街里碰着一个老朋友。

以上(71a—b)例动词"赶""跟"为持续性的，而(71c—d)例"碰""遇"为瞬间动词。普通话补语均用"上"，取其"趋近、达到、实现"并"触及"的义项。而苍南吴语在持续动词后加"稳紧"义形容词演变而来的助词"牢"①，而瞬间动词后加"附着"义动词演变而来的介词"着"。

综上，汉语普通话"上"的结果补语和动相补语等功能在苍南吴语中大部分由"起"承担，少部分以其他形式表达。这主要源于"上"和"起"在语义特征上的相似性。

"起"和"上"是汉语用以编码"向上位移"的两个路径动词，两者均融合了[位移+路径_{向上}]的语义要素，在语义上有不少的重合之处。我们比较现代汉语普通话中两者在语义和功能上的相似之处。

(1) 都表示动作由下而上。

起锚、起吊——上山、上车

(2) 都有"开始"义。

起笔、起讫——上班、上课

(3) "起"有"发生"义，"上"有"添加"义，都会引起一个事物的出现。

起风、起疑、起痱子——上茶、上货、上颜色

在补语位置上的"起"和"上"有不少相似之处，有时甚至可以互换。例如：

(1) 趋向补语：表示由下而上的方向

卷上袖子——卷起袖子　挽上裤腿——挽起裤腿

(2) 结果补语：表示动作的完成

---

① 稳紧义形容词"牢"在苍南吴语中还可以作为持续体标记（姆姆驮牢_{抱着孩子}）、惯常体标记（该酒我吃牢显_{我很习惯喝这种酒}）等。

收上剪刀——收起剪刀　　穿上新衣——穿起新衣

（3）能性补语：能否达到目标、够上标准

娶得/不上老婆——娶得/不起老婆
看得/不上他——看得/不起他

（4）动相补语_{完结}：动作完成后出现新的事物或状态

盖上高楼——盖起高楼　　镶起一道花边——镶上一道花边

（5）动相补语_{起始}：状态开始并持续

刮起大风——刮上大风了　　开起汽车——开上汽车了

以上是"上"和"起"语义上的重合。尽管存在诸多相似，"起"和"上"在现代汉语中表达的语义还是有差异的。例如：

（1）"V起"指动作在同一地点从下方升高；"V上"则表示从低处移至高处，可以发生位置的改变。例如：

抬起柜子：箱子随动作从低处升高（并没有发生水平位置的改变）
抬上柜子：箱子从某一低处随动作"抬"移动到高处，也可以是水平的移动。
端起饭碗：饭碗随动作从桌面升起
端上饭菜：饭菜从一处移至另一处

换言之，"V起"仅表垂直的由下而上，而"上"还可以表示水平的位移。

（2）"上"往往可以直接带终点背景，而"起"就不行。"起"常与起点背景共现于同一小句，但一般不直接跟起点，而大多需由介词介引（少数熟语除外，如：起床）。例如：

走上舞台——从座位上站起来
飞上树梢——从树上飞起来

（3）"V起"和"V上"均表示动作的实现或完成，但是"V起"的前项动词受限，只有"收起""引起""建立起""藏起"等表示使受事宾语发生状态改变的动词。而表示完结的"上"和V的搭配能力很强。例如：

考上大学——*考起大学　　看上一套房子——*看起一套房子
赶上大部队——*赶起大部队　　用上电灯——*用起电灯

（4）"V上""V起"均可表"动作和状态的开始和持续"。但是前者"V起"强调开始，而"V上"侧重开始后的持续。所以，"V起"表"开始"不和一段时间连用。例如：

抽起香烟——抽上香烟　　*抽起半天香烟——抽上半天香烟
刮起大风——刮上大风了　　*刮起一整天才好——刮上一整天才好

（以上部分观点和例句参考徐静茜，1981）

不少学者从语义指向和认知视角考察两者的差别。柯理思（2003）、梁银峰（2007：22）认为"上"是终点导向（goal-oriented），而"起"是"起点导向"①。史文磊（2014：248）进一步指出"上"的语义指向位移终点，而"起"侧重于动体相对于起点的上移，而非"离开"（指向起点）。Chu（2004：167）认为两者的视角不同："上"侧凸（profile）聚焦域（region of attention），"起"则侧凸垂直位移的锚定域（anchorage）。

---

① 需要注意的是，"上"和"起"语义指向的不同仅限于空间位移范畴，而当两者进入时体或其他范畴时，则往往会将位移作为一个完整的事件对待，可以关注起点，也可以聚焦终点。例如，上节所讨论的"起"在苍南吴语中兼表起始相和完结相。

四 小结

我们已经讨论过,"起"在苍南吴语中的功能非常强大,包含致使位移动词、趋向补语、结果补语、能性补语、动相补语、先行体标记、补语标记等。而且"起"覆盖了大部分普通话中由"上"表达的功能。

在语法化中,两种语言形式产生竞争,一种形式完成语法化,而另一种形式未完成语法化的现象不在少数。例如,汉语趋向动词虚化为完整体标记的很少,这可能是因为在共同语中"了"已经抢先从完成体发展为完整体,而且使用频率极高,因而同样表示完结的趋向动词就很难再有同样的变化(参见董秀芳,2013)。再如,同义语素或近义语素在同一个语义场中重叠和竞争,也是词汇兴替的主要诱因之一,如"落"和"下""站""立"和"倚""敲"和"打"之间的兴替在词汇历时演变的研究中常被提及。

"起"和"上"在汉语普通话和苍南吴语中表现的差异,实质上体现的是语法化中两条互斥的规则之间的竞争:并存原则和择一原则(Hopper,1991)。并存原则是指"一种语法功能可以有几种语法形式来表示"。例如,现代汉语里表示被动的"被"字产生于战国末期,至今仍和后起的"叫、让、给"等并存。并存原则造成汉语历史上虚词繁复和分歧的现象(沈家煊,1994)。语法化的并存原则显然不符合语言中更高层次的一条规则,即经济性原则。语法化中还有一条与并存原则互补的择一原则(narrowing),能表达同一语法功能的多种并存形式经过筛选和淘汰,最后缩减到一二种。古汉语中许多并存的同义虚词到现代汉语也所剩无几了(沈家煊,1994)。

"起"和"上"在汉语普通话中的并存和苍南吴语中择一,实质上正是这两条规则互相制约和相互冲突,所带来的共时层面的不平衡。

至此,我们还有一个问题需要考虑。苍南吴语作为一种汉语次方言,为何没有直接承袭汉语"上"虚化后的功能?根据胡晓慧(2012:32—36)的调查,"上"的空间趋近义在唐代文献《敦煌变文集》中已有出现,宋以后应用频繁;由位移引申出的"覆盖"义在唐代文献《祖堂集》中已发现用例,唐以后应用更广;状态义"上"也在唐代《敦煌变文集》中有用例,唐以后应用频繁。简言之,"上"语法化大致上在唐时期完成。而据郑张尚芳(2008:8—14),温州方言的发端在汉末东吴,最晚在唐时已独立发展为自有特色的一支吴语方言。所以，我们推测温州方言在形成时期，汉语"上"可能还未发展出结果义、状态义，或者这些功能还不成熟。苍南吴语"上"在获得趋向补语功能后是独立发展的。

综上，苍南吴语"上"的语法化未完成可以看作是语言系统内部自我调整的结果。苍南吴语中已经有一个功能丰富，使用频率相当高的"起"，如果"上"和"起"一样完成了自己的语法化路径，那么就会有两个标记表示同一个体范畴，这不符合语言的经济原则。苍南吴语"上"的语法化未完成在很大程度上受到同义词"起"的阻断。

第五节 "落"的多功能及语法化①

现代汉语普通话表示"从高处往低处移动"的路径动词有"下"和"落"，而苍南吴语表达"从高处往低处移动"的动词只有"落"（音[lo²¹³]）。苍南吴语"落"的功能发达，可用作趋向动词、趋向补语、结果补语、能性补语、动相补语等。尤其值得关注的是动相补语"落"，可表示"已有状态的持续""逐步进入一种新的状态"，还能表示"事情的完结或实现"。

我们拟在本节讨论以下问题：

（1）苍南吴语"落"和普通话"下/落"的语义和功能差异；

（2）拟构苍南吴语"落"的语法化路径；

（3）关注"落"的语义指向双向性以及认知主体注意力视窗开启中聚焦域不同带来"落"的不同状态义。

一 "落"的共时多功能模式

现代汉语普通话指涉"从高处往低处移动"，由"下"和"落"两个词项承担（如：下雨，飘落）。普通话"下"和"落"均可用作主动词（如：下山、下海、下车；落下、落进、落山、落笔）和趋向补语（如：走下、抛下；推落、遗落）。"落"和"下"在句法上有明显的区别，"落"可后接简单趋向补语和复合趋向补语，后者不能后接趋向补语。从表义功能上，"下"用于称说整个事件，"落"则描述具体过程，侧重终

---

① 本节主要内容在《常熟理工学院学报》2019 年第 1 期刊出。

点（张雁，2015：616）。"落"由"脱落"义延伸出"下移"，而"下"通过隐喻投射由方位词经由动作动词到趋向动词（李思旭、于辉荣，2012），词汇的源语义往往决定该词的语义演化方向和路径。从文体上看，"落"一般出现在书面文体中（熟语搭配除外），而"下"则无文体限制。另，普通话"下"还有较为虚化的功能，如结果补语（脱下衣服、留下一些钱）、动相补语（立下盟约、结下仇冤）等。"落"则没有此类虚化的功能。

在吴语中，"下"一般不用作趋向动词和趋向补语[①]，"向下位移"的概念由"落"来承载（蒋绍愚，2011；盛益民，2014等），苍南吴语也不例外。普通话用"下"的地方苍南吴语中多用"落"，普通话用"落"的苍南吴语大多也用"落"。如：

(75) a. 热头佛快落山罢。（太阳快下/落山了。）
　　 b. 明朝会落雨。（明天会下雨。）
　　 c. 快厘走落来。（快点走下来。）
　　 d. 肚肚饱罢，该碗饭吃不落。（肚子饱了，这碗饭吃不下。）
　　 e. 厂里设备太落后。（工厂里设备太落后。）
　　 f. 楼上跌落。（楼上跌落。）

综上，汉语普通话表征"从高处往低处移动"使用"下"为常，而苍南吴语"落"兼具普通话"落"和"下"[②]的大部分功能。换言之，对同一现象的描述，普通话和苍南吴语可能选择同义聚合中的不同词汇。

苍南吴语"落"主要涉及以下五种功能：趋向动词、趋向补语、结果补语、能性补语、动相补语。

（一）趋向动词

[①] 在某些吴方言的新派中，趋向动词的"落"有被"下"取代的趋势。如上海、杭州部分年轻人口语中"落"和"下"经常混用。这应视为语言接触现象，是强势语言的迁移，目前阶段并未改变"落"在吴语的地位。

[②] 苍南吴语中下面三种情况只能用"下"，不能用"落"。
(1) 方位词或空间在下：树下、屋檐下、桌下、地下[上]、下面、下层。
(2) 次序、时间在后或地位较低：下次、下辈[晚辈]、下半年、下半日[下午]、部下、下等。
(3) 量词：打三下、摇两下、一下过[过一会儿]。

(76) a. 到站罢，快落车。(到站了，快下车。)
b. 阿爸落地做息去爻。(爸爸下地干活去了。)

"落"后加背景 NP，既可指向起点（如"落车""落山"），也可指向终点（如"落地""落村 乡镇干部到村里察访"），即"落"具有"语义双指向性"（semantic double orientation）（古川裕，2002）。古川裕（2002）以认知语言学中的"凹凸原则"来解释语义指向的双向性，即从人类的认知特点来看，凸（[终点]）和凹（[起点]）可以看作一个事件的表里两面。

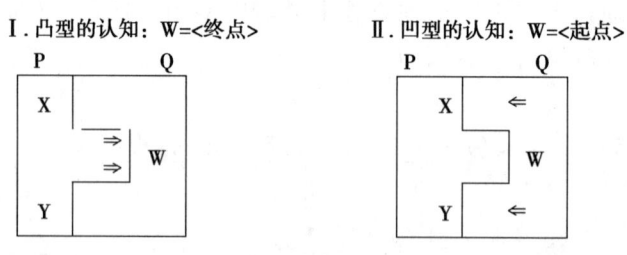

Ⅰ.凸型的认知：W=<终点>　　Ⅱ.凹型的认知：W=<起点>

图 3.5　"落"的语义双指向性（参考古川裕，2002）

认知主体观察视角的不同，导致对"落"不同的解读。第一种视角，W 可以看作从领域 P 里头凸出来的部分，也就是说，W 从原来的界线（X—Y 线）往右移动以后最后达到的地点，那就是位移的[终点]，如"落地、落村"的"地、村"。第二种视角，W 则可以看作领域 Q 里凹下去的部分，换言之，W 是 X—Y 线往 P 领域移动以后遗留下来的原来界线的痕迹，即位移的[起点]，如"落车、落山"的"车、山"。故而，由于人们认知角度的不同，同一个 W 可以有指向起点和终点两种语义。

苍南吴语"落"还有致使位移用法，后附直接宾语，义为"使……落下"。如"落头 砍头：使头落下""落钉 钉上棺钉：使钉子落下"等。该用法现已不常见。

(二) 趋向补语

苍南吴语"落"更多用于"V 落"结构。普通话中的"下"和"落"均可为趋向补语，苍南吴语不说"V 下"只说"V 落"，表示动体位移至较低的位置，这个结构可表自主位移，也可表致使位移。

(77) a. 渠从楼上走落。(他从楼上下来。)

b. 药丸吞落。(药丸吞下。)

(77a.) 为自主位移,(77b.) 为施事发出某一动作致使受事(位移主体)发生往下的位移。位置较低可以指具体空间位置(如78a. b.),也可指抽象的地位较低(如78c. d.)。

(78) a. 逮书包囥落。(把书包放下。)
b. 半斤酒喝落爻罢。(已经喝了半斤酒了。)
c. 领导交代落来。(领导交代下来。)
d. 文件发落罢。(文件已经下发了。)

(三)结果补语

在"V落"结构中,如V表"卸下、去除、解脱"之类的动作,"落"也随之虚化为"游离、离开、遗留"义,即表V的结果。

(79) a. 簿里[do²²]张纸落。(从本子上撕下一页纸。)
b. 逮钥开拔落。(把钥匙拔下来。)
c. 逮外皮衣脱落。(把外衣脱下来。)
d. 留落一个人。(留下一个人。)
e. 字眼写落。(字写下来。)

(四)动相补语

动相补语是指表状态义的补语,其虚化程度介于结果补语和时体标记之间。苍南吴语"落"可表三种不同的状态义:(1)已进行的动作或已存在状态的持续;(2)已有状态减弱,而逐渐进入一种新的状态;(3)表示动作的完结和实现后V所处的状态。换言之,"落"可表示状态的各个阶段(phase)。我们将表这三种状态的"落"分别称为动相补语_延续、动相补语_讫至、动相补语_完结①。比较以下三个表达：

(80) a. 你恁闹<u>落</u>，对你自有好处。（你这样闹下去，对你自己没有好处。）
b. 天色慢慢能暗<u>落爻</u>。（天色慢慢暗下来了。）
c. 合同总算签<u>落罢</u>。（合同总算签好了。）

(80a)"落"表"闹"这个动作或状态的延续；(80b)表示光线的减弱并逐渐进入"暗"的状态，"暗"是最终要达到的状态；(80c)则表示"签"这个动作的完成或"签合同"这整个事件的实现。

1. 动相补语_延续

苍南吴语"落"可表示已进行动作 V 的持续②。如：

(81) a. 你接<u>落</u>讲。（你接下去讲。）
b. 你何恁做<u>落</u>，肯定袋成功个。（你继续这样做下去，肯定不会成功的。）
c. 该生活你做蛮好，还是你做<u>落</u>去。
（这活儿你干得蛮好，还是你继续干下去。）
d. 再讲<u>落</u>添，退课罢。（再继续讲下去，要下课了。）

这种表示状态持续的补语也有学者称为"继续体"或者"接续体"标记。我们认为"落"虚化并不彻底，因为"V 落"之间还可以加上能性补语标记"来_得"或者否定词"不"。例如：

---

① 需要说明两点：(1) 表示持续状态的动相补语，我们成为你动相补语_延续（如：说<u>下去</u>），以便和持续体（吃着饭）相区分。(2) 我们本章第三节论述"起"的动相补语功能时提及，动相的阶段要有一定的概括性，不宜细分，但是鉴于"V 落"中 V 的情状不同，我们分为三类动相。

② "V 落"和"V 起"在苍南吴语均可包含"延续"的义素，两者的区别在于："V 起"表示动作开始并持续；而后者表示动作已在进行并将继续进行，强调的是继续（参考吕叔湘，2013：442）。例如：
a. 这事干做起，就逮渠做落。（这事情开始做，就把它做下去。）
b. 店儿开起容易，开落难。（小店开起来容易，开下去难。）

（82）a. 你恁吵，我事干阿做不落罢。（你这么吵，我事情都做不下去了。）

b. 话恁讲，何乜人听来_得_落吗？（话这样说，谁能听得下去？）

而且"落"后还可以加上相当于普通话"了$_2$"的完成体标记"罢"（82a）。故而，该处"落"还只能视为一个动相补语，而并非真正的体标记。

2. 动相补语_讫至_

此外，由于"落"是一种由高而低的位移，在人类认知上经常与"负面"相联系，所以与其共现的形容词一般负载负面意义，如表示光线（暗、黑）、声音（小、低、安静）、速度（慢）、情绪（冷静、松弛）等。苍南吴语"落"可表这种能量的减弱或逐渐进入静止状态，本书暂称为讫至相。例如：

（83）a. 总算阴静落。（总算安静下来。）
b. 雨小落罢。（雨小下去了。）
c. 火车慢落罢，就要到站快罢。（车慢下来了，就快到站了。）
d. 车停落。（车子停下来。）

"落"表达状态的改变由"向下位移"的语义引申而来。普通话的这个功能一般由"下"和指向趋向动词"来/去"的组合"下来/去"共同承担（如"安静下来"），而苍南吴语可由"落"独自承载。

动相补语_延续_和动相补语_讫至_的差别在于：前者表示状态的延续，并不关注状态自身的变化；而后者状态不仅仅持续下去，还叠加了负向发展的意义。所以，后者只能附于消极意义的谓词后面（如80），而前者则没有这条限制。

3. 动相补语_完结_

由于"落"位移的终点可以赋予事件一个终结点，使整个事件成为时间上的有界事件。"V落"可以表示事情的完结状态。如例（81）所示：

（84）a. 计划定落罢。（定下计划了。）
b. 该起事干就恁讲落罢嘿。（这事情就这样说定了啊。）

c. 渠许套屋买落罢。（他已经买下那套房子了。）
d. 该日签落一笔大合同。（今天签下一笔大合同。）
e. 我手头事干做落先。（我先完成手头的事情。）

"V落"表示事情的完成或实现，语义指向整个事件而非动词。例如，(81c) 中"落"指买房这个事件的完成和实现，而非"买"这一动作本身的结束。这个结构中的"落"与完成体标记的语法意义相似。但是它有较实在的意义，前可添加否定词（82b），还可用于反复问（82c）。所以，我们认为此结构中的"落"只能看作动相补语，还未发展为完成体标记。

(85) a. 该间屋我眙_看落罢。（这间房子我已经看上了。）
b. 该间屋我眙_看不落。（这间房子我看不上。）
c. 该间屋你眙_看落，眙_看不落？（这间房子你看得上，看不上？）

综上，苍南吴语"落"的特殊之处主要在于其动相补语功能，"落"可表达状态的持续、讫至和完结等不同阶段。那么，表不同状态的"落"如何发展而来？

二 "落"的语法化

"落"最初指草木脱落，《说文》："凡艸曰零，凡木曰落"，后来抽象为"下移"类路径动词。汉语史研究表明，"落"经历了从连动式中的主动词到动趋式中的趋向补语的语法化过程。

"落"的连动式分为两类："落+V2"和"V1+落"。前者如：

(86) a. 水手一人病苦死去，落却海里。（《入唐求法巡礼行记》卷一）
b. 使天有一时息，则地须落下去，人都坠死。（《朱子语类》卷六十八）

"V1+落"多用于致使位移事件：推落、吹落、打落。例如：

(87) a. 裹之以席，推落海里，随波流却。（《入唐求法巡礼行

记》卷一）

　　b. 人主又上仙台，敕令音声人推落左军中尉。
（《入唐求法巡礼行记》卷四）

　　"V1+落"之V1多为施事性很高的行为动词，V1导致动体发生了"落"的位移。这种语境中，"落"很容易发生语法化，失去核心地位而发展为补语（详参史文磊，2014：260—261）。

　　"落"的"趋向动词>趋向补语"的语法化过程符合路径动词语法化的一般规律。普通话"落"的功能简单，苍南吴语"落"则涵盖了普通话"下"的大部分功能。

　　（一）趋向动词>趋向补语>结果补语>动相补语_完结_

　　苍南吴语"落"可用作趋向动词和趋向补语。从"趋向动词>趋向补语>结果补语>动相补语_完结_"是汉语路径动词语法化中反复被论证的普遍规律（刘丹青，1996；蒋冀骋、吴福祥，1997；梁银峰，2007；董秀芳，2013；史文磊，2014等），我们不赘述。

　　从认知角度上看，苍南吴语"落"的原型核心义为"物理性自上而下的空间位移"。"降落"这一自然位移事件往往包含起始点、过程和终结点。"落"表示趋向义（含趋向动词和趋向补语）时，起点（如"落山""山里走落"）或终点（如"落村""拖楼下落_拖下楼_"）成为得以凸显的前景化信息。当"离开起点/终点"作为"落"的一个周边义被激活，"落"便可引申出"脱离""遗留"等义项（如"锁钥开拔落_拔下钥匙_""留落一个人_留下一个人_"），"落"为结果补语。"落"位移的终点为事件的完成提供了一个终结点，而当终结点成为注意焦点而被前景化时，"落"则演变出终结或实现的状态义（如"合同签落""屋买落"）。因此，"落"从趋向义到结果义到状态义（完结）的发展是符合认知规律的。

　　（二）趋向补语>动相补语_延续_、趋向补语>动相补语_讫至_

　　除表完结相外，"落"还可用作动相补语，表征状态的延续或讫至。那么，这两种意义的动相补语如何发展而来？

　　关于动相补语是由结果补语虚化而来，还是趋向动词经时空投射而来学界尚存争议。大部分学者认同趋向动词功能演变的一般路线为："空间趋向>结果>状态"（刘月华等，2001：546）。但也有学者提出不同的看法，如史文磊（2014）认为"开"的趋向补语用法是从结果补语引申而来，从"路向_散开"演变为"矢量_离开"，前者更接近动词的本义，故而"开"的实际演变情况是"状态>结果>趋向"（史文磊，2014：181）。蔡瑱（2014：51—52）认为，结果义"起"表"完成"的涵盖义无法俯瞰、也并未保留在状态义中。状态义的"起"表"开始、持续"的涵盖义更可能受表达空间具体运动趋向动词的源词"起"的影响或控制。故而，状态义的"起"也是直接引申自趋向义补语而非结果义。

苍南吴语"落"则更加直接展现了动相补语不一定来自结果补语，也可能来自趋向补语。我们认为完结相"落"可视为结果补语虚化而来，表示 V 完成后主体所处的状态；但是，"落_延续""落_讫至"则由趋向动词衍生而来。"落"表征"由上而下"的物理空间位移，包含起点、过程和终点。如果概念化主体（conceptualizer）将聚焦域设定为"向下位移的过程"，投射在状态域就是表征已有状态的延续（如例 81），如果聚焦域涵盖了"过程"和"终点"，即为"由动态逐渐进入静止的状态"（如例 83）。如果聚焦域仅为终点，那么"落"为结果补语或完结相动相补语（如例 84）。

总之，源自趋向补语的"落"为空间域（源域）向状态域（目标域）的隐喻投射，而源自结果补语的动相补语的"落"则凸显动作完结和实现，是结果补语的虚化。两种来源的动相补语在苍南吴语中并存。如下例所示：

(88) a. 动相补语_延续：你讲<u>落</u>添。（空间域向状态域的隐喻投射）
　　b. 动相补语_讫至：天慢慢能暗<u>落</u>。（空间域向状态域的隐喻投射）
　　c. 动相补语_完结：合同定<u>落</u>。（完结义结果补语的虚化）

至此，我们可以拟构苍南吴语"落"的语法化路径如图 3.6 所示。

趋向动词 ⟶ 趋向补语 ⟵ 结果补语 ⟶ 动相补语_完结
　　　　　　　　　　　　　动相补语_延续
　　　　　　　　　　　　　动相补语_讫至

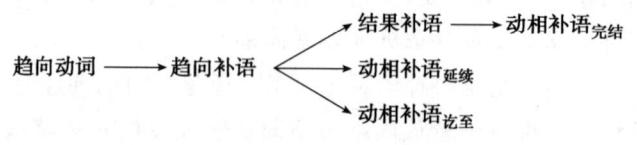

图 3.6　苍南吴语"落"的语法化路径拟构

三 小结

苍南吴语"落"的语义演变和语法化包含着语义演变的历时共性（diachronic universal）:"落"的演变符合趋向动词语法化的一般路径，"位移过程>位移方向>结果>状态"（梁银峰，2007；吴福祥，1997；贝罗贝、李明，2008）；同时也展现了语义演变的殊相：某种语言独有或某些语言特有的语义演变的模式或路径，体现的是一种历时变异类型（吴福祥，2015），譬如"落"的三种不同状态义。

"落"的趋向位移意象图式借助隐喻机制，为其他各种抽象的概念域，如事件、领属、数量、心理、状态和地位等提供认知框架（cognitive framework），作为结构模板对这些抽象概念域的事件进行描述。例如：

(89) a. 渠从楼下走落来。（他从楼上下来。）（空间域）
b. 三个钟头讲落口燥死。（三个小时讲下来口干死了。）（时间域）
c. 渠许套屋买落罢。（他把那套房子买下了。）（领属域）
d. 渠该两年工资倒反矮落。（他这几年工资反而低了。）（数量域）
e. 渠既然答应落，就莓变个。（他既然答应，就不会变的。）（心理域）
f. 天慢慢能暗落。（天渐渐暗下来。）（状态域）
g. 开会个通知落来罢。（开会的通知下来了。）（地位域）

苍南吴语"落"的语义演变很好地展示了空间范畴向其他范畴的引申的途径和机制。

第六节 其他路径动词的多功能及语法化

上文我们已经讨论了苍南吴语中语法化过程比较有特色的路径动词"来""去""上""起"和"落"。正如本章引言部分所言，苍南吴语的纯粹路径动词还有"出""过""转""底""到""开"等。本节将逐一对这六个路径动词的句法功能和语法化做一个简要的概述，以期展现苍南吴语路径动词语法化的整体概貌。

一 "出"的多功能及语法化

《集韵·至韵》："出,自内而外也。""出"融合了"自内而外"的路径信息,其词化模式为:[位移+矢量$_{经越}$+构向$_{之外}$+维度$_{三维}$]。

根据沈敏、郭珊珊(2014)的调查,汉语史上"出"经历了"单动/连动>动趋>动补"的发展过程。先秦时期多为单动式或连动式。例如:

(90) a. 眷言顾之,潸焉出涕。(《诗经·小雅·大东》)(单动式,使动用法)

b. 违祸,谁能出君?(《左传·僖公十年》)(单动式,使动用法)

c. 出弃中,谓婴曰……(《左传·襄公二十五年》)(单动式,自动用法)

d. 诸侯出庙门俟。(《今文尚书》)(单动式,自动用法)

e. 姜原出野,见巨人迹……(《史记·周本纪》)(单动式,自动用法)

(91) a. 五月,郑伯突出奔蔡。(《春秋·桓公十五年》)(连动式"出 V")

b. 公子重耳出见使者。(《国语·晋语二》)(连动式"出 V")

c. 走出,遇贼于门。(《左传·庄公八年》)(连动式"V 出")

d. 杀晋君与逐出之,……孰利?(《国语·晋语三》)(连动式"V 出")

e. 而出,乃释之。(《国语·晋语九》)(连动式"V 而出")

f. 赵盾驱而出,众无留者。(《公羊传·宣公六年》)(连动式"V 而出")

而到两汉时期,动趋式"V 出"已经比较成熟。例如:

(92) a. 周文败,走出关,止次曹阳二三月。(《史记·陈涉世家》)(动趋式)

b. 上行出中渭桥,有一人从桥下走出,乘舆马惊。(动趋式)

(《史记·张释之冯唐列传》)

史文磊（2014：315—316）对"出"从主动词到趋向补语的演变做了较为细致的论证。据史先生考证，上古汉语"出"后可以直接跟三类背景：起点、界限和终点，从而使得"出"又分别融合了三类不同的路径信息：Ⅰ离开、Ⅱ经越、Ⅲ往至（例分别如：86c, d, e）。Ⅰ类至中古开始演变为"PP+出"，前置词P专门标记起点，这样，"离开"类路径就分离出来。近代汉语以来，Ⅰ类往往再变为"PP+出来/去"，指向信息（"来/去"）呈现；Ⅱ类沿用至今，成为主流模式（如"出门"）；Ⅲ类逐渐衰落，为"从……（V$_{1方式}$）出来，（V$_{2方式}$）到"分析式所取代，"到"专门标记终点，"往至"类路径分离。

到唐五代时期，"出""从隐到显""从无到有"的结果义趋于成熟。

(93) a. 泓澄最深处，浮出蛟龙涎。（《白居易诗全集》）（动补结构）

b. 译出楞伽经。（《楞伽师资记》）（动补结构）

综上，"出"在汉语史上的发展和演变再次印证了"趋向动词>趋向补语>结果补语"这条趋向动词发展的一般路径。

苍南吴语"出"（音[tɕye³³⁴]）具有以下功能。例如：

(94) a. 天未光就出门罢。（天还没亮就出门了。）（趋向动词）

b. 日头佛出来罢。（太阳出来了。）（趋向动词）

c. 走出晒太阳。（出去晒太阳。）（趋向补语）

d. 包里物事沃都掏出罢。（包里东西都掏出来了。）（趋向补语）

e. 怎个办法你也想来得出（这样的办法你也想得出来。）（结果补语）

f. 有困难只管讲出。（有困难只管说出来。）（结果补语）

苍南吴语"出"没有使动用法。鉴于（1）苍南吴语"出"义项清晰①，没有进一步发展为时体助词或其他类型的助词；（2）从语义上看，结果补语较趋向义要虚；（3）汉语史上"出"完成在唐代以前完成从主动词到结果补语的演变，早于温州方言（含苍南吴语）的成熟时期，我们推测苍南吴语"出"也应沿着最常见的"趋向动词>趋向补语>结果补语"路径发展。

鉴于趋向动词"单动>连动>动趋"的演变路径已经经过反复论证，而且动趋式用法在唐代（温州方言形成时期）已经稳定。所以，如果没有特别需要交代之处，下文将不再针对这一过程做详细论述。

二 "过"的多功能及语法化

根据《说文》："过，度也。"吴善述广义校订："过本经过之过……经典言'过我门'、'过其门'者，乃过之本义"（《汉语大字典》）。所以"过"本就是一个趋向义动词。在汉语史上经历了"单动>连动 V2>动趋式"的过程。

"过"在路径表达中融合了［经越］（traversal）的语义要素，其词化模式可以表达为［位移+路径$_{经越}$］。例如：

(95) a. 过三个红绿灯就到了。
　　 b. 穿过这个大操场，就是我家了。

苍南吴语"过"（音［ku^{42}]）主要有趋向动词、趋向补语、结果补语，以及经历体标记、重行体标记和反复体标记的功能。

（一）趋向动词、趋向补语、结果补语

苍南吴语"过"可以用作趋向动词、趋向补语和结果补语。例如：

(96) a. 这重山过爻，就到罢。（过了这座山就到了。）（趋向动词）
　　 b. 三日过罢，脚还痛。（三天过去了，脚还痛。）（趋向动词）
　　 c. 管自走过来，勿吓。（管自己走过来，不要害怕。）（趋向补语）

---

① 和普通话相同，苍南吴语"出"也可用为量词，如"一出戏"。

d. 我下个月日搬过去住。（下个月我搬过去住。）（趋向补语）
e. 该起事干瞒渠不过个。（这事情瞒不过他。）（结果补语）
f. 考试有考过冇？（考试过了吗？）（结果补语）

以上"过"的语义和功能与普通话类似。但是，普通话"过"单独用作谓语动词时，可表正在进行的动作（如"正在过桥"）。而苍南吴语"过"单用不表示经越的过程，只能凸显动作的结果，（92a，b）中动词均后附表示完成或已然的助词，而不能和表示进行的体助词连用。

（二）经历体标记①（experiential）

苍南吴语"V 过"可以表示有过某种经历，事件发生在参照时间之前，具有先时性，"过"为经历体标记；与完成体不同的是，经历体的后续状态在参考时间之前已经中断（潘悟云，1996：267）。例如：

(97) a. 这物事我吃过罢。（这东西我吃过。）
b. 该地方我住过十年。（这个地方我曾经住过十年。）
c. 我睇_看过张艺谋个电影。（我看过张艺谋的电影。）
d. 该本书我有读过。（我读过这本书。）
e. 北京我冇/未走过。（我没去过北京。）

---

① 吕叔湘（2013：247）将动态助词"过"分为两种：一"表动作的完毕"，如"吃过饭再去"；二"表过去曾经有这样的事情"，如"这本小说我看过"。前者通常称为"过1"，后者称为"过2"。苍南吴语"过"不表示"完毕"。如下面的句子不合法：

（1）a. *饭吃过再去。（吃过饭再去。）
b. *赶到孤，第一场电影做过罢。（赶到那儿，第一场电影演过了。）
以上两句只能表达为：
（2）a. 饭吃爻再去。（吃过饭再去。）
b. 赶到孤，第一场电影做完/好罢。（赶到那儿，第一场电影演完了。）
需注意的是，苍南吴语可以说：
（3）a. 杭州我住过十年。（我曾经在杭州住了十年。）
b. 我宿舟山当过三年兵。（我曾经在舟山当了三年兵。）
（3a.b.）似乎和普通话的"过1"语义和句法功能类似，但实际上，吴语苍南话"过"只能用于描述过去曾经发生的事情，并不表示"事情的完毕"。以上两句语义上强调的还是"曾经"。后面的时量词，实现了时间定位的功能。
因此，我们认为苍南吴语"过"只有普通话"过2"的功能，没有"过1"的功能。

f. 香港我走过三遍。(我去过香港三次。)

苍南吴语"过"对足句的要求较为严格，光杆的"V过+无定宾语"（如"吃过饭/睇_看过电影"）是不能成立的。例如，(97a) 普通话可以说"这东西我吃过"。而苍南吴语则在句末加上表示已然的"罢"，其功能是为事件设定参照时间。"过"往往要和以下成分同现才能足句：(1) 和时间相关的表达（如97a）；(2) 时量短语（如97b）或动量短语（如97f）；(3) 限定性成分（如97c）；(4) 表示对过去事件确认或否定的"有""冇""未"（如 97d, e）。这些同现成分的作用是赋予"过"一个参照时间，或者使事件"有界化"。

（三）反复体标记（iterative）

苍南吴语单音节动词与"过"组合成"V过V"的结构还可以表示动作反复发生，潘悟云（1996：278）称为反复貌。需要申说的是，"V过V"不是简单的重复，其常带有夸张、强调量多或隐含不耐烦的主观情绪。例如：

(98) a. 该本书我睇_看过睇_看罢。(这本书我看过好几次了。)
b. 该事干我讲过讲罢，你还记不牢啊？
（这事情我讲过好几遍了，你还没记住吗？）
c. 地下扫过扫，光生_{干净}显罢哪！（地扫过好几次，已经很干净了！）
d. 你个荔枝丐人拣过拣罢！（你的荔枝被人挑过很多轮了！）

而且"反复"的语义并非由"过"单独承载，而是"V过V"的格式义。动词重复往往也被视为一种形态变化。因此，苍南吴语"过"是否为反复体标记还有待进一步探讨。本书暂时把此格式中的"过"称为反复体标记。

以上为苍南吴语"过"的主要用法。

"过"在吴语中充当重复体标记[①]是比较常见的现象，其意义不同于一般的反复或者重复，而是在上一次无效、失效或不理想的情况下再做一

[①] 刘丹青（1996）称为"重行貌"，并指出"过"在许多东南方言中兼作"重行貌"。

次。"过"的该用法在吴语中常见。例如：

(99) a. 玉山话：作业做得样糊涂，做过！（作业做得这么糟糕，重新做！）
　　　b. 台州话：做得格喷这样，重新做过！（做得这样，重新做！）
　　　c. 金华话：做得这样，再做过！（做得这样，重新做！）
　　　d. 宁波话：做勒介貌样，重做过！（做得这样，重新做！）
　　　e. 乐清话：做得这样，重新（再）做过！（做得这样，重新做！）
　　（以上例句引自汪化云 待刊）

苍南吴语"过"用于该格式显得不太自然，老派合作人尤觉如此。

"过"作为趋向动词其核心语义为［位移+经越］，即主体经越位移背景，凸显的是位移的整个过程。因此，"V过"从空间域映射到结果域则是"结果补语"，而映射到时间域可表示"经历"；多次的"经历"即为"反复"。（如果增加了"经历"未达到预期效果、重新"经历"的主观义，则为重行体。）

根据汉语路径动词语法化逐渐虚化的一般规律，我们将苍南吴语"过"的语法化路径大致拟构如下：

趋向动词──→趋向补语──→结果补语──经历体标记──反复体标记

图 3.7　苍南吴语"过"的语法化路径拟构

说明：我们认为体标记来源于结果补语符合语法化的一般路径，但是鉴于未经过严密论证，此处我们仅以横线表示两者之间的关联。

三 "转"的多功能及语法化

路径动词"转"融合了"反向"路径信息，其词化模式可以归纳为：［位移+路径反向］。

苍南吴语"转"（音［tɕye⁵³]）可用作趋向动词、趋向补语和结果补语。例如：

(100) a. 转过来①。(转回来。)(趋向动词)

b. 天色转来,会落雨罢。(天气变化,要下雨了。)(趋向动词)

c. 迭被扳转翻过来,再晒下添。(把被子翻过来,再晒一下。)(趋向补语)

d. 头勪转转头眙眙看看。(头转过来看看。)(趋向补语)

e. 渠想望输爻个钞票赢转来。(他想把输掉的钱赢回来。)(结果补语)

f. 渠不舍得,卖爻叶ㄨ买转来。(他舍不得,卖了又买回来。)(结果补语)

需要说明是,苍南吴语"转"作为结果补语的用例不多,不如温州市区方言成熟(参考游汝杰,2003:204)。游先生指出"转"在温州话(市区方言)可用作表示"重新进行已经中断或曾经完成的动作"的回复体②标记。例如:

(101) a. 渠又走去迭衣裳买来转。(他又去把那件衣服买回来。)
b. 该间店重新开转。(这家店又重新开业。)
c. 迭许片门开爻转。(把那扇门重新打开。)
(引自游汝杰,2003)

苍南吴语"转"没有作为回复体的用法。

综上,苍南吴语"转"只完成了"趋向动词>趋向补语>结果补语"的语法化链条,并未发展出体标记或其他虚词功能。

---

① 苍南吴语"转过来"仅指路径返回,而不是将身体扭转过来,后者苍南吴语用"旋过来"。
② 袁家骅(1989)将"恢复某种已经中断的动作、行为或是使某种事物回复原来状态"的体貌,称为回复体,并指出香港粤语"翻"可用作回复体标记。

(1) a. 帮你搞掂件事我就要做翻我自己的嘢喇喇。(帮你做好这件事后我就要会我自己的事了。)

b. 出去做过嘢返翻学校读翻书就唔容易嘿。(出去做过事再回来学校读书就不容易了。)

张双庆(1996:157)指出"翻"由"返"的意思演变而来,虚化为词尾,但是多少保留返回的意思,所以语法化不彻底。

四 "底"的多功能及语法化

《说文》："底，一曰下也。""底"为物体的下层或下面。苍南吴语"底"（音［ti⁵³］）可作方位词，有"下层或下面"的义项。如："股臀底（屁股下面）""底层（最下面一层）"。但是苍南吴语"底"还表示三维空间的内部，大致相当于普通话"里"。根据汪维辉（1999：33—35）汉语表示三维空间内部的方位词"里"，由表二维空间，与"表"相对的名词"里"演变而来。而在苍南吴语中"里"一般只表二维空间的范围（如"桌里桌子上"）或者泛化的处所，而表示三维空间、与"外"相对的方位词为"底"。例如：

（102）a. 外面—底面｜外转—底转（外面—里面）
b. 囥衣橱底。（放在衣柜里。）
c. 教室底面一个人阿冇。（教室里面一个人也没有。）

需要申说的是，苍南吴语表示"方位在里"，多用"底面/底转"，很少单用"底"。

"底"作为"里面"解，在近代汉语文献中可见。如：

（103）a. 又向人家啄大屋，底屋达官走避胡。（杜甫《哀王孙》）
b. 谁有工夫寒夜底，独寻水月五湖中。
（杨万里《月夜阻风泊舟太湖石塘南头》）
c. 道人憔悴春窗底，闷损阑干愁不倚。
（李清照《玉楼春·红酥肯放琼苞碎》）

"底"在苍南吴语可以用作趋向补语、结果补语。例如：

（104）a. 徛外转不走底。（站在外面不进来。）（趋向补语）
b. 我眙看渠射跑屋里底。（我看到他跑进家里。）（趋向补语）
c. 有毛坏个谷掺底。（掺进坏的谷子。）（结果补语）
d. 阿爸个话有听底冇？（爸爸的话有没有听进去。）（结果补语）

e. 该点着写底。（这一点要写进去。）（结果补语）

"底"本为方位词，其谓词性功能显然是从方位词发展而来。那么如何证明"底"已经具有谓词功能？证据有二：

其一，普通话中补语位置用"进"①的地方，苍南吴语均用"底"。"底"常和"出"对举（"底出着小心_{进出要小心}""有底有出_{有进有出}"）或在相同的句法环境中使用（"讲出－听底""掼出_{扔出去}－[kʰei³³⁴]底_{捡进来}"）。这说明，在苍南吴语中与"出"相对，表"向内位移"的路径动词为"底"。

其二，例（100b）中方位词"里"已经提述背景"屋"的几何置向，所以"底"在该句中不是方位词，应视为"V+背景+Loc+D"结构中的趋向补语。类似的说法还有"老鼠爬洞里底_{老鼠爬进洞里}"，"剑插心肝头底_{剑插进心头}"，"手[lu³³⁴]伸兜兜里底_{手伸进口袋}"，等等。

苍南吴语有"底来"的表达，意思相当于"进来"。"底"是否能单独用作谓语动词？②我们认为还不能。苍南吴语"底"后不能携带背景NP。例如，不能说"＊底教室来""＊底屋里来""＊底门"。但是陶寰教授在私人交流中惠告，此处"底来"的结构看成"NP来"（如"里面来""外面来"）更合适。鉴于"底"后不能加背景。我们认为"底"还不能看作谓语动词。这可能和苍南吴语位移事件V型结构（路径动词作主动词）不常用有关，低频使用阻碍了"底"演变为主动词。

"V底"构成动补结构表示结果义的动词不多，主要有表示领属关系或占有关系改变的动词如"收""买"；表示心理活动的动词，如"看""听"等；以及"写""混""掺"等其他动词。

对苍南吴语"底"的语法化可总结如下：（1）苍南吴语"底"的演变路径应为："方位词＞趋向补语＞结果补语"；（2）苍南吴语方位词

---

① 苍南吴语也用"进"表示"进入"，主要在一些双音节词语中。如：进门、进水。"进"一般表示"向前移"义，比如"望门前进厘厘_{往前进一点点}"，但是不能说"进教室底"，而要说成"走教室底"，且"进"在苍南吴语不用作趋向补语。所以我们认为，苍南吴语"进"还未具备普通话"由外而内"的路径动词功能。

② Yiu（2014：239—240）将闽东方言中类似用法的"底"看作谓语动词，相当于共同语中的"进"（to enter），但是从例句来看，同样的句法位置均可以用方位词"底面"。所以，我们认为闽方言中的"底"是否可以用作谓语动词尚待进一步考察。

"底"没有经历"方位词>趋向动词>趋向补语"的路径①,而是从方位词直接发展为趋向补语,应该和苍南吴语路径动词不常用作主动词有关。

五 "到"的多功能及语法化

(一)苍南吴语"到"的功能

"到"为表达终点位移的路径动词,其词化模式为:[位移+矢量_{往到}]。苍南吴语"到"(音[tɛ⁴²])主要用法如下:

(105) a. 到杭州罢。(到杭州了。)(趋向动词)
b. 快到十月份罢。(快到十月了。)(趋向动词)
c. 爬到山顶头罢。(爬到山顶了。)(趋向补语)
d. 走到阿妈屋里着十分钟。(走到妈妈家需要十分钟)(趋向补语)
e. 信收到罢。(信收到了。)(结果补语)
f. 我讲到就会做到。(我说到就会做到。)(结果补语)

总体来说,苍南吴语"到"的使用较普通话的限制多。首先,苍南吴语"到"作为趋向动词描述终点位移事件,只有"到达、抵达"的意思,没有"前往"的意思。例如,苍南吴语以下表达不用"到"。

(106) a. *到杭州去。(到杭州去。)
b. 走杭州去/望杭州走。(到杭州去。)
c. *到我狐_{那儿}嬉_玩嘛。(到我那儿玩吧。)
d. 走我狐_{那儿}嬉_玩嘛。(到我那儿玩吧。)

其次,苍南吴语"到"作为趋向补语使用也不活跃。看两组普通话和苍南吴语的比较:

(107) 普通话　　　苍南吴语

---

① "方位词>趋向动词>趋向补语"的演变路径常见,如汉语史的证据已经表明共同语中的"上""下"就经历了这条演变链条。

a. 走到楼下　　　　走到楼下
b. 爬到门外　　　　爬到门外
c. 搬到门口　　　　搬到门口
d. 挑到山上　　　　担到山里
e. 等到十点钟　　　等到十点钟
f. 做到半夜　　　　做到半夜

(108) a. 摆到桌上　　　摆桌头
b. 插到花瓶里　　　插花瓶里
c. 坐到椅子上　　　坐交椅里
d. 拿到桌上　　　　担囥桌头
e. 捡到篮子里　　　[kʰei³³⁴]捡囥篮里

从上例可以看出，例（107）"到"为"抵达、到达"义，所以，苍南吴语也可以用"到"。而例（108）指主体的位移方向或终点，而非"到达"义，因此例（108），均不用"到"。

再次，苍南吴语"到"可作结果义补语（如例 104e—f），但是"到"在汉语普通话中可表示"动作达到目的或有了结果"（参见吕叔湘，2013：151），苍南吴语更多用"着"表示"有了结果"①（如例 108），或者用表示获得义的补语"来"表"达到目的"（如例 109）。

(109) a. 渠不够高，物事担不着。（他不够高，东西拿不到。）
b. 宿山里寻着。（在山上找到。）
c. 碰着个熟人。（碰到一个熟人）

(110) a. 许本书买来罢未？（那本书买到了没有？）
b. 钞票有揆来冇？（钱有没有要到？）
c. 赚一千钞票来。（赚到了一千块钱。）

普通话"到"还可用作补语标记，表状态达到的程度（吕叔湘，2013：152）。

---

① 关于温州话"着"的这个用法潘悟云（1996：280）称为触及貌，游汝杰（2002：202）视为经历体。

(111) a. 感动到流泪。(补语标记)
b. 吃到撑。(补语标记)

苍南吴语"到"不用作补语标记。

(二)"V 到"中"到"的性质之争

关于"V 到"中"到"的性质学界意见不统一。一种意见认为"到"是介词，由动词变为介词的标志是："V 到"中前项动词由"行走"义以外的它类行为动词充当，引介动作行为的归结点（侯学超，1998：128—130；张赪，2002：132—134；马贝加，2002：57）；另一种观点认为"到"是动词，在述补结构中作补语（吕叔湘，2013：151—152；孟琮，1987：130—132；刘月华，1998：400—406；刘子瑜，2006：53；柯理思，2009：147—166）。刘子瑜（2006：52—53）给出了两条理由。

> 其一，无论是历史文献还是现代汉语，当"到"用于"行走"义动词后面时，它带有明显的动词实词义，"抵达某一处所"暗含有从某一处所移动到另一处所的意义，所以，把"到"视作趋向动词是可以的；其二，无论是历时还是现代，上述"V 到 O"结构都可以插入"得""不"变成述补结构，述语补语间可以插入"得/不"进行扩展是述补结构的一个重要特点，插入"得/不"后，原有结构的性质不变，有变化的只是述补结构的具体类别——由结果义述补结构变成了能性义述补结构。

我们赞同刘子瑜先生的论述。将（109a.b.）的"到"视为趋向动词，并把（109c.d）和（109e.f.）中"到"的句法成分分别视为趋向补语和结果补语。刘子瑜（2006：55）根据历史语料拟构了"到"的语法化过程：独立动词>连谓式中后项动词>"V 到 O"述补结构中作补语（方向义>结果义）>"V 到 C"述补结构中作结构助词。

刘丹青（2013 [2003]）则区分两种"到"：一为动词后的"到"，"比起'在、向'等前置词来，动词后的'到'是更典型的核心标注"，二为动词前的"到"，"是纯粹的前置词，如'他们到全国各大报纸做广告'、'你到三点钟来找我'"。刘丹青先生将"到"分为不同的类型，符合语言的事实。苍南吴语"到"不能用于方所题元前位句，所以，本书讨论不涉及动词前的"到"。

在此，我们要添加两条苍南吴语"V 到"中的"到"不是介词的证据。

第一，动词和介词区分的重要标准之一是，动词可以重叠，而介词不可以重叠。而苍南吴语动词后的"到"可以重叠，以强调动作的实现。例如：

(112) a. 你放一百个心，我会逮渠送<u>到到</u>个［.ke］_{语气词}。
（你放一百个心，我一定会把他送到的。）
b. 我对渠正经算蛮好，门槛口搬<u>到到</u>个丐渠。
（我对他真的蛮好，替他搬到了家门口。）

第二，潘悟云（2000）曾指出，温州话依附调与逻辑重音是不相容的，一个句子的逻辑重音可以落在动词上，但是绝对不能落在介词上，这是温州方言中区分介词和动词最简便的方法。

苍南吴语"V 到"中的"到"则可以读为焦点重音。例如：

(113) a. 等我赶<u>到</u>啊，渠走爻罢。（等我赶到了，他已经走了。）
b. 我侪爬<u>到</u>山顶头罢！（我们到山顶了！）
c. 我有逮渠送<u>到</u>屋里。（我把他送到家了。）

如果说话者在语用上强调"到达"这个动作的实现，则可以把焦点重音放在"到"上。所以，苍南吴语"到"在语法上还不能视为介词。

综上，普通话"到"是"往到"类动词，即可以表示"往"，也可以表示"到"；而苍南吴语"到"只有"到达"的义项，前者可用介词"望"引介。

苍南吴语"到"使用范围、虚化程度均未及普通话，但是"到"的语法化过程应与趋向动词最常见的语法化路径吻合，即"趋向动词>趋向补语>结果补语"。但值得关注的是，随着普通话的强势影响，年轻人的口语中"到"的使用有所增加，尤其是结果补语（如"买到""听到"等）的使用增加。

六 "开"的多功能及语法化

（一）"开"的共时多功能

根据《说文·门部》，"开"本义为"开门"（见《汉字流源字典》）。现代汉语"开"可表示"动作使人或事物离开了某处"（刘月华，1998：381），即"开"具有趋向义。周红（2017）指出动趋式"V开"关注在施动者力的作用下受动者发生的路径变化，具体呈现为扩散向、脱离向和水平离开向位移特征。趋向义"开"只能用作补语，而不能独立用作谓语动词，普通话和苍南吴语均如此。从这个意义上说"开"不能算是一个路径动词。但鉴于以下两点原因，我们还是将"开"放在本章节讨论。其一，趋向补语"开"可用以编码语义要素［矢量$_{离开}$］，趋向义稳定；其二，遵循学界惯例，在吕叔湘（2013）、刘月华等（2001：546）、Yiu（2014）的趋向动词列表中均有"开"。

苍南吴语"开"（音［ke^{44}］）有以下功能：

(114) a. 酒开一瓶。（开一瓶酒。）（行为动词）
b. 开门。（开门。）（行为动词）
c. 眼睛［pia^{44}］$_{张}$开。（眼睛张开。）（结果补语）
d. 覅想不开。（不要想不开。）（结果补语）
e. 渠一脚逮狗踢开。（他一脚把狗踢开。）（趋向补语）
f. 逮箱搬开倈。（把箱子搬开点。）（趋向补语）

结果补语均有可能式和否定式，也可插入能性补语标记"来$_{得}$"构成"V 来$_{得}$开"结构。

苍南吴语"V 开$_{趋向}$"中的"V"可以是自主移动动词（如"走""翟$_{行}$""射$_{跑}$"），也可以是致使位移动词（如"踢""移""搬"）。需要说明的是，"V 开"中的趋向补语大可都换为"走"。例如：

(115) a. 一脚逮渠踢走。（一脚把他踢走。）
b. 渠翟$_{行}$走罢。（他走了。）

但是"走"语感上是位移至较远的位置，并带有消失义，如果是位移至较近的位置一般用"开"。如例（109f）补语后跟了表小量的程度副词"倷"，就不能用"走"。

（二）"开"的语法化

共同语中"开"的语法化路径，存在较多争议，大致有以下三种观点：

（1）结果>趋向>状态（起始体）（如袁丹，2012）

（2）趋向>结果>状态①（如刘月华等，2001：546）

（3）状态>结果>趋向（如史文磊，2014：181）

我们赞同趋向义"开"来自结果义"开"的观点。主要理由有二。一为历史语料的证据。结果义"开"早于趋向义"开"。前者至晚出现于晚唐，而后者在宋元时代开始出现（见史文磊，2014；袁丹，2012）。例如：

(116) a. 公子踏开香径藓，美人吹灭画堂灯。（唐·章碣《对月》）

b. 盖晦日则月与日相迭了，至初三方渐渐离开去。（《朱子语类》卷二）

（转引自史文磊，2014：179—180）

二为认知阐释。"开"的本义为"开启、打开"，其基本语义为"分裂"，结果补语"切开""分开"等与基本语义也是"分裂"，与本义关系最为密切，是意义最为实在的一类。而从结果补语到趋向补语的演变是认知转喻，即部分指代整体的结果（袁丹，2012）。

刘月华先生所指"开"的状态义为"表示静态进入动态"（刘月华，1998：391），相当于本书说定义的"动相补语$_{始续}$"。例如：

(117) a. 她看我沉默不语，反而像个小大人一样安慰开我。

b. 他一进院子就嚷嚷开了。

（转引自刘月华，1998：391）

---

① 刘月华先生所述的"状态"包含本书所讨论的"动相补语"和"体标记"。

史文磊（2014：180—181）并未对"开"的状态义作出定义。他指出例（111a）"开"指"踏"造成的结果或"薛"被踏后呈现的状态。史先生所指"状态"显然和刘先生"表示静态进入动态"的状态义不同。我们认为还是将例（111a）的"开"视为"结果"义比较合适。普通话"开"还能表示事件或动作的"起始"或"始续"状态。史先生未就"开"的这一义项进行讨论。我们认为"表示静态进入动态"的状态义，是时间范畴的概念。时体较结果和趋向虚化程度高，这是一个不争的事实。按照语法化由实到虚的演化规律，以及"开"没有趋向动词的前身，且趋向义晚于结果义的事实。我们赞同袁丹（2012）的看法，"开"经历了"结果>趋向>状态"的演变。但是我们认为"开"的状态义为表示某种新情状的开始，视为表始续相的动相补语更加妥当。

另，周红（2017）将"分裂""张开""打开""离开"均视为空间域的位移，而非结果义；趋向义的"开"通过隐喻扩展至时间域、状态域，泛化发展出"由模糊及清晰的存在状态变化""由初始及终结的数量状态变化""时间起始并持续义"。换言之，"开"由趋向补语直接发展为"准时态助词"（本书称为"动相补语"）。对于周文将"分裂""张开""打开"视为位移义，而非结果义，我们持保留态度。

鉴于苍南吴语"开"只具备行为动词、结果补语、趋向补语功能，不能用作表状态的动相补语，依据共同语中"开"的语法化证据，以及苍南吴语的事实，可以将苍南吴语"开"的语法化路径大致描绘为：行为动词> 结果补语 > 趋向补语①。

第七节　苍南吴语路径动词语法化的共性和特性

在一元环境中，语法化总是遵循语义虚化、泛化、降类等一系列原

---

① 据《汉语方言地图集》（语法卷）（曹志耘等，2008），广东的龙门、惠东、惠阳、紫金，广西的兴业、容县，以及香港新界的完成体都是"开"。"开"在汉语方言中报告较多的还有惯常体标记（如彭小川，2002）。据袁丹（2012）的报告，北部吴语江苏常熟话"开"还有动相补语和准完成体标记的功能。苍南吴语"开"没有这些用法。

则，是规律驱动的。语法化研究已经揭示了大量具有跨语言有效性的语法化模式和路径，显示了人类语言的语法化演变具有强烈的共性特征。但是，由于人类语言的结构类型不尽相同，那么人类语言语法化模式和路径除了共性的一面外，也一定还存在类型变异（吴福祥，2005）。总体上，苍南吴语路径动词的语法化符合汉语路径动词语法化的一般规律，也呈现出了自己的语言特性。

一 汉语路径动词语法化的主要模式

我们先来爬梳汉语路径动词语法化的主要方向和途径，以便为归纳苍南吴语路径动词语法化的共性和特性提供参照。汉语史和方言证据显示，汉语路径动词语法化的路径主要有以下七条。

（一）趋向动词向体标记演变

汉语中存在一条反复被论证的普遍语法化路径："趋向动词>趋向补语>结果补语/动相补语>体标记"（刘丹青，1996；吴福祥，2005；梁银峰，2007；董秀芳，2013；史文磊，2014）。例如，"上"经历了而"方位名词>趋向动词>趋向补语>结果补语>动相补语"的演变链条（梁银峰，2007：22—25）。根据汉语共同语和方言的报道，向时体标记演变的路径动词至少还有"下/落""来""去""起""过""到"、某些东南方言中的"开"，以及部分复合路径动词（如"起来""下去"）（参见吴福祥，2010b；梁银峰，2007；董秀芳，2013 等）。此外，温州方言中的"转"（游汝杰，2003）和香港粤语"翻"（袁家骅，1989）均可用作回复体标记。

总之，除"进""出"外，其他路径动词均有向时体标记的演变的报道。路径动词演变为时体标记是汉语最常见语法化路径之一。

（二）趋向动词向补语标记演变

吴福祥（2001、2002a、2010b）对汉语趋向补语向如何向补语标记演变有比较详细的论述。其中论及的有吴语、绩溪方言、成都方言、平远客家话、汕头闽语的"来"；广东大埔客语、梅县方言、广东远客家话的"去"；以及平远客家话的"下"、湖南境内诸方言以及温州方言、东莞粤语中的"起"均能用作补语标记。

吴先生对东南方言做了详尽的调查，这里我们补充两条文献：

第一，近代汉语中的"来"也曾用作补语标记。例如：

(118) a. 瘦马寒来死，羸童饿得痴。（姚合《寄王度居士》，《全唐诗》卷 497）

b. 大拟妻夫展脚睡，冻来直［似］野鸡盘。（《不知名变文》，《敦煌变文集》）（转引自刘坚等，1992）

第二，除了上述东南方言外，路径动词发展为补语标记在其他方言中也有报道。例如，林华勇、肖棱丹（2016）报道的资中方言中的"来""到""起"均可用作补语标记。

（三）趋向动词向比较标记演变

根据吴福祥（2010b）及其他方言报道，汉语方言中由趋向动词发展而来的比较标记至少有"过"（粤语及其他方言）、"去"（闽方言）、"起"（山东方言）。

(119) a. 伊悬去我。（他比我高。）（福州话，袁家骅等，1989：305）

b. 坐飞机快过坐火车。（香港粤语，张洪年，2007：114）

c. 他不年轻起我。（济南话，钱曾怡，2001：291）

需要说明的是，这类差比句结构都是"形容词+比较标记+基准"的结构，其中"过""去""起"均为核心标注[①]，不是真正的介词，而是来源于趋向补语的比较标记（刘丹青，2013［2003］：177）。

（四）趋向动词向话题标记演变

趋向动词"来""去"发展为话题标记在汉语方言中也常见报道。例如，强星娜（2009：155）指出，陕西关中、甘肃兰州和山丹等方言"去"可作话题标记。邢向东（2011b）也报告过陕北神木方言"来""去"用在语篇中，可以起到提顿话题的作用，均具有话题标记的功能。例如：

---

① 类型学家以标记加在核心还是从属语上，将世界语言分为核心标注型（head marking）和从属语标注型（dependent marking）。汉语动趋式引介方所题元属于核心标注（如走进｜房间），而印欧语大多采用从属语标注（如：go｜into the room）。（参见刘丹青，2013［2003］：174—178）

(120) a. 我<u>来</u>（了）不怕他。（我是不怕他。）

b. 彩霞真儿拿得来一只羊。收<u>去</u>，没人吃；不收<u>去</u>，又怕那个恼嘞。

（彩霞今天拿来一只羊，收吧，没人吃，不收吧，又怕她生气。）

（神木方言，邢向东，2011b）

另据林华勇、肖棱丹（2016）的报道，资中方言"来"也可用作话题标记。

（五）趋向动词表情态

趋向动词表达情态①功能在汉语中并不罕见。我们最熟悉的当数赵元任（Chao，1968）提到的"来"作傀儡能性补语（dummy potential complements）。从情态角度看，赵先生所言"傀儡能性补语"，就是"来"表达动力情态。实际上，"来"在一些北部吴语中，除了表达动力情态，还可以表达道义情态。以杭州话为例：

(121) a. 格本戏只好大人看看，小伢儿看不<u>来</u>的。
（这部戏大人可以看，小孩不能看。）（引自鲍士杰，1998）

b. 格种话语话不<u>来</u>的。（这种话不能说话的。）

另，还有"去""下"用作能性补语，表达动力情态的例子，如：

(122) a. 无食得<u>去</u>。（吃不下，吃不了。）（雷州话，黄伯荣1996）

（转引自董秀芳，2015：382）

b. 我腰疼，炕上起来不<u>下</u>。（我腰疼，起不来床。）（临夏方言，

---

① 据彭利贞（2007），情态（modality）指说话人对命题的真值或事件的现实性状态表达的主观态度。按照语义类型主要分为以下三种：

(1) 认识情态（epistemic modality），表达说话人对命题为真的可能性与必然性的看法或态度，涉及［可能］和［必然］等概念。

(2) 道义情态（deontic modality），表达说话人对事件成真的可能性与必然性的观点或态度，涉及［许可］（道义可能性）与［必要］（道义必然性）等概念。

(3) 动力情态（dynamic modality），主要涉及［能力］和［意愿］。

王森，1993）

（六）趋向动词向语气助词①演变

邢向东提及"来"在晋语可以作为祈使语气词，用于句末，表商请语气（邢向东，2015），陕北神木话"来"也有类似用法（邢向东，2009）。林华勇、肖棱丹（2016）描述的四川资中方言的"来"可用于感叹句末表"确认"，带有夸张的语气或者表"出乎意料"的惊讶语气。孙立新（2007）也指出陕西户县话中"去"在句末表命令、请求、催促或建议。

"来"在句末用作助词，在近代汉语文献就有例可循。例如：

（123）百丈一日问师："什么处去来？"曰："大雄山下採菌子来。"（《景德传灯录》卷九）

当然，这里"来"有表"完成"和语气两可的解释。正如现代汉语中的"了$_2$"，是一个语气助词还是"完成"体助词，也还是一个有争议的话题。

（七）趋向动词向方所题元标记演变

汉语路径动词语法化的另一条途径演变为方所题元标记。如上文所述，共同语"到"是否已经演变为一个题元标记是最有争议的。但是有一点是可以肯定的，"到"从"往到"类路径动词逐步向方所题元标记这一语法范畴靠近。

吴福祥（2010b）详细报道了汉语方言中路径动词到空间/时间/与格介词演变的路径。包含：南宁粤语里的"过"具有终点题元标记功能、江西石城客家话的"过"可用以标引处所题元，绩溪方言"过"标引源点或经由题元，粤语广州话和香港话"过"用作与格介词等。以及粤语阳江话、南宁粤语"去"用作终点介词；以及北京口语"起"可以用作

---

① 语气和情态是相关紧密的两个概念，两者都涉及言者对所表达事件在可能世界中位置的态度和观点。根据Bybee和Fleischmen（1995：2），语气指的是动词形式上语法化了的范畴，该范畴具有情态功能。Bybee和Dahl（1989）还指出，情态是一个语义领域，而语气是语法范畴（转引自彭利贞，2005）。本书仅关注趋向动词语法化过程中延伸出的情态功能以及趋向动词向语气词的演变，其他概念恕不详述。

空间/时间介词等；徐州话的"上"可以标引方向题元；老派南宁粤语"落"引介终点题元，金华方言"落"标引处所题元等。此外，王众兴（2009：28）也提到平江话路径动词"落"可用以引介位移起点或处所。

接下来，我们在语法化的普遍规律观照下，对照世界语言尤其是汉语路径动词语法化的模式，对苍南吴语路径动词语法化所展示的类型共性和语言特性做一个简要的归纳。

二 苍南吴语路径动词语法化的类型共性

（一）路径动词容易发生语法化

我们在本章第二节已经论述了指向动词在世界语言中发生语法化是相当普遍的。实际上，路径动词作为整个范畴均容易发生语法化。从认知角度来看，空间是人类认知的一个基本的范畴，空间域的［路径］表达用以编码时间域、状态域、情态域中的时体、情态、语气是人们认识和描述世界的一个常见手段。

从语法化的角度看，路径动词由于融合的语义要素较少，语义负载较少、语义泛性（semantic generality）高，容易发生语法化为功能词。Bybee、Perkins 和 Pagliuca（1994：4—9）曾指出英语中描述具体细节的运动动词 walk（步行、散步）、stroll（闲逛）、saunter（闲逛）、swim（游泳）、slide（滑动）等难以语法化，而 go（去）和 come（来）泛性程度较高的词语容易语法化。换而言之，词项的语义泛性和适应环境的范围之间存在着一种对应关系（correlation），语义泛性越高，能适应的环境越宽；语义泛性越低，能出现的环境越窄（彭睿，2009），语义泛性越高，语法化的可能性越大。

从语言库藏（language inventory）来看，汉语纯粹路径动词是一个相对封闭的类，但作为汉语空间位移表达的主要手段，它们高频使用、功能强大，具有很强的扩张能力，常用来表达与其原型范畴（即空间范畴）相关又不同的范畴。换言之，路径动词是汉语中既凸显又强势（prominent and powerful）的显赫范畴，容易向邻近范畴扩张。汉语路径动词在趋向补语位置容易发生语义虚化（semantic reduction），用以表达结果、动相、体的语义和功能。

我们的调查表明苍南吴语大部分路径动词均发生了语法化，这是符合语法化共性的。

（二）路径动词语法化的不平衡性

汉语路径动词语法化不平衡性体现在两方面：一方面，同一路径动词在汉语不同方言中演变路径不尽相同；另一方面，在同一方言中，各个路径动词之间演变速率也有所不同。在路径动词语法化相关文献中，我们经常看到一些"常见""普遍""类似"的语法化路径，但很难在两种语言（或方言）中找到完全相同的语法化路径，这是因为语法化总是发生在特定的句法环境中，句法环境的差异导致语法化具体路径的不同。同样，路径动词内部成员之间的语法化程度和方向都是不一样的，语法化的前提之一是语义相宜，语义在一定程度上决定了路径动词语法化的方向。但即便是来源和语义最接近的"上""下"和"来""去"[①]，在语言中的发展往往也是不平衡的。

苍南吴语路径动词的多功能模式可以归纳如表 3.3 表示。

表 3.3　　苍南吴语路径动词的多功能模式

	来	去	上	落	起	出	过	转	底	到	开
趋向动词	+	+	+	+	+	+	+	+	−	+	−
趋向补语	+	+	+	+	+	+	+	+	+	+	+
结果补语	+	+	−	+	+	+	+	+	+	+	+
动相补语	+	+	−	+	+	−	−	−	−	−	−
时体标记	+	+	−	+	−	−	+	−	−	−	−
能性补语	+	+	−	−	−	−	−	−	−	−	−
补语标记	+	+	−	−	−	+	−	−	−	−	−

从表 3.4 可以看出，苍南吴语路径动词内部成员之间语法化程度的不平衡，与语法化方向也有所差异。

（三）路径动词语法化中的源语义滞留

Hopper 和 Traugott（2003：91）提到了语法化的语义滞留（persistence）原则，即实词的语义"滞留"在虚词中并限制虚词的语义和语法功能。语法化中的语义滞留主要体现对共现成分的语义选择上。语法化程度越深，源动词语义滞留就越少，也就是语义漂白（bleaching）更彻底。Campbell 和 Janda（2001）进一步发展为语法化的语源决定论

[①] 反义词对往往能构成最小对比对，其语义要素通常只能有一对语义相反，其余必须相同。

(source determination)，词汇来源不但制约着它的语义功能的演变，也制约着它的句法功能的演变。

上文论及的苍南吴语"来""去"均能用作能性补语，前者表示"获得的能力"，而后者表示"预设的量消减的能力"。这便是受到源动词语义的制约。再例："起"和"落"均可以用作动相补语，表示动作行为的状态。两者均可以表示"逐渐改变并进入另一种状态"，但是前者一般和正向动词或形容词连用，表示能量的增强，而后者主要和负向动词或形容词共现，表能量的减弱。如"天色光起（天亮起来）""天色暗落（天暗下来）"；"开快起""开慢落"。两者均可以表示动作的完结，如"屋买起｜落（买了房子）"，但是"起"表经过努力而实现的积极义，而"落"仅表示"买房"这一事件的完结。两者的差别源于源动词语义的影响。

语义滞留最为典型的还是"起"和"爻"的对立。"起"的"向上位移"，容易让人产生积极的联想。而与"起"相对的一般用"爻"①，基本义为"消失、不再存在"（潘悟云，1996：262），容易使人产生消极的联想。所以，它们在一定程度上分布是互补的。例如："起起建起——拆爻拆掉"，"好起——毛爻坏掉"。但是"起"虚化程度较高时，也用于消极语境，如"落地生霉起/爻花生发霉了"，"字眼写起蟹浆能字写得乱七八糟"。

（四）注意力视窗开启和路径动词的语法化

路径是位移事件的核心图式，整个概念化的路径包含三个基本的部分：起点、经由和终点（即始端、中端和终端）。在语言表达中，言者无须将这三部分全部表征出来，而是通过注意力视窗的开启将路径的某一阶段前景化，而将不重要或不关注部分背景化，使得路径的不同部分得以凸显。在特定的语境中，听者可以重建背景化的那部分路径，构建完整的路径。这一过程就是"路径视窗开启"（path windowing）。言语者在概念化位移事件时对"路径+背景"片段的选段或窗口化即为视角（perspective）（Chu，2004：164—165；史文磊，2014：172；邓宇，2014）。

在路径动词语法化的过程中，注意力视窗开启起到了重要的作用。例如，苍南吴语的"起"兼表完结相和起始相，前者开启了路径视窗中的

---

① 温州方言"爻"的语源未定，郑张尚芳于2016年第九届国际吴方言会议的大会报告上指出"爻"为"交"弱化而来。源于《广雅·释诂四》"交：定也"。

终端，而后者则开启了路径视窗的始端，路径动词"落"的语法化折射出类似的现象。

（五）用例频率和路径动词语法化

根据语法化动因理论中的"频率说"（Haiman，1994；Bybee，2002，2003等），用例频率（token frequency）并不只是语法化的结果，而是语法化过程中各项变化的主要推动因素，语法化项的用例频率和语义泛化/虚化之间的关系密不可分。整个语法化连续统都是以语法化项的语义泛化/虚化为特征的，即语法化项在意义上变得越来越抽象和具有泛性，其适应性就越来越广，用例频率也会越来越高；而这种语义虚化背后的机制就是惯常化（habituation）（Bybee，2003：605）。

简单地说，用例频率和语法化是一个双向互动关系，使用频率越高的词项，越容易发生语法化，语法化的结果又提高了使用频率。我们以两个表征向上位移的路径动词"上"和"起"的语法化为例。如前文所述，温州方言的"起"的语法功能较汉语普通话多，语法化程度也较深；但是"上"的语法化被阻断，而汉语普通话"上"和"起"的功能虽有重合但是基本分工明确。语法化和频率的关系，从CCL和WSC中两词的使用频率也可见一斑，在15万字的WSC中，"起"（1312）、"上"（549），即"起"的频率远高于"上"；而在字符数为581、794、456的CCL现代汉语语料中，"上（2、617、167）""起（867、454）"，"上"的使用频率远高于"起"。

我们已经通过语料库数据证明（见表3.1），路径动词是使用高频率相当高的相对封闭的类，这也是路径动词容易发生语法化的原因之一。在WSC中，11个路径的使用频率也是比较高的，依次为"起"（1312），"来"（1272），"底"（800），"出"（740），"过"（530），"上"（549），"到"（475），"去"（423），"落"（411），"转"（210）。

复合趋向补语在苍南吴语中使用频率较低，低频使用阻断了复合趋向补语的语法化。相反，没有了来自复合趋向补语的竞争，简单趋向补语有了更大的发展空间。比如普通话起始体标记"起来"的功能在苍南吴语中由"起"承担（如"好起_好起来_"），"下来""下去"所承载的表延续、迄至等义项和功能由"落"承担（如"停落_停下来_""唱落_唱下去_"）。

（六）路径动词语法化的类型一般化

语法化是受规律驱动的，呈现出跨语言共性，即语法化的类型一般化

(typological generality)(Brinton & Traugott,2005：110）。大部分学者认同语法化的单向性和渐变性。路径动词演变最基本的途径是从空间到时间到状态的逐渐扩展，这是语法化中抽象性的逐渐增加。路径动词表示情态、用作话语标记起到提顿话题的作用、用句末语气词表达说话人的言语态度等都是语法化中主观性增强的表现。再则，路径动词单用时往往包含[位移+路径]两个义项，而用作趋向补语时，[位移]义往往由 V1 承担，而路径动词表结果、时体等虚化的语义时，逐渐失去[位移]和[路径]两个典型语义特征，这是一种范畴特征的逐渐减少，甚至完全消失。

苍南吴语路径动词语法化总体的方向是遵循汉语路径动词最常见的"趋向动词>趋向补语>结果补语>动相补语>时体标记"路径。这是语法化类型一般化的体现。

根据本章第二节至第六节讨论，我们将苍南吴语各路径动词的多项功能进行排列，并将它们之间的联系和语义发展关系以图来展示。

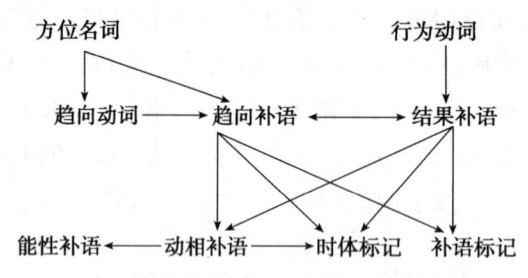

图 3.8　苍南吴语路径动词的语义演变关系

注：我们将径动词表致使位移归为趋向动词（如"起屋_{建房子}"中的"起"），而上图中的行为动词指"开启"义的"开"。另，趋向补语和结果补语之间之所以是双向箭头，而非通常的单向箭头，是因为我们认可趋向补语"开"来自结果补语"开"。

三　苍南吴语路径动词语法化的语言特性

每一种语言（或方言）在结构类型上均有自己的特点，所以语法化也会展现出一定的类型变异。就路径动词语法化而言，语法化项所存在的语言结构以及发生演变的语言环境都不尽相同，所以个体之间存在差异是必然的。苍南吴语路径动词语法化至少有以下特点：

（一）补语标记来源途径特殊

我们在本章二、三节已论及苍南吴语"起"用作补语标记功能强大，

"来"也可用作补语标记,"落""去"可用于"V+落/去+C"格式中,有虚化为补语标记的趋势。我们认为苍南吴语路径动词语法化为补语标记,是在苍南吴语特殊的双补语结构中产生的,可能是接触引发的语法化现象。

苍南吴语位移表达中,有行为动词后可加上趋向动词和另一个副词性成分的结构。按照副词性成分在句子中充当的成分,可以分为两种格式。

格式一:"V+D+Ad"结构(行为动词+趋向补语+状语)

(124) a. 你走落快。(你快下来/去。)
b. 水加落添。(再加一点水下去。)
c. 逮篮儿接来紧。(快点把篮子接过来。)

格式二:"V+D+C"结构(行为动词+趋向补语+补语)

(125) a. 篱笆桩逮渠打落深。(把篱笆桩打得深。)
b. 逮石头[pʰia⁴²]扔去远。(把石头扔得远。)
c. 人坐起正。(人坐直。)
d. 渠吓来煞,一句话阿讲不出。(他吓得厉害,一句话都不说)

两类格式在表层结构上是一致的,均表现为"V+D+副",但它们的底层结构和性质是有区别的。

首先,从语义指向来看,例(45)中,副词性成分的语义指向整个事件。以"你走落快"为例,"快"表示"走落"这个动作在一个短时间内马上要发生,其语义指向是"你走落"这整事件。而例(46)则不同,副词性成分的语义指向为动词本身,是V完成后的结果(46a—c)或者V的程度(46d),是对V的补充说明。例如,"篱笆桩逮渠打落深"中"深"是"打"的结果。

其次,从信息结构来看,例(45)中,如"你走落快","走落"和"快"均为主要信息、新信息。而例(46)中,如"打落深"中"打落"通常是旧信息或预设的信息,只有"深"才是真正的新信息。

再次,从语序的灵活性来看,(45)中的"快""紧""先"均可以移置行为动词之前。例如,"快"可以移置"落"之前,成为"快走落",

意思基本不发生改变。而"添"不能移至动词前,可能是格式的固化。而例(46)中的副词性成分,则位置只能在 V 之后。

从以上三点,我们可以判断,虽然例(45)和(46)中副词性成分的位置相同,但是性质是不一样的。例(45)可以视为状语后置。苍南吴语可以置于"V+D+副"结构中的后置状语副词性成分只有"先""添""快""紧"。但是只要语义相容,简单路径动词均能进入该格式,因为副词性成分对路径动词没有制约。状语后置的现象在整个吴语中均存在,为壮侗语底层结构的遗留(详见汪化云,2014 及待刊)。而(46)中副词性成分为则是补语性成分。

现在的问题是,在结构二中,出现了两个补语性成分。就数量而言,汉语动前状语性成分比较自由,而汉语动词后面的补语成分严格受限,很难容纳两个或者以上的补语成分。关于这一条特殊的汉语动后限制规则,Light(1979:170)曾指出"通常情况下,(汉语)在一个小句中,动词后仅可出现一个结构成分"。黄正德(Huang,1984:54)也明确指出:"汉语里动词之后最多只能跟一个成分,而动词前可以有无限多成分。"从广义上讲,趋向补语是结果补语的一种,汉语中 VR 结构中 V 和 R 的关系紧密,汉语 VR 结构已经在一定程度上词汇化为一个复合词(如梁银峰,2005),VR 结构很难再扩展。苍南吴语 VD 后则可以加上另一个补语性成分。这显然违反了汉语的动后限制规则,是一个值得继续探讨的问题。

我们推测"V+D+C"格式有可能从"V+D+Ad"类推(analogy)而来。例如:

(126)放落快 快点放下 → 放落矮 放得低

担来添 再拿过来 → 担来多 拿得多

佢 行 起 紧 快点起来 → 佢 行 起 紧 走得快 ①

[tsʰøŋ⁴⁴] 伸去添 再伸过去 → [tsʰøŋ⁴⁴] 伸去直 伸得直

关于"V+D+C"结构还需要交代的是,能用在格式二中路径动词只

---

① 前一句"起"读重音,后一句"起"读轻声。

有"落""来""起""去"①，它们都有一定程度的虚化。但是"落""去"的趋向义滞留较多，即"V落C"中V的动作方向一定是往下，而"V去C"中V的方向必须为远离说话者。例如：

（127）a. 栓钉着_需要_打落坚。（栓钉要打得牢固。）
b. 窗帘布放落矮厘。（把窗帘放得低一些。）
c. 手 [tsʰøŋ⁴⁴]_伸_去笔直笔直。（手伸得笔直、笔直。）
d. 脚 [ʑiɛ⁴²] 去笔溜直。（脚踹去笔直/死了）

根据王力（2013 [1989]：88—89），补语标记（王先生称之为词尾）的判断标准②有两条。第一，补语标记与动词之间不能插入否定词；第二，不能单独出现在动词后，必须引进补语。但是例（48）中的例子，却可以省略后面的C，"落""去"可以单独放在V的后面，句子可以成立。据此，"落""去"不是补语标记，仍然是趋向补语。相比之下，"来""起"的语义虚化程度较高，尤其是"起"在该格式中使用范围最广。例如：

（128）a. 抬起高。（抬高。）
b. 手 [tsʰøŋ⁴⁴]_伸_起高。（手举高。）
c. 栓钉着_需要_打起坚。（栓钉要打得坚固。）
d. 篱笆桩_逮渠_打起深。（把篱笆桩打得深。）
e. 手 [tsʰøŋ⁴⁴]_伸_起笔溜直。（手伸得笔直。）
f. 衣裳着_竖_起平整。（衣服穿整齐。）
g. 嘴唇搭起红彤彤。（嘴唇搭得红彤彤。）

"起"的语义虚化程度很高，以上例子中除了（128a—b）外，其他例句中"起"已经失去"向上"方向义。例如，（128c—e）中动体可以

---

① 游汝杰（1997）中提及，温州市区方言中还有"吃底饱"的表达。该表达苍南吴语不自然。
② 王力先生（2013 [1989]：88—89）指出：有一种"得"，和动词之间还可以被"不"字甚至被"未"字隔开，还不是真正的词尾（即本书所述补语标记）。真正的词尾"得"不能放在句尾，必须引进补语。

向空间的任意方向发生位移，"起"包含的"向上"语义完全虚化。（128f—g）中"起"表示 V 动作的完成，为结果补语。例（128）中的 C 也均可以省略，句子结构完整。

研究温州方言的学者已经基本认同"起"已经语法化为一个补语标记。如游汝杰（1997：82）明确指出：温州方言趋向补语"起"的补语标记表示动作实现之后的状态，由趋向动词虚化而来。郑张尚芳（2008：240）、吴福祥（2002）也论及了"起"的补语标记功能。只是"起"如何从趋向动词演化为补语标记则大多没有论及，或语焉不详。本书认为标语标记"起"的语法化可能是随着"V+D+C"的格式使用频率的增加，从趋向补语（或经由结果/动相补语）虚化为一个补语标记。

温州方言补语标记"来"也经历了类似的演化路径（见本章第二节详述）。但是"来"的虚化程度很高，例（128）中除了"来"后的 C 不能省略，其他 D 后的 C 均可以省略。说明"来"已经完全虚化为一个补语标记。

至此，我们认为苍南吴语存在特殊的两类"V+D+副"结构。一类为"V+D+Ad"，为状语后置现象；另一类为"V+D+C"，是格式一的类推，但是由于趋向补语处于补语标记惯常的句法位置，这个结构为趋向动词语法化为补语标记提供便利。苍南吴语趋向动词"起""来"已经虚化为补语标记。而"去""落"虽然语义有所虚化，还保留了方向义。由于补语标记是虚化程度较高的封闭的类。所以，一个语言系统能容纳的补语标记的量是有限的。它们的虚化必定受到已经完成虚化的同类词项的限制，这就是语法化的择一现象（narrowing）。我们认为"V+D+C"格式中的"去""落"在目前阶段还是视为趋向补语为宜。

所以，我们认为苍南吴语补语标记极有可能是在苍南吴语较为特殊的双补语结构中，由处于行为动词和结果/程度补语之间的趋向补语之间虚化而来，这种语法化路径和吴福祥先生（2002b，2010b）所论及的南方方言中的补语标记由动相补语虚化而来的路径有一定的差别。

（二）复合趋向补语没有发生语法化

由于复合趋向补语使用频率较低，苍南吴语复合趋向补语尚未表现出语法化的痕迹。普通话中以复合趋向补语所承载的语义和功能在苍南吴语中需以简单趋向补语来表达。如普通话中"起来"表完结相（如"他已经好起来了"），苍南吴语用"起"来表达（如"渠好起罢"），并和起始体标记"起"重合。再如,普通话以"下"表完结相(如"定下合约"),以"下来"表示状态的迄至(如"天慢慢暗下来"),"下去"表示延续相(如"继续讲下去")。苍南吴语则以"落"表示 V 的三种阶段(如"合同签落""天慢慢暗落""再讲落")。

(三) 路径动词演变模式相对简单

在上文总结的汉语路径动词的语法化模式中,苍南吴语路径动词只沿着三条路径发展:时体标记、情态、补语标记。未显示出往另四条路径(语气助词、话题标记、比较标记、方所题元标记)发展的迹象。诚然,一种汉语方言中完整体现出以上七条路径是不可能的。我们简单对这几条语法化路径作一说明。

共同语和汉语方言中路径动词发展为句末语气助词或话题标记的报道多为指向动词"来""去"。根据刘丹青(1996:22),普通话的趋向补语跟前项谓词的关系松散,可以部分或全部地用在宾语之后,如"拔出一把剑来、拔一把剑出来、带点钱去"。动趋式的动和补语之间还能插入体助词,如"走了进来"。因此,以上句末的环境为趋向动词发展为句末语气助词提供了可能。我们赞同刘先生的观点,只有当有了合适的句法环境,语法化才能得以实现。而实际上苍南吴语路径动词也可以置于句末(如"带厘_点钞票去""买三个苹果来"),但是由于苍南吴语没有复合趋向补语,往往句末的"来""去"仍需承载一定的语义,所以很难发展仅仅表示主观态度的语气助词。所以,语法化不仅需要合适的句法环境,语义羡余也是非常关键的因素,只有该词项在特定的句法环境中,承载的语义已经通过其他形式部分或者完全承载,该词项才可能产生语法化。这可以从路径动词在主动词位置很难发生语法化,只有用在补语位置,[位移]义由 V1 承担,可能发生语法化而得以证明。同样的道理可以用来解释苍南吴语"来""去"很难发展为虚化程度高、语用功能强的表提顿的话题标记。

苍南吴语路径动词也没有发展为比较标记。苍南吴语的差比句通常用"主体+介词+对象+比较结果(+差比量)",这一格式反映出语言表达对客观事件的临摹,所模拟的是联系者居中的客观存在,体现出像似性的特征①。"主体+比较结果+比较标记+对象"的格式主要在粤语和闽语中使用。

苍南吴语除了方向题元用"望"引介,处所题元用"在"义词引介外,其他方所题元标记均倾向于不用题元标记(本书第四章第一节详述)。因此苍南吴语路径动词没有发展为方所题元标记的句法环境。

总之,语法化往往有一些共同的机制和动因在起作用,而展示出某些类型共性,但是同时受到特定的语言结构、句法环境的制约或受到语言底层结构的影响而表现出一定的语言特性。

第八节　本章小结

本章我们对苍南吴语的路径动词进行了逐一、系统性的梳理,力求详尽、系统地展示苍南吴语路径动词的全貌。同时通过与汉语共同语和其他方言的比较归纳出苍南吴语路径动词语法化的类型共性和语言特性。

邢福义先生(2015)曾指出:"趋向动词系统的每个成员,都有自己的特性。对这个系统中的所有成员都一个一个地分别探究,做穷尽性的研究,……这才是特别有意义的工作,然而这个工作涉及面很大,具体的问题很多……"我们在逐一探讨苍南吴语路径动词的多功能时,对邢先生的观点深有感触。苍南吴语路径动词的多功能模式和语法化还有许多问题有待更深入的探讨和更细致的考证。

---

① 有关该差比句格式的特点是对客观事象的临摹,模拟的是联系者居中的客观存在,这一观点为汪化云先生惠告。

第四章

苍南吴语路径介词的多功能研究

本章关注位移事件路径表达的另一重要范畴：路径介词。首先，在类型学的视野下对苍南吴语的路径介词进行界定，并指出苍南吴语表达位移路径的前置词相对贫乏，常见的只有标引位移方向和目标的"望"，以及标引处所的"在"义前置词，其他方所题元大多无须介词引介。而苍南吴语定向性[①]方所后置词使用受限，泛向性方所后置词"里"虚化程度和使用强制性高。然后，本章重点讨论苍南吴语方向介词"望"的语法化和语义地图。

第一节 苍南吴语的路径介词

一 苍南吴语的方所前置词

潘悟云（2000）在《温州方言的介词》一文中所论及的方所前置词（路径介词）有"从""望""朝""向"。从事件结构角度上看，"从"属于位移源点标记，"望""朝""向"则标引方向/目标题元。我们简略说明四词在苍南吴语的使用情况。

首先是标注位移源点的"从"。我们在第二章已经通过诱导实验的数据分析证明，苍南吴语倾向于省略源点介词。刘丹青（2013［2003］：277）也指出，"虽然各地吴语普遍接受'从'为唯一的源点前置词，但

[①] "定向性"与"泛向性"是吕叔湘先生（1965）提出的两个概念。"定向性"是指方位词的所指是它们各自的实际方位，而"泛向性"则不能从实际方位去理解。一般来说，方位意义较强的词不会产生"泛向性"，如"东、南、西、北、左、右"等；而常用的、可以以较多事物为基准的方位词却容易形成泛向。常用的方位词大都为"定向性"与"泛向性"并存。例如，"墙上"既可以理解为"墙"的上方，也可以理解为"墙"范围之内。

方言合作人往往感到带'从'的句子较新而偏于文雅"。

其次,"向"在苍南吴语中很少使用,潘先生(2000)举的例子"水向东面流",在苍南吴语中表达为"水望东面流"。

再次,潘先生指出温州方言"朝"可表示静态的朝向,不表动态的位移方向。如:

(1) a. 该爿窗朝东开。(该例引自潘悟云,2000:52)
  b. *朝上海方向走。(朝上海方向走。)

(1b)介词必须用"望"。实际上,方向介词"朝"在温州方言不常用,这一点可以从 WSC 中并无"朝"用作介词的用例而得到验证。"朝"在苍南吴语中也是几乎不用作方向介词。

最后,引介位移方向①的"望"在温州方言中常用,在 WSC 中用作方向介词的用例共 53 例("望"的句法功能将在下节详述)。

综上,以上四词中,苍南吴语常用的标引位移路径的介词只有方向/目标介词"望"。那么,"终点"和"经由"题元如何标记?

刘丹青(2013[2003]:277)指出吴语的终点题元大多用"在"义前置词,也可以用"到"。苍南吴语终点位移事件一般用"V 到"或"V 囥"表达,但"到"和"囥"的动词性均较强。其中"囥"由置放义动词经处所动词发展而来,在动后引介位移终点时源动词语义滞留较多,"V 囥"仍为连动结构②;"到"在动后还可以重叠(如"送到到个"),以强调抵达终点这个动作的完成("到"的性质详见第三章第六节讨论,"囥"详见本章第二节讨论)。我们将两者视为实词性成分。

刘先生认为,温州方言的"走"为动源前置词,可用以标记经由、方向、终点题元(刘丹青,2013[2003]:276)③。刘先生举的温州方言的例子为:

---

① "望"标引位移的方向或者目标,为表述方便,我们称这个功能的"望"为方向介词。
② 静态事件中的"V 囥"已发展为处所介词(如"朵囥手上拿在手上"),5.2 详述。
③ 刘先生定义的题元标记概念标准较为宽松,如将动趋式的趋向词视为引介方所题元的标记等。

(2) a. 你居日_今天_走狃宕去啊？（今天你上哪儿去？）
　　b. 你走上海可以走南京过，也可以走杭州过。
（引自刘丹青，2013［2003］：277—278）

刘先生所说的终点题元，本书称为"位移目标"（即尚未达成的位移终点）。"走"在温州方言中出现了语义的泛化，很多时候并不表示"行走"，而是一个泛义的位移动词，后面可以直接加位移的方向（走外面去、走该面来）、目标（走北京去、走教室底）、经由（走南京过、走河股边过_经过河边_）等。"步行"则表达为"打路走"。所以刘先生提出"走"介引方向题元是有一定道理的。

但就"走"的语义虚化程度而言，我们认为"走"的位移义还是比较实在的，以上例句"走……去""走……过"构成一个 S 型位移表达结构（$V_{方式}+V_{路径}$），"走"为方式动词，而"去""过"指示位移的路径（方向、经由等）；背景 NP 置于方式动词"走"之后，路径动词"去""过"之前，其语序排列受到时序像似性原则制约。我们对"走"性质的判断，基于以下认识：

第一，苍南吴语表达起点位移事件也可以用"走"（例3），和目标位移事件（例4）的表达只是语序有别。例如：

(3) ——你狃_哪里_走来啊？（你从哪儿来？）
　　——我北京走来。　（我从北京来。）
(4) ——你走狃_哪里_去啊？（你到哪儿去？）
　　——我走北京去。（我去北京。）

我们认为，例（3）和（4）中的"走"在语义上和句法功能上并无差别，都是位移动词，只是事件编码语序不同，很难将例（4）中的"走"视为前置词，而将例（3）的"走"视为行为动词。

第二，如果言者凸显位移方式，还可以将"走"替换为具体的高方式动词（high manner verb），显然不能说这些具体方式动词也虚化为题元标记。例（4）可以替换为：

(5) ——你瞿_行_/射_跑_/开/踏/飞狃_哪里_去啊？（你走/跑/开/骑/飞哪

儿去?)

——我㸃_行/射_跑/开/踏/飞北京去。（我走/跑/开/骑/飞北京去。）

再如：

(6) a. 你走/㸃_行/射_跑/踏狃_哪里去哦？（你走/跑/骑到哪儿去？）
 b. 阿山走/㸃_行/射_跑/踏/死狃_哪里爻罢？（阿山走/跑/骑到哪儿去了？）

以上替换非常自然，而且只要语义和语用要求，任何方式动词均可以进入该句法格式。很难说这些方式动词均发生了语法化。

第三，"走"后面还可以加上副词或体标记，或后附介词，"走"还可以重叠。例如：

(7) a. 我走下单位去就走归。（我先去一下单位就回来。）
 b. 我走拉单位，物事园拉落就走归。（我到了单位，东西放下就就回来。）
 c. 我走到①单位正晓得该事干。（我到单位才知道这事情。）
 d. 渠就能_这样走走我单位来，阿有逮我讲一句起。
 （他就这样来我单位，也没和打个招呼。）

从动词向介词的演变过程是渐变的，在共时层面常常存有模糊的边界地带。但是学界大多认同区分现代汉语动词和介词的句法和形式手段主要有以下四条：

（1）"体"标记的有无。介词一般不带"体"标记，不能跟动态助词。
（2）介词不能重叠。
（3）介词不能单独使用，介词短语不能单独做谓语。
（4）介词后面绝不允许再出现另一个介词短语。

（参考马贝加，2002：4；陈泽平、李如龙，2000：1—2）

---

① "到"也是一个介于动词和介词之间的半虚化成分。

苍南吴语"走"不符合以上四条标准。基于"走"的以上句法表现和语义特征,我们将苍南吴语这个意义的"走"视为基本方式动词(generic manner verb),而不当作一个标引方向、经由、终点题元的前置词。

那么,如何解释例(4)中目标题元直接跟在方式动词之后?我们认为是苍南吴语方式动词可以不通过介词引介而直接携带方所题元(详见2.1.2)。

当然,语义泛化往往是语法化的前提。"走"语义的泛化、高频使用、相宜的句法条件(后接方所题元)使"走"具备了语法化的前提,"走"继续语法化为一个介词是有可能的。只是目前这一阶段,温州方言"走"尚未语法化为介词。

基于以上论述,我们认为苍南吴语常用的表达位移路径的介词只有两类:(1)标引位移方向的介词"望";(2)标引空间处所关系的"在"义介词。"在"义介词我们将在下一章详细讨论。本章,我们介绍苍南吴语表示方向和目标的路径介词"望"的来源、共时多功能、语法化路径。

二 苍南吴语的方所后置词

本书绪论部分已述,方所后置词的核心成分是方位词,是汉语位移事件中协助路径编码的重要手段。刘丹青(2013 [2003]:288)将吴语中的方所后置词分为两类:一类是方位后置词,其句法特点是只能用在非动物性名词短语后,如"台上、树上、*狗上、*小张上";另一类是处所后置词,主要用于指人名词的后置词,如苏州话的"搭"、上海话的"拉""海头"。从路径复合体(path complex)的角度来看,这两类后置词编码的路径信息是不同的,前者编码[构向]信息,指示主体和背景形成的空间几何置向;而后者往往包含了[指向]信息,用以指示以言者为参照的空间信息。如普通话中用"我这儿""他那儿"这样的近指和远指代词来表达,就包含了典型的[指向]信息。

苍南吴语方所后置词也可分为方位后置词和处所后置词两类。尚有几点需要说明。

首先,苍南吴语方位后置词中除了泛向性很高的"里",以及从身体隐喻而来的"头"外,其他单音节的方位后置词均很少用。"上""下""底""外"大多用于程式化的组合中,且都具有定向性。例如:"楼上""头上""楼下""地下""树下""竹窠下 竹林下""衣橱底""疥厨底 橱柜里"

"肚底_肚子里""门外""国外"等。

苍南吴语除"里"外的几个方位词和名词搭配的能力非常有限，更多情况下，以双音节的"上面丨转""下面丨转""底面丨转""外面丨转"来表达构向关系。但是这组双音节词可以单独用作名词（如"阿妈宿_在上面/下面/底面/外面"），所以不宜看成黏着性的后置词。

苍南吴语"前、后、左、右、中、间、东、西、南、北"也很少单独附着在名词短语之后。大多只用合成词表示方位，如指示"前方"一般用"门前"（如"渠坐我门前_他坐我前面"）。郑张尚芳（2008）指出"门前"当为"面儿前"的合音。还有"后半丨面、左面、南面、中央"等。

其次，苍南吴语还有一组表示几何构向的词，它们均能附着于方所名词之后。这些词多从身体隐喻而来，如"头_上面"（"桌头_桌上""墙头_墙上"）"臀_底部"（"碗臀_碗底、大箩臀_箩筐底部"），"唇_沿"（"碗唇_碗沿、镬唇_锅沿"）等。类似的词在普通话中也存在。这类词大体上意义还比较实在，还不能看作后置词。

再次，在苍南吴语中泛向性较高的方位词后置为"里"。本书第二章第五节已论及，方位词的虚化程度较高是整个吴语的特点之一。苍南吴语虚化程度相当高，泛指性很强的方位词为"里"。主要语义和功能有：

（1）表示处所，如"屋里丨教室里丨公司里丨房间里"。

（2）指时间。如"夜里丨日里"。

（3）指范围。如"这班姆儿_孩子里有个特别高。丨话里个意思"。

（4）跟表示机构的单音节名词组合，既可指该机构，又可指该机构所在的处所。如："县里来丨望县里汇报丨屋里走来丨屋里个信（家里来的信）。"

（5）跟某些表示人体部分的名词组合，有实指和虚指两种意义。如"信朵囥拿在手里（实指）""手里（虚指）个事干做好先"。

除此之外，"里"还经常覆盖共同语由"上"表达的语义。例如，"桌里_桌子丨天里_天上丨墙里_墙上丨海上_海里丨路里_路上丨街里_街上丨身里_身上丨脚里_脚上"等。

苍南吴语如果强调是"在某个三维空间的内部"，则需要用"底面"或者"底转"。例如：

（8）a. 洗衣机底面丨底转还有三领衣。（洗衣机里还有三件衣服。)

b. 我逮项链囥保险柜底面｜底转爻。(我把项链放保险柜里了。)
c. 寝室底面｜底转有一盏灯点囥㺄那儿。(寝室里点着一盏灯。)
d. 鸡汤底面｜底转盐多囥厘厘一点。(鸡汤里面多放一点盐。)

由于"里"的语法化程度相当高。所以当需要明确表示"三维空间的内部"的意义时，苍南吴语则倾向于采用"底转、底面"等形式更新的替代手段。

例(8)中的句子如果仅指示"处所"，而不突出"里面"的概念，均可以替换成"里"。"里"的泛指性很高，例如：

(9) a. 教室里断个人。(教室里一个人都没有。)
b. 宿田里做息干活。(在田里干活。)
c. 面里何乜什么物事怎麼糟肮脏？(脸上什么东西那么脏？)
d. 海里有只轮船。(海上有艘轮船。)
e. 街里该日闹热显。(街上今天很热闹。)

"里"进入"上"的语义域的现象，在苍南吴语中比起温州市区、瑞安、永嘉其他温州次方言更加凸显。比如，上述温州次方言中可用"墙上""海上"等，苍南吴语几乎是不说的。若要强调是"在物体表面"，苍南吴语则用"上面"来表达，如"桌上面""交椅上面"等。

总之，苍南吴语"里"为泛指方位后置词，已经接近于一个虚化的方所题元标记。而且泛指方位词"里"的使用强制性高，很难省略。例如，"宿在学堂里/教室里/图书馆里/电影院里/单位里/公司里/公园里/广场里/陆地里"这样的表达中，"里"一般都不省略，而对等的表达在普通话中方位词"里"或"上"往往是可以省略的。

下面我们讨论苍南吴语的处所后置词。苍南吴语常用的处所后置词只有"嚘[kau³³⁴]这儿"和"㺄[hau³³⁴]那儿"，带有明显[指向]信息。关于这两字的本字尚需考证。郑张尚芳(2008:336)分别记为"嚘这儿"和"㺄那儿"，认为可能分别是"居屋这屋"，和"许屋那屋"的合音。"嚘这儿"和"㺄那儿"用于指人名词或人称代词后表示处所。例如，"阿民㺄阿民那儿""我嚘我这儿""渠俫㺄他们那儿"。"嚘这儿"和"㺄那儿"在温州市区少用，而温州市区常用的处所后置词"宕"和"拉"，苍南吴语很少用。

第二节 "望"的多功能及语法化[①]

本节考察苍南吴语唯一常用的方所前置词"望"（音[mo^{22}]），探讨其句法功能及语法化过程和机制。

"望"的基本义为"远视、遥望"。早在《诗经》中，便有"望"的该用法。

（10）谁谓河广，一苇杭之；谁谓宋远，跂予望之。（《诗经·卫风·河广》）

这一用法一直延续到现代汉语，如"登高望远""一望无际"等。根据《现代汉语词典》（第6版），"望"主要用法为除了"向远处看"外，还有动词"观看""探望"，名词"希望""盼头""名望"，以及介词"对着、朝着"等。汉语方言中对"望"的报告主要有以下几种：

（11）a. 看视义动词：我去望望渠。（《金华方言词典》）
　　　b. 方向介词：一歇歇朝东，一歇歇望西。（苏州方言，石汝杰，2000）
　　　c. 对象介词：望你打招呼，你有听着啊。（《温州方言词典》）

然而，我们在调查中发现，在苍南、瑞安（塘下）等温州次方言中，"望"（音[mo^{22}][②]）还可以用作处置介词，和温州方言通用的处置介词"逮"[③] 基本可以互换。以下两组例句可见于苍南吴语和瑞安话（塘下）。

---

① 本节主要内容在《汉语史学报》第十九辑刊出（2018）。
② "望"在苍南吴语中存有文白二读，文读[uo^{22}]。文读主要在一些词汇（如"希望"）和人名中，为共同语的影响，不在本书的考察范围。
③ 温州方言现有报告中所提及的处置介词均为[dei]或[de]，阳去调。游汝杰、杨乾明（1998：157），潘悟云（1997：59），郑张尚芳（2008：244）均记为"逮"，马贝加（2006：226）记为"代"，温端政（1991：197）记为"待"。

(12) a. 逮门关起。(把门关起来。)
b. 门逮渠关起。(把门关起来。)
c. 望门关起。(把门关起来。)
d. 门望渠关起。(把门关起来。)
(13) a. 逮酱油递丐我。(把酱油递给我。)
b. 酱油逮渠递丐我。(把酱油递给我。)
c. 望酱油递丐我。(把酱油递给我。)
d. 酱油望渠递丐我。(把酱油递给我。)

李蓝、曹茜蕾（2013）梳理了汉语方言中的113个处置介词，未发现视觉动词语法化为处置介词的案例。温州方言处置介词"望"也未见报道。本节主要以苍南吴语为例，对照其他温州次方言，探讨处置介词"望"的来源，拟构"望"从视觉动词到处置介词的语法化路径，并在此基础上结合"望"在其他温州次方言中的使用情况，绘制温州方言"望"的语义地图。

一 "望"的共时多功能模式

温州方言"望"没有实义动词的功能。"望"可以引介位移方向①，动作、行为涉及的有生对象，还可以引介受益者或处置对象。例如：

(14) a. 望学堂底走。(往学校走。) 引介位移方向
b. 我望你讲起事干先。(我先和你说一件事情。) 引介有生方向
c. 我望你扫地下。(我替你扫地。) 引介受益者
d. 望花瓶担走。(把花瓶拿走。) 引介处置对象

（一）标记空间位移方向

苍南吴语"望"最基本的功能是引介位移的方向。其格式为"望+NP+VP"，其中VP为位移动词，如"走""跑""射_跑""瞿_行走"，NP为位移的[背景]。

---

① 具体地说"望"可以引出位移的方向和终点：方向如"望南走""望落_下走"，终点如"望屋里走""望山里抬"。本书主要关注"望"的方向性，所以统称为位移或者行为的方向。

（15） a. 望外转趯_行_。（往外走。）
b. 望教室底面射_跑_。（往教室里跑。）
c. 望屋里走。（往家里走。）
d. 望杭州开。（开往杭州。）

方向介词"望+NP"只能置于动词前，即在苍南吴语中只能说"望杭州开"，而不能说"*开望杭州"。

"望+NP+VP"中的"V"还可以为一般的动作、行为动词。如：

（16） a. 垃圾甭望地下掼。（垃圾不要往地上扔。）
b. 拳头望我心肝头［nε^{22}］_用拳头使劲打_来。（拳头往我胸口打来。）
c. 望后面眙_看_。（往后看。）
d 望好个地方想。（往好的地方想）

这里"望"的方向义显见。（16a—b）的位移主体明确。而（16c—d）也可以看作"目光"或"心思"在作虚拟的空间位移。以上用法和普通话"往"大致相当。

（二） 标记有生方向

"望"在苍南吴语还可以引介动作行为涉及的对象①，不涉及具体的位移，且NP必须为有生主体（［+animacy］）。句法结构也为："望+NP+VP。"

（17） a. 该事干我望渠讲过罢。（这事我和他说过了。）
b. 我望渠打招呼，渠冇听着。（我和他打招呼，他没听到。）
c. 我有事干望阿爸商量。（我有事情和爸爸商量。）
d. 渠日日望我做对头。（他天天和我对着干。）

---

① 张敏（2015：16）指出"（空间）位移方向"和"指人动作方向"是可以分开的。比如普通话"往"只能表"（空间）位移方向"（如"往东走"），而不能表"指人动作方向"（如"*往我敬个礼"）。并将后者和"接受者（recipient）"合称为"人类目标（human goal）"。王玮（2015）将该功能节点称为"对象"，盛益民（2015）称之为"有生方向"。

（三）标记受益者

"望+NP+VP"中的 NP 还可以是动作 VP 的受益者。

(18) a. 我来<u>望</u>你相帮。（我来帮你。）
　　　b. 我<u>望</u>你扫地下。（我替你扫地。）
　　　c. 渠宿杭州<u>望</u>渠阿弟［io⁴⁴］_带姆儿。（他在杭州帮他弟弟带孩子。）
　　　d. 衣我<u>望</u>你洗，你管自个眙_看书。（衣服我替你洗，你管自己看书。）

（四）标记处置对象

"望"在苍南吴语还可以介引处置对象，即"望"可以作处置介词。句法格式仍然是"望+NP+VP"，但是 NP 是谓词 VP 支配的对象，为受事宾语。

(19) a. 我<u>望</u>该句话记落先。（我把这句话先记下来。）
　　　b. 我<u>望</u>你带去。（我把你带过去。）
　　　c. <u>望</u>该杯酒喝落爻。（把这杯茶喝下去。）
　　　d. 毂_{这儿}风大，快<u>望</u>大衣披起。（这儿风大，快把大衣披上。）

例（19）中"望"均可以用另一处置介词"逮"替代，语义不发生改变。"望"引介处置对象的功能在温州市区方言中未见，也未见文献报道。下文将主要论述苍南吴语"望"如何从方向介词演化为处置介词，并拟构其语法化路径。

二 "望"的语法化

一般认为汉语介词由动词虚化而来。"望"在温州方言中已无实词功能。我们拟通过中古音韵地位、吴语其他方言"望"功能的比较，以及汉语史上"望"的演变等几个方面推测温州方言介词"望"来源于"看视"类动词"望"。

（一）视觉动词>方向介词

首先，温州方言文献中相当于现代汉语普通话"往"的方向介词大都记为"望"① （如游汝杰、杨乾明，1998：193；潘悟云，2000：51等），温州市区念为［muɔ¹¹］。"望"的中古音为巫放切，宕摄合口三等去声漾韵微母字。中古的微母合口三等字，在温州方言中声母为［m］，如：网［muɔ²⁴］、忘［maŋ³¹］、味［mei¹¹］、问［maŋ¹¹］；而宕摄合口三等字在温州方言中韵母鼻音脱落，常念为［uo］，如：方［huo³³］，房［ɦuɔ³¹］，慌［huɔ³³］，忙［muɔ³¹］。"望"的声调为11，也符合温州方言阳去调的调值（温州话的音系材料参考游汝杰、杨乾明，1998）。综上，温州方言"望"符合"望"的中古音韵地位。温州市区方言的韵母［uɔ］，在苍南吴语中一般念为［o］，如网［mo³⁴²］，方［ɸo⁴⁴］，房［βo³¹］，慌［ho⁴⁴］，忙［mo³¹］。苍南吴语阳去调的调值为22，所以"望"苍南吴语念为［mo²²］和温州市区［muɔ¹¹］是汉语音变的地域差异。

其次，"望"本义为"远眺"，自身包含［朝向］的语义要素。"望"的方向义素是它与方位系统建立联系的基础。具体环境中，如需详述远视的方位，可加上方位词。从"望"与方位词的句法位置关系来看，有"方位词+望"和"望+方位词"两种短语组配方式。例如：

（20）a. 彼惧而奔郑，缅然引领南望，曰："庶几赦吾罪。"（《国语·楚语上》）

b. 孔子喟然叹曰："登高望下，使人心悲……"（刘向《说苑》）

其中后一种组配方式中一旦"望"的"看视"义弱化或消失，仅保留"方向"义就可能出现降类使用的情况（武文杰、徐艳，2012）。这时"望"就发生由动词向介词的语法化。

"望"在汉语史上，就经历了从"远眺"义动词到方向介词的演变。马贝加（2002：75—81）较为详细地论述了这一过程。马先生首先将动词"望"分析为三个义素：（1）面对着……方位；（2）向远处；

---

① 苍南吴语没有"往"。且"往"中古音韵音为于雨切，属宕摄合口三等阳韵云母字。云母合口三等字苍南吴语中，常为零声母，如雄［ioŋ³¹］、云［uəŋ³¹］等。与方向介词［mo²²］的音韵地位不合。

(3) 看。并指出"望"充当"看视"动词由来已久，在南北朝时期的文献仍可见。

(21) a. 夷吾到县，无所验，但望阁伏哭而还。(《后汉书·方术列传》上)
b. 陈以如意拄颊，望鸡笼山叹曰……(《世说新语·豪爽》)

根据马先生，"望"语法化为介词，主要有以下三个步骤：
1. 在"V1（望）+NP+V2"的结构中，随着V2范围的扩大，大量行为动词进入V2位置。"望"表示方向的功能得到强化，表示动作的功能弱化。

(22) a. 后告归平陵，望寺门而步。(《后汉书·张湛传》)
b. 雨云望旗聚，龙沙随阵开。(萧纲《从军行》)

2. "向远处"义素的失落。

(23) a. 忽然起立望门问："阶下干当是鬼神？"(《捉季布传文》)
b. 铜鸟万道望心戳，铁计（汁）千回顶上浇。(《大目乾连冥间救母变文》)

3. "面对……方位"义素的完全消失。

(24) a. 那狐望后一躲。(《醒世恒言》卷6)
b. 你揪我扯，望后便倒。(《水浒传》第36回)

唐五代及其以后，"望"的介词身份已经明确（马贝加，2002：75—81）。在明清小说中出现的部分例子，已经和吴语方向介词用法类似。

(25) a.（鲁智深）却把身望下只一滚。(《水浒传》第5回)
b. 那汉……将瓢望地下一丢。(《水浒传》第16回)

最后,"望"虽然在温州方言中没有实词功能,但是在金华、东阳①等吴方言中仍有"看"的义项,分别念为[moŋ²⁴]、[mou³⁵³]。

(26) a. 个份书塞起来,弗分我望。(书藏起来,不给我看。)(金华)
b. 格三个小侬望着地下一个帽子脱那。
(这三个小孩看到地上一个帽子掉那儿。)(东阳)

宁波方言"望"也兼具动词"看望"和方向介词的功能②。另据曹志耘(2000:64—65)金华汤溪方言"望"既可作动词,义为"看",也可以作为方向介词。根据概念空间动态化和语义地图邻接性原则(吴福祥,2014),我们推测"望"在温州方言中也可能是由"看视"类动词演变而来。而温州方言中,"望"没有"看视"的语义,可能和温州方言中"看视"动词已有"睇_看③"和"张_见"相关。

(27) a. 渠该日宿屋里睇_看书。(他今天在家看书。)
b. 我睇_看半日阿有睇着_看到汽车开过。(我看半天都没有看见汽车开过。)
c. 我去张_见朋友。(我去看望朋友。)
d. 走底张_见张_见睇_看。(进来看一下。)
(以上 c、d 两例子引自游汝杰、杨乾明,1998)

我们推测"望"可能在同义竞争中,失去了其"看视"的动词义项,而仅仅保留了介词的功能。综上,虽然在温州方言中"望"已经不作视觉动词,但根据"望"的中古音韵地位、邻近吴语的类推,以及近代汉语"望"的相似用法。在没有证据证明温州方言的"望"有其他来源之前,我们推测引介方向的介词来自视觉动词"望"。

---

① 金华方言语料由王娟女士提供,东阳方言语料由申屠婷婷博士提供。
② 宁波方言"望"的功能由汪维辉老师惠告。
③ 温州方言中"看"的本字尚存争议,主要有"睇""觇"和"觑"。本书从郑张尚芳(2008)记为"睇"。

（二）介词（位移方向）>介词（有生方向）>介词（受益者）

方向介词是"望"在温州方言最常见的功能，我们调查的温州三区八县均接受该用法。不仅如此，在许多方言中如广东话（马贝加，2002），上海方言（钱乃荣，2000），苏州方言（石汝杰，2000），金华汤溪方言（曹志耘，2000）以及晋语（幸颖凡，2015）均报告过"望"作为方向介词的用法。然而，"望"引介对象的报告却不多见。《温州方言词典》（游汝杰、杨乾明，1998）收录了介词"望"表示动作、行为涉及的对象的义项①：望你打招呼，你冇听着啊。

江蓝生（2016）提及汉语语法化中语义相宜性和一定的句法结构是前提，非典型组合和特殊的语义关系是关键的诱因，即语法化的充分条件。常规结构式组合成分变异是汉语语法化的主要诱因，具体可表现为四类：组合成分的词类变异、组合成分的词义变异、组合成分的义类变异、组合成分的省略、添加、紧缩、迭合。

前三种是在不改变表层结构前提下的组合变异。我们认为"望"从引介位移方向>引介有生方向>受益对象的演变，经历了两次句子常规组合成分的变异。以例（28）为例：

(28) a. 渠望楼下走。（他往楼下走。）标记位移方向
b. 渠望我打招呼。（他朝我打招呼。）标记有生方向
c. 渠望我扫地下。（他替我扫地。）标记受益者

以上（28a—c）的表层结构没有发生改变，均为"望+NP+VP"，但是句子组合的成分关系却逐渐发生了改变。a 为常规典型结构式组合，"望"为方向介词，NP 为处所名词短语，VP 为位移动词；而在 b 格式中 VP"打招呼"则要求 NP 为 VP 动作行为所涉及的有生对象，这种组合成分的变异导致"望"的功能属性的变异；句子成分组合的两次变异，导致方向介词"望"演变为受益介词。而一旦有生主体进入 NP 中，"望"和 NP 关系可以更加多样，很大程度上取决于后面 VP 的语义。

另，引介有生方向和引介受益对象的介词同形现象很常见。比如北方

---

① 我们调查发现温州市区合作人在表示动作、行为涉及对象时更倾向于用"伉"。而苍南（灵江）、瑞安（塘下）等地这两个词用得较少，"望"的使用频率更高。

话中"给"可接"有生方向"("给他敬个礼")和"受益者"("给他理发")(张敏，2015：17)。

(三) 介词(受益者)>介词(处置对象)

从受益介词到处置介词是具有普遍性的语法化链条。曹茜蕾(2007)指出汉语方言中的处置介词主要有三个来源：一是"拿、握"义动词，二是"给予义"和"帮助义"动词，三是伴随格。其中"帮义"动词的演化路径往往是"帮义动词>受益格标记>直接宾语标记"。刘丹青(2003)论证了北部吴语"帮"是从帮助义动词虚化为受益介词，再从受益介词派生出陪同介词和并列连词。曹志耘(2000)论述了，金华汤溪方言"帮"由引介动作接受者演化为处置介词。据陈泽平(2006)，福州方言"共"由受益介词演变为处置介词。

苍南吴语"望"作受益介词典型的句法格式是：NP1+望+NP2+VP。如例(20a)所示。NP1是VP的施事，NP2是受益者，VP是动作性成分，经常是一个动宾结构(如洗衣、扫地下_扫地)。但是温州方言有一条语法规则，"温州话中宾语跟普通话一样后置于动词，但是当动词后接补语或后接尾助词'爻'时，宾语就前置于动词了"(郑张尚芳，2008)，其句法结构变成为：NP1+望+NP2+NP3+V+补语。如下例所示：

(29) a. 我望你洗衣。(我替你洗衣服。)

b. 我望你衣洗爻罢[1]。(我替你把衣服洗完了。/我把你的衣服洗了。)

(29b)中NP2是受益者，NP2和NP3经常具有领属关系，而且温州方言中表示领属关系的助词"个"常常是可以省略的。所以，(29b)中NP2NP3("你衣")可以被重新分析为一个定中结构的NP(相当于普通话"你的衣服")。如下所示：

重新分析前：我 VP ［PP 望你 VP ［衣洗爻罢］ ］
重新分析后：我 VP ［PP 望你衣 VP ［洗爻罢］ ］

---

[1] 温州方言中，有强烈的受事话题化(或次话题化)倾向，所以该句子也可表达为"我衣望你洗爻罢"。

再如：

(30) a. 阿姐宿㧐_{那儿}望姆儿剪头发。（姐姐正在替孩子剪头发。）
b. 阿姐望姆儿头发剪爻罢。
（姐姐替孩子把头发剪了。／姐姐把孩子的头发剪了。）
(31) a. 我望阿妈收被先。（我先替妈妈收被子。）
b. 我望阿妈被收底先。
（我先替妈妈把被子收进来。／我先把妈妈的被子收进来。）

NP3（衣、头发、被）原本就是动词（洗、剪、收）的受事宾语，动词具备对其的处置能力。而 NP2 和 NP3 是领属关系，所以 N2 作为一个定语，在句法上是可以省略的。当 NP2 隐没，仅留存中心语 NP3 时，该句的处置意味就更浓了。再则，处置式的句式义是"施行某个动作，带来影响或结果"，处置式一般要求动词不能是光杆动词，加上补语（如爻、完、好等）之后，句中的影响或结果义显现，促成了处置式意义的解读。如：

(32) a. 我望衣洗爻罢。（我把衣服洗完了。）
b. 阿姐望头发剪爻罢。（阿姐把头发剪了。）
c. 我望被收底罢。（我把被子收进来了。）

以上例句，也可以用"逮"或者受事话题句表达。
至此，我们认为温州方言中处置介词"望"的语法化路径应该是：视觉动词>介词（位移方向>有生方向>受益者>处置对象）。

三 "望"的语义地图

张敏（2008）以 Haspelmath（2003）"典型与格功能的语义地图"为基础，结合汉语方言事实，绘制了一张颇具影响力的汉语方言主要间接题元语义地图。如图 4.1 所示。

这张语义地图中较有争议的是将方向和接受者置于同一个功能节点。根据 Haspelmath（2003：213—217），方向（direction）和接受者（recipient）是两个有直接关系、在语义地图上相互毗邻的功能；世界上不

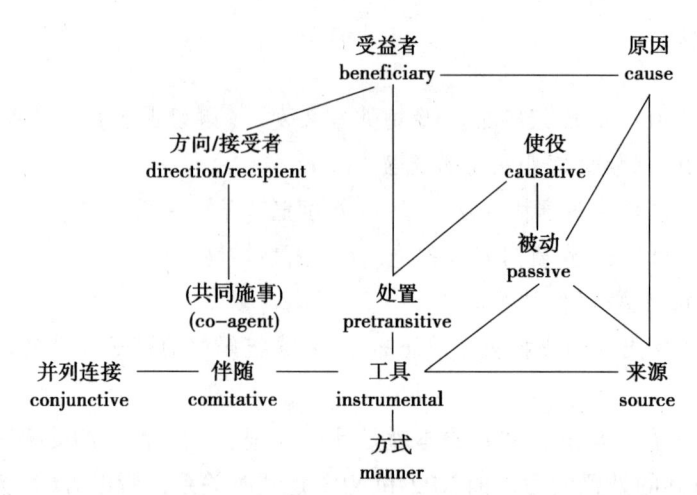

图 4.1　汉语主要间接题元的语义地图（张敏，2008）

少语言，如英语和法语就用同一形式（to、à）编码方向和接受者两个不同的标记。但是汉语往往由于语序的限制"方向"（常在动词前）和"接受者"（常在动词后）不用同一个标记。比如温州话标记方向用"望"，标记接受者用"丐给"。

首先，学者们对该节点提出了不同修订方案。蔡燕凤、潘秋平（2015：273）在"方向"前增加了一个"空间方向"（allative）节点，将"方向"（direction）限定为社会域上的行为动作方向。而王玮（2015：305）提出增加"对象"（target）功能节点，并论证了三者的语义邻接关系应该是"方向—对象—受益者"。张敏（2015）也对该节点进行修正，即将"方向"这一节点限定为"（空间）位移方向"，而"接受者"替换为"人类目标"（human goal），它包含 {指人动作方向，接受者} 两个选择项，并指出两个节点都可能引申为受益者，这反映了两条完全不同的语法化路径最终殊途同归的事实（张敏，2015：17）。

其次，王玮（2015）对 61 种世界语言进行考察，根据相关性统计也得出，"方向"和"对象"（即"有生方向"）是相邻的功能节点，而"终点"和"接受者"相邻，即存在"方向—有生方向—受益者"和"终点—接受者—受益者"这两条语义引申路径。温州方言的"望"不能标记"接受者"[1]，其演化路径为前者。

---

[1] 温州方言中标记接受者的介词为"丐给"，例如："逮书送丐渠把书送给他。"

在绘制温州方言"望"的语义地图前,需要补充一点:在瑞安(塘下)话中,"望"的功能较苍南吴语更为丰富,除上节所述的功能外,"望+NP+VP"中 NP 的语义角色还可以是共同施事(co-agent)、伴随者(comitative)或者并列连接(conjuctive)。

(33) a. 小张望小李是_在敔_{那儿}谈恋爱。(小张和小李在谈恋爱。)(共同施事)
b. 该日我不望你相打。(今天我不和你打架。)(共同施事)
(34) a. 我望渠做阵走。(我和他一起走。)(伴随者)
b. 我望阿爸阿妈做阵_{一起}住。(我和爸爸妈妈一起住。)(伴随者)
(35) a. 我望阿妈日昼_{中饭}沃_都未吃。(我和妈妈中饭都还没吃。)(并列连接)
b. 我望阿三沃_都是温州人。(我和阿三都是温州人。)(并列连接)

根据王玮(2015)"有生方向"和"伴随者"是两个相邻的节点。而张敏(2008、2015[2010])则认为其中可能经由"共同施事"。我们将温州方言"望"的语义地图描绘如下。

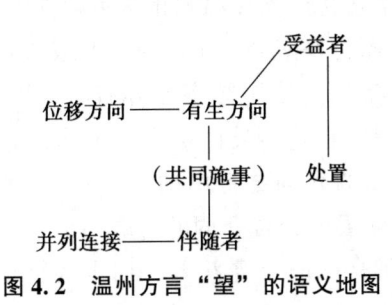

```
                        受益者
                       ╱
       位移方向────有生方向
                   │
                (共同施事)   处置
                   │
       并列连接────伴随者
```

图 4.2 温州方言"望"的语义地图

四 小结和余论

语法化往往具有高度的规律性,一方面表现在同一语法标记往往来自有限的词汇类别,另一方面则表现在同一语法标记会再向相同的方向发展(石毓智,2011:228)。李蓝、曹茜蕾(2013)统计的 113 个汉语方言处置介词中,未发现视觉动词语法化为处置介词的案例。那么温州方言视觉动词"望"的语法化路径是否为孤例?其实不然,理由如下:

其一，视觉动词语法化在汉语中较常见。如视觉动词"看"在现代汉语普通话和吴方言中均可作为尝试体标记（如：摸摸看_试着摸一下_）。陈颖（2014：57）论证了"看"语法化为连接词、助词、近将来体标记等。武文杰、徐艳（2012）提及视觉动词"见"在汉语史上曾语法化为被动标记（如：王僚见杀，贼由专诸。夫差轻越，取败姑苏。《史记》），"相"演变为互指代词（如：与之相对应、相比较）。

另，其他感官动词发展出处置介词功能的在汉语方言中也有报道。如曹志耘（2000）指出，金华汤溪方言"听"可作处置介词。

(36) a. 尔听扇门关去。（你把门关上）
    b. 听些衣裳收归来。（把那些衣服收进来。）

其二，李蓝、曹茜蕾（2013）统计的处置介词中有不少可以标记有生方向，如"跟"（随县、淮阴、宁远、昌黎等地），"畀"（南城、建宁、黟县等）。而且在标记处置对象的介词中，多可用来标记其他对象（如：接受者：于、为、畀、给、把；言谈者：替、问、和等；施事者：为、于、替、乞、教、把等）。换言之，引介对象的扩大和转移是语法化的重要途径。

其三，"望"的语法化链条在温州市区方言止步于"表示动作、行为涉及对象"的介词，而在苍南吴语中却进一步发展出了标记"处置对象"的功能，这可能和"望"的使用频率差异有关。语法化先决条件之一是词汇的高频使用，"望"在苍南吴语中为常用词，而如上文所述，温州市区方言中引介涉及对象的介词更常用的为"伉"。所以，"望"在温州市区方言中失去了继续发展为处置介词的可能性。

其四，"望"能够从标记"受益者"引申为标记"处置对象"，是温州方言动词后接补语时宾语需前置于动词这一语法规则导致句子底层结构重新分析的结果，体现了合适的句法环境对语法化的推动作用。

综上，视觉动词经方向介词语法化为处置介词的路径学界尚未论及，本书希望抛砖引玉，引起更多的关注和讨论。

第三节　本章小结

本章关注苍南吴语的路径介词的多功能性。我们遵循刘丹青（2003

[2013]）对汉语介词系统的界定,将表达［矢量］信息的前置词和编码［构向］信息的后置词均视为路径介词。苍南吴语起点题元、终点题元和经由题元均可不通过前置词的引介而出现在位移表达中。常用表路径的前置词只有标引位移方向和目标题元的"望"。苍南吴语方所后置词中,定向方所后置词很少使用,而泛向方所后置词"里"的泛指性强、使用强制性高、虚化程度高,已经大致接近一个虚化的方所题元标记。本章重点介绍了"望"在苍南吴语的多功能性。除标引方向外,还可用以引介有生对象、受益对象和处置对象等。"望"的语法化链条可构拟为:视觉动词→介词（位移方向→有生方向→受益者→处置对象）。

第五章

苍南吴语处所动词的多功能研究

本书绪论部分已阐述，Talmy（2000b）将物理位移和静态处所均视为位移，即静态事件为位移事件的下类，是有哲学和认知依据的。汉语静态事件表达的主要格式为：主体（+V方式）+在+背景+方位词（详见第一章第二节）。汉语静态事件的核心图式由"在"义动词和方位词（可以是零形式）共同编码，这类"在"义动词表征焦点实体和背景实体形成的空间处所关系，本书称为处所动词（locative verb）。苍南吴语中并存多个处所动词，它们来源不同，有不同程度的虚化，在共时层面上句法表现也有差异。它们的用法几乎没有被报道过。本章拟就苍南吴语处所动词的多功能性进行详细的探讨。

第一节　苍南吴语的处所动词

吴语处所动词的形式及其变体较丰富。根据《汉语方言地图集》（语法卷035），表示"处所"的动词，北部吴语一般使用"勒"或"来"及其变体①，如勒浪、勒海、勒头、勒霍，以及来东、来夯等形式，它的形式比较统一。相反，南部吴语主要使用"落"（汤溪、兰溪、武义、磐安、仙居、天台、青田、泰顺）、"是"（温州、瑞安、宣平、遂昌、龙泉、云和、景宁）和"徛"（江山、松阳、丽水、永康、衢江）这三种形式。

根据我们对苍南吴语的调查，我们发现它有多个处所动词并存的情况，并且它们的来源不一样。苍南吴语处所动词包括"宿［çyo²¹³］""囥

---

① 吴语中的"在"义动词兼介词"来/拉/勒/辣"语源不明，可能是"在"或"着"的不规则音变（刘丹青，2013［2003］：342）。

[kʰo⁴²]""[uaŋ⁴⁴]"①"生[çia⁴⁴]",及温州方言中普遍使用的"是",另还有共同语中引进、在较为正式的语体中使用的"在"。以下几点需要说明:

第一,"是"是温州市区、瑞安等方言中高频使用的处所动词兼介词。以下为温州市区方言的例子。

(1) a. 阿民<u>是</u>屋里。(阿民在家里。)
b. 书包<u>是</u>学堂里。(书包在学校里。)
c. 老师<u>是</u>教室里上课。(老师在教室里上课。)
(2) a. 婚礼定<u>是</u>六点钟。(婚礼定在六点钟。)
b. 踏脚车停<u>是</u>门槛头。(自行车停在门口。)

苍南吴语"是"可以用于(1)例中,(2)中不能用"是",只能用"囥"。但实际上,方言合作人表示他们更倾向于在(1a)和(1c)中用"宿",(1b)例中用"囥"。只有在与表示确认的"有"后,苍南吴语才倾向于用"是"。

(3) a. 我该日沃_都有是屋(里),你走来是罢!(我今天都在家,你来就是了。)
b. 渠昨夜日有是公司上班。(他昨天有在公司上班。)

"是屋"为"在家"之义,为程式化表达,如果换为"宿"则一般表达为"宿屋里",方位词"里"不能省略。

第二,苍南吴语在较文的表达中也使用"在"[ze⁵³],它是受近、现代共同语影响而渗入的异方言词,而且一般只用于较正式的书面语体。

第三,马贝加、蔡嵘(2006)指出温州方言中存在义动词还有一个古语词"于",苍南吴语不用。

鉴于以上原因,本书暂不讨论以上三个词语,只在引以对比时才会涉及。

---

① [uaŋ⁴⁴]在苍南吴语中本字难考,而且能找到的同音字似乎只有"温_{温畈}",用该字替代多有不妥,所以,本书仅仅记音。

"宿""囥""［uaŋ⁴⁴］""生"在苍南吴语中均可用作处所动词。例如：

(4) a. 阿弟个书包囥_在_屋里长久显罢。（弟弟的书包放在家里很久了。）
b. 阿弟［uaŋ⁴⁴］_在_杭州两个星期罢。（弟弟在杭州两个星期了。）
c. 阿弟能届_现在_宿_在_杭州。（弟弟现在在杭州。）
d. 阿弟能届_现在_生_在_我屋里。（弟弟现在在我家里。）

除了作处所动词以外，"宿、囥、［uaŋ⁴⁴］"还可以作介词，或者和指示代词组合用作表进行或持续的体标记，而"生"则没有这些功能，如（5—6）所示。

(5) a. 牛宿山里吃草。（牛在山上吃草。）
b. 我今日［uaŋ⁴⁴］屋里吃饭。（我今天在家吃饭。）
c. 车停囥车库里。（车子停在车库。）
d. 阿弟能届现在生屋里吃饭。（弟弟现在正在家里吃饭。）
(6) a. 渠宿狐_那儿_笑。（他在笑。）
b. 渠［uaŋ⁴⁴］狐_那儿_哭。（他在哭。）
c. 门开囥狐_那儿_。（门开着。）
d. *渠生狐_那儿_笑／*门开生狐_那儿_。（他在笑／门开着。）

本章将比较和分析四个处所动词的句法分布和语义限制，探讨它们的处所义来源，以期了解处所动词的发展变化的一些普遍规律。我们首先讨论作为处所动词只能携带低生命度的焦点实体、作为处所介词只能用于动后的"囥"；然后我们再从来源、语义、句法分布、使用频率等各个方面比较四个处所动词的异同。

第二节 "园"的多功能模式及语法化[①]

"园"在现代汉语普通话中不用，在 CCL 语料库（现代汉语）中的频次为零，却为吴语常用词。《现代汉语方言核心词·特征词集》收录其为北部吴语二级特征词，义"藏"（刘俐李等，2007：198）。《温州方言词典》（游汝杰、杨乾明，1998）常用字注释中便有"园"，释义"放、摆"。在苍南吴语中除了有以上语义外，还兼具介词功能，且可与指示代词合用置于动词后表状态持续，类似普通话"着"；而吴语常见的持续体标记为相当于"在"的处所词加"指示代词"。如：

(7) a. 普通话：门开着。
　　b. 杭州话：门开来东。
　　c. 温州话：门开是埭那里。
　　d. 苍南吴语：门开园狐那里。

"园"作为吴语的方言特征词在吴语内部呈现出实词层面的语义多样性以及虚化后的句法多功能性，且具有明显的地域分布差异，这是非常值得关注的。然而，关于吴语"园"的研究文献鲜见，专文讨论只有朱赛萍（2015）就温州动后介词"园"韵律限制的分析。本书考察"园"在吴语各方言点中语义和句法功能差异，从共时分布中梳理出"园"的语义演变和语法化路径，推演其语法化机制，并讨论语法化过程中语义和形态句法的界面互动。

一　吴语中的动词"园"

《中国歌谣资料·沪谚外编·山歌》中有记载："小姑嫌少心不愿，爷娘面前说长短。说的嫂嫂私底园一碗，厨里不见一只红花碗。"此例中

[①] 本节主要内容在《中国语文》2008 年第 2 期中刊出。除苍南吴语外，为本节提供语料的主要发音合作人有：单涛（杭州）、蒋冰冰（平阳）、王子璇（温州）、黄晓东（金华）、盛益民（绍兴）、王洪钟（海门）、王文胜（遂昌）、卢笑予（临海）、袁文韬（上海）、方渝萍（龙泉）、尤培林（苏州）。谨致谢忱！

"冚"可解为"将（一碗）藏起来"。《汉语大字典》引《集韵·宕韵》："冚，藏也。"《中国基本古籍库》中"冚"共有 9 例。

(8) a. 冚佛岩，在县北四十里高崖中，有石窟深丈余，无径，俗传日西照时，望其中若佛然，故名。（南宋《（嘉定）赤城志》①卷二十二）

b. 冚，藏也。（金《五音集韵》卷十二）

c. 藏避谓之躲，藏物谓之冚。（明《戒庵老人漫笔》卷五）

d. 看其墓在何处，便知藏冚何方，如财爻。（明《卜筮全书》卷十二）

e. 冚，俗字旧注口浪切，音抗，藏冚。（明《正字通》卷二）

f. 藏避曰伴，藏物曰冚。（清《（同治）苏州府志》卷三）

g. 藏物曰冚。（清《（乾隆）福州府志》卷二十四）

h. 藏曰冚。（清《（嘉庆）直隶太仓州志》卷十七）

i. 《集韵》有冚俱训藏，音亢。（清《通俗编》卷三十六）

从以上语料可推测，"冚"字形成应不晚于南宋，本义"藏（物）"，在浙江、江苏、福建方志中有记载。据《汉语方言地图集·词汇卷》（曹志耘等，2008），现代汉语"冚"仍主要分布在吴语和闽语区。

那么，"冚"字如何形成？《汉语大字典》"亢"条目中收有"遮蔽；庇护"义项。《广雅·释诂二》："亢：遮也。"《左传·昭公元年》："吉不能亢身，焉能亢宗？"杜预注："亢，蔽也。"《朱子语类·论自注书》："因言伯恭《大事记》，忒藏头亢脑，如挨谜相似。"据此，方言字"冚"由"亢"加"囗"构成，"囗"赋予物体或空间以边界，"囗"与"亢"组合强化了藏物空间的隐蔽性。故，"冚"是个会意兼形声字，可释为"将某物隐秘地置于某一隐蔽空间"，其语义要素可解析为：[+致使]、[+附着]、[+位置隐蔽]、[+行为隐秘]。

为详尽考察"冚"在吴语中的使用情况，我们调查了除宣州片外的吴语五个片区（太湖片、台州片、婺州片、处衢片、瓯江片）②的 13 个

---

① 《（嘉定）赤城志》为南宋时期撰修的浙江台州方言总志。

② 关于吴语分区，详见傅国通等（1986）论述。

方言点，发现其语义和句法功能有较大的地域差异。

（一）藏（物）、收藏

"藏（物）"为"囥"之源义，此义项在大部分吴方言中保留。例如：

(9) a. 该东西囥过，莫拨渠看张。（这东西藏好，不要让他看见。）① （《宁波方言词典》）
　　b. 伊拿书囥了起来，勿拨我看。（他把书藏起来，不让我看。）（上海）
　　c. 渠担书囥出来特，弗拨我看。（他把书藏起来，不让我看。）（海门）
　　d. 他拨书囥起来的，不拨我看。他把书藏起来，不让我看。（杭州）
　　e. 渠紧打紧逮物事囥柜里爻，只愁丐人眙着来。
　　（他赶紧把东西藏在柜子里，生怕被人看见。）（苍南）

苏州、上海、松江、丹阳、宁波、杭州、温州等地的方言词典均收录了该义项。据《汉语方言地图集》（词汇卷：144）（曹志耘等，2008），现代汉语"藏"义"囥"在南方方言中分布较广。

（二）存放（store）

"存放"是使物体位移至某个位置，暂时不动；"存放"的位置太多但非强制具有隐蔽性；其行为无须隐秘。语义特征可表达为[+致使]、[+附着]、[+位置隐蔽]。

(10) a. 夏天到了，冬天个衣裳要囥起来了。
　　（夏天到了，冬天的衣服要放起来了。）（上海）
　　b. 夏天到特，冷天个衣裳要囥起来特。
　　（夏天到了，冬天的衣服要放起来了。）（海门）
　　c. 暖天哉，冷天个衣裳好囥起来哉。
　　（夏天到了，冬天的衣服要放起来了。）（绍兴）

---

① 凡引自方言词典中的例句，翻译均为作者加注。

d. 该只箱子欠大，介多衣裳囥勿落个。

（这个箱子不够大，这么多衣服放不下的。）（《宁波方言词典》）

e. 天色暖起，棉衣着囥起爻。

（天气暖和起来，棉衣该放起来了。）（《温州方言词典》）

以上两义项在吴语广泛存在。但在龙泉、金华方言，如表主观藏匿，不用"囥"，而分别用"□ [ʔia⁵⁴]藏"和"塞"①。

(11) a. 个本书□ [ʔia⁵⁴]藏起，不丐我瞧。（书藏起来，不让我看。）（龙泉）

b. 个本书塞起来，弗分我望。（书藏起来，不让我看。）（金华）

可见，在部分吴方言中，"囥"的源义已经或逐渐为同义词所替换。这是词汇演变中不同来源的义项在同一语义场重叠而互相竞争的体现和结果。但在龙泉和金华方言中，如果"行为隐秘"的义素消失，仅表"存放"，可用"囥"表达。

(12) a. 个本书囥拔麓里。（把书放在抽屉里。）（龙泉）

b. 个本书囥得柜里。（把书放在柜子里。）（金华）

区分"藏（物）"和"存放"最简便的方法是，能否在"囥"前加方式状语"偷偷地"。

(13) a. 渠速存折偷偷能囥起爻，不丐我寻着。

（他把存折偷偷地藏起来，不让我找到。）（苍南）

b. *夏天到罢，冬天个衣裳着偷偷能囥起爻。

（夏天到了，冬天的衣服要偷偷放起来了。）（苍南）

另，汪化云先生告知，湖北的西南官话和江淮官话用"囥"表"藏"义，但无"存放"义，类似例(10)不能用"囥"。可见，"藏（物）"

---

① 《金华方言词典》（曹志耘，1996）释，"塞：藏放，东西塞掣"。

和"存放"可以且有必要区分。

（三）置放（place）

"置放"仅保留［+致使］、［+附着］义素。此义项多见于南部吴方言点。

（14）a. 逮该两个枕头囥床里。（把这两个枕头放在床上。）（《温州方言词典》）

b. 茶杯囥得杮桌上。（茶杯放在桌子上。）（金华）

c. 帮茶杯囥着桌上。（把茶杯放桌上。）（遂昌）

d. 物事覅囥地下，地下鏖糟显。（东西不要放地上，地上很脏）（苍南）

"置放"可引申为"添加""安排"。

（15）a. 菜里盐少囥厘。（菜里少加点盐。）（苍南）

b. 婚礼囥酒店里办。（婚礼安排在酒店举行。）（苍南）

置放行为可隐秘也可公开，因此，［行为隐秘］不是"置放"的固有语义特征。"置放"空间多具开放性，无［位置隐蔽］义素。例如，杭州话"囥"不能表"置放"。

（16）a. 钞票囥勒柜子里厢。（钱放在柜子里。）（杭州）

b. 钞票放/*囥勒桌子高头。（钱放在桌子上。）（杭州）

再如，北部吴语"囥"无"置放"义。

（17）a. 担茶杯放/*囥特台子浪。（把茶杯放在桌子上。）（海门）

b. 拿茶杯放/*囥辣台子高头。（把茶杯放在桌子上。）（上海）

c. 只茶杯桌床高头安/摆/*囥咚。（把茶杯放在桌子上。）（绍兴）

（四）存在（exist）

"囥"在遂昌、龙泉、温州、平阳、苍南5地还可表"存在"，仅保留

[附着] 义素。"存在"是"置放"动作完成后，位移主体（Figure）所处的均质状态在时间上的延续。"存在"只表征位移主体所处的位置，无主观意图可言，与空间是否隐蔽无关。例如：

(18) a. 我个手机囥桌上，你逮渠担取拉丐我。
（我的手机在桌上，你把它拿给我。）（温州）
b. 手机囥桌上。（手机在桌上。）（遂昌）
c. ——阿妈，我个银包寻不着罢。（妈妈，我的钱包找不到了。）
——□[.no]，就囥交椅里。（这不，就在椅子上。）（苍南）

表"存在"的"囥"是独立存在的。首先，由"置放"而"存在"只现于动后可直接加终点处所的方言中，换言之，该方言须有类似"手机囥桌上"的表达。在上述5个方言点，该句有两解。

动作：把手机放在桌上。　状态：手机在桌上。
通过添加处置介词或替换动词可将两义区分。
动作：（渠）逮把手机囥放桌头。状态：手机是在桌头。（苍南）

其次，动作句和状态句所用的否定词也不同，前者可用"覅不要"或"冇没有"否定行为，后者只能加"冇没有"否定状态。

动作：手机覅/冇囥放桌头。状态：手机冇囥在桌头。（苍南）

第三，作为"存在"解读时，句末不能加相当于"了2"的完成体标记"罢"。如："手机囥头罢"只能解读为"（已经）将手机放在桌上了"，不能表示"手机（已经）在桌上了"。

最后，遂昌话中"放置"义"囥"可后附介词"着在"，而"存在"义则无法后附介词。换言之，"手机囥着桌上"只能理解为"（把）手机放在桌上"。

"存在"义"囥"入句子时，主语的生命度（animacy）低。如，"*外婆囥在屋里"不合法，"外婆个包囥在屋里"合法。

以上为"囥"在吴语中的动词用法，[①]其义素特征矩阵图可描绘如表5.1表示。

[①] "囥"在上海话中还有"躲避"义，例如："老虎来了，兔子们都囥起来了老虎来勒,兔子们都躲起来了。"但发音人指出，上海话"躲避"多用"迓"。《上海方言词典》（许宝华、陶寰，1997）仅收录"迓"表"躲避"。对该义项，本文不作详考。

表 5.1　　　　　　　　　动词"囥"的义素特征

义位＼义素	附着	致使	位置隐蔽	行为隐秘
藏物	+	+	+	+
存放	+	+	±	-
置放	+	+	-	-
存在	+	-	-	-

从表 5.1 可知，首先，动词"囥"的四个义项存在高度的语义相关性，表明它们之间具有源流关系；其次，"藏物>存放>置放>存在"的演变，是一个义素逐渐消隐而语义泛化的过程，且由各种不同义素组成的义位，在不同的方言点中形成不同的接受度。Bybee（1985）主张一个词项越具备语义上的泛性（lexical generality），就越可能发生语法化。"囥"语义的泛化为其发展出介词功能做了铺垫。"囥"在微观参数（micro-parameter）范围内的语义特征变异（semantic feature variation），最终导致了后来的宏观参数（macro-parameter）层面的句法地位的变化（语法化为介词）。换而言之，"囥"如果要继续下一步的句法地位的演变，必须满足语义特征变异的条件，即必须先发展出相对中性（neutral），语义制约较少的"置放"和"存在"义。虽然这一阶段的词义演变依然为实词范畴内的微观参数改变，还未涉及从实义词到功能词的句法地位改变，但高语义泛性是词项语法化的前提。

从"置放"到"存在"转换的关键一步是动词"囥"题元结构的调整。表"置放"时，"囥"为三价动词，题元包括施事、受事、处所；但表"存在"时，为二价动词，只有客体（theme）和处所题元。

置放：施事+受事+囥+处所　　　存在：客体+囥+处所

二　吴语中的虚化的"囥"①

"囥"的虚化用法仅出现于温州方言②；其中仅在苍南吴语、平阳吴

---

① 温州方言中有与"囥"同音的并列连词，文献均记为"伉"。"伉"在温州话中为并列连词或引介有生对象（animate target）的介词（我伉你讲句话我和你说句话）。"伉"本义为"匹敌、相当"，发展为并列连词有句法和语义基础。在吴语苍南话中，并列连词用"跟"，而引介有生对象则用"逮"或"望"，并不用"伉"。我们认为处所介词"囥"和并列连词"伉"同音不同源，但尚需进一步考证。

② 有些方言中"囥"有"存在"义，但没有发生语法化。我们推测，可能受到这些方言中已有且强势的处所介词（如遂昌方言的"着"、兰溪方言的"勒"）竞争而阻断。

语中具有时间介词功能。鉴于其在苍南和平阳吴语用法并无二致,文中仅举苍南吴语的例子。

(一) 处所介词

"囥"作为处所介词,只用在动词后引介终点(Goal)处所,句法格式可表达为"V+囥+NP$_L$"。

(19) a. 图画贴囥壁上。(画贴在墙壁上。)(温州)
b. 钞票存囥银行底。(钱存在银行里。)(温州)
c. 有个后生儿年轻男子徛囥门外。(有个年轻男子站在门外。)(苍南)
d. 踏脚车停囥门口头。(自行车停在门口。)(苍南)

温州方言中动词可不通过介词引介而直接加终点处所,所以,例(19)动后"囥"均可省略,而加"囥"则更凸显主语所处的状态。但是,若"V 囥"用于表致使位移(caused motion),"囥"不能省略(如20—22b)。比较以下苍南吴语的例子。

(20) a. 碗掇_{双手拿}(囥)手里。(碗端在手上。)
b. 碗掇_{双手拿}*(囥)桌头。(碗端到桌上。)
(21) a. 瓯柑朵_{持拿}(囥)手里。(瓯柑拿在手上。)
b. 瓯柑□[k^{h}ei^{334}]_捡*(囥)篮里。(把瓯柑捡到篮子里。)
(22) a. 行李顿_{竖放}(囥)屋里。(行李放在屋里。)
b. 行李搬*(囥)屋里。(行李搬到屋里。)

在致使位移句(20—22b)中,V 凸显的是[位移]义,而[附着]义则由动词"囥"来承载,所以"囥"的使用是强制的,"V 囥"为连动结构。而在(20—22a),"囥"语义空灵,主要起到标引处所位置的功能,应视为处所介词。

潘悟云(2000)曾指出:"温州的依附调与逻辑重音是不相容的,一个句子的逻辑重音可以落在动词上,但是绝对不能落在介词上,这是温州方言中区分介词和动词最简便的方法。"在(20—22b)中焦点重音可落在"囥"上,但是(20—22a)中则不能,表明其已虚化为介词。

处所介词"囥"只引介"终点处所",不引介"活动或事件发生场所"。以下句子不合法。

(23) a. *牛囥山上吃草。(牛在山上吃草。)
b. *牛吃草囥山上。(牛在山上吃草。)

(二) 时间介词
"囥"在苍南、平阳吴语中还可引介时间短语,句法结构为"V+囥+NP_T"。

(24) a. 课对囥星期日去上。(课换到星期天去上。)(苍南)
b. 婚礼定囥六点钟开始。(婚礼定在六点钟开始。)(苍南)

但"囥"引介时间短语在温州话中显得很不自然。

(25) a. *课调囥星期日上。(课调到星期天上。)(温州)
b. *婚礼定囥六点钟开始。(婚礼定在六点钟开始。)(温州)

据我们对温州三区八县的调查,除苍南、平阳两地外,温州其他次方言中"囥"均无时间介词功能。

(三)"囥𤢫"作为持续体标记
在苍南和平阳吴语中"囥"还可与远指代词"𤢫那儿"组合作持续体标记。

(26) a. 许扇门一直关囥𤢫。(那扇门一直关着。)(苍南)
b. 倒囥𤢫眙书对眼睛不好。(躺着看书对眼睛不好。)(苍南)
c. 房间乱糟糟,书摊囥𤢫,衣裳阿掼囥𤢫。
(房间乱糟糟,书摊着,衣服也扔着。)(苍南)

例(26a—b)中"囥𤢫"虚化不及(26c)。如"书摊囥𤢫",有空间义(书摊在那儿)和持续义(书摊着)两解;而"门关囥𤢫"则只有持续义(门关着)一种解读。这与动词自身的状态性强弱相关。

据以上讨论,"囥"在各方言中的语义和句法分布如表 5.2 所示。

表 5.2　　　"囥"在吴方言中的多功能性和地域分布

	藏物	存放	置放	存在	处所介词	时间介词	时体标记*
苏州	+	+	−	−	−	−	−
上海	+	+	−	−	−	−	−
海门	+	+	−	−	−	−	−
宁波	+	+	−	−	−	−	−
杭州	+	+	−	−	−	−	−
绍兴	+	+	−	−	−	−	−
临海	+	+	+	−	−	−	−
金华	+/−	+	+	−	−	−	−
遂昌	+	+	+	+	−	−	−
龙泉	−	+	+	+	−	−	−
温州	+	+	+	+	+	−	−
平阳	+	+	+	+	+	+	+
苍南	+	+	+	+	+	+	+

注:*此处是指与"囥+远指代词(狐)"组合具有时体标记功能,并非"囥"自身具有该句法功能。虽然时体标记为"囥狐"的组合功能,然而此处的"囥"显然比"V+囥+NP$_L$"的介词"囥"语义更虚,故而我们认为是"囥"进一步语法化的表现。

三　"囥"的语法化

(一)从共时分布推演"囥"的语法化路径

由于历时语料的缺乏,方言词的历时演变考察难度较大。共时语法化的研究为方言词语义和功能演变提供了新的角度,即从语言(方言)分布的地理格局考证语言的历史演变。词项共时层面的多功能性往往是其历时演变不同阶段特征的"折叠",语言的横向差异体现着纵向演变的过程。根据概念空间动态化和语义地图邻接性原则,概念空间及其语义图体现了不同功能之间的蕴含关系,利用这种蕴含关系可以确定概念空间内不同功能之间的衍生方向。如果一个词语具有 ABC 三个功能,它们之间的衍生方向有三种可能: a. A→B→C | b. A←B ←C | c. A←B→C。基于多功

能蕴含关系的跨语言（或跨方言）比较可以帮助我们判别 ABC 三种功能之间的演变方向。假如某种语言或方言（L1）的语素 F 具有 ABC 三种功能，而 L2 和 L3 两种语言的对应语素 F1 和 F2 分别只有功能 AB 和功能 A，那么 ABC 三种功能之间的衍生方向应为 a.，即"A→B→C"（吴福祥，2014：5—6）。

从表 5.2 "囥"共时多功能分布的地域蕴含关系可拟构吴语"囥"的语义演变和语法化链条为：藏物→存放→置放→存在→处所介词→时间介词。

此共时语法化链条是有据可依的。首先，据第一节考证，"囥"源义"藏（物）"应无虞。据《汉语方言地图集·词汇卷》（曹志耘等，2008），"置放"义"囥"的分布大致为"藏物"义的子集，这种蕴含关系也可作为"藏（物）"先于"置放"的佐证。

其次，"囥"的"置放"义可能来自"存放"，也可能直接从"藏（物）"义发展而来。但是从义素消融的过程判断，"存放"和"置放"语义更相邻。由于语义演变是渐变的，在缺乏历史材料的情况下，可以推测"置放"义由"存放"义推演而来。

再次，"存在"指示的状态是"置放"实现后产生并延续的，从"置放"到"存在"义素特征 [致使] 消失，语义抽象性增加。学界普遍认同，现代汉语介词是从动词演变而来，且大部分保留着动词的功能（朱德熙，1982：174）。Lord（1993：20）曾指出连动语言里，在所有语义关系中，处所是最易于被一个弱动词性介词所标记的。处所动词最可能出现在连动结构中，也最可能发生"语义降级"（高增霞，2003：87）。汉语处所动词往往兼具处所介词功能。因此，"囥"从处所动词（"存在"）到处所介词的演变符合语法化的单向性和类型一般化原则。

最后，从空间范畴到时间范畴的投射是人类最基本的隐喻认知机制之一。"囥"从"处所介词>时间介词"的延伸与 Heine 等（1991：157）的抽象性单向斜坡（人>物>空间>时间>过程>品质）相吻合。

"囥"的语义演变可分为六个阶段：A 藏（物），B 存放，C 置放，D 存在，E 处所介词，F 时间介词。根据共时分布，我们推演"囥"的历时演变路径为：

综上，共时层面上，各方言点"囥"处在演化链条的不同阶段，这

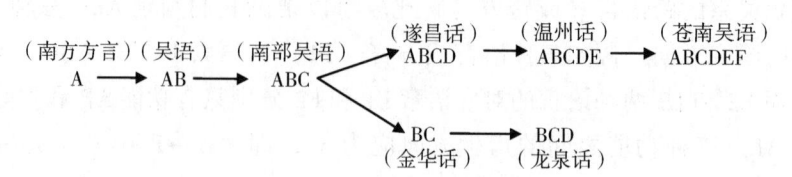

```
（南方方言）（吴语）（南部吴语） → （遂昌话）  → （温州话）  → （苍南吴语）
    A    →    AB   →    ABC        ABCD       ABCDE        ABCDEF
                              ↘
                               BC   →  BCD
                              （金华话）（龙泉话）
```

图 5.1　从共时分布推演"囥"的语法化路径

是语言演化速率差异的体现。共时层面的差异是历时演变阶段的记录，这是方言地理学研究意义之一。

（二）"囥"语法化的机制

"囥"的语法化仅出现在温州方言中，下文以语法化链条上走得最远的苍南吴语为例。汉语介词绝大部分萌生于双动词结构（马贝加，2014：37），"囥"也不例外。据江蓝生（2016），连动结构只是动词语法化为介词的先决句法条件，语义羡余是诱因。观察发现，"V 囥$_介$"中的 V 主要包含置放类（如"顿$_{竖放}$""停"）、握持类（如"担$_取$""搦$_握$"）、姿势改变类（如"徛$_站$""坐"）以及其他能够产生"使……附着"结果的行为动词（如"写""背"等）。这些 V 均包含以下两个特征：1) 有"使……附着"义，2) 行为动作实现后，位移主体会形成相对静止的持续状态。这些 V 和"囥"在语义上部分重合（两者均有"附着"义），因而产生语义羡余。以（27）为例。

（27）口杯顿$_{竖放}$囥在桌头。（杯子放在桌上。）

语法化之前（27）是连动结构，但"囥"处于动后很容易被重新分析为表 V 和处所之间关系的范畴，即介词。而且"顿$_{竖放}$"和"囥"语义重合而产生语义羡余，诱发了"V 囥"的重新分析，并导致直接成分的边界发生了改变和"囥"的降类。

重新分析前：口杯 [$_{VP}$ 顿囥 [$_{NP}$ 桌头]]

重新分析后：口杯 [$_{VP}$ 顿 [$_{PP}$ 囥桌头]]

在"V 囥$_介$"的四类 V 中，姿势改变类动词要求带生命度高的主语；而其他几类作谓语动词时，主语生命度均较低。但"V$_{姿势改变}$+囥+NP$_L$"（如："姆姆$_{孩子}$坐囥$_在$交椅里"）非连动结构，因为如上文所述，"*NP$_{高生命度}$+囥+NP$_L$"（如："*姆姆$_{孩子}$囥$_在$交椅里"）不合法。因此，

第五章 苍南吴语处所动词的多功能研究

姿势改变类动词进入"V 囥"结构,是"囥"介词功能趋向稳定的体现。

综上,连动结构"V 囥",由于语义羡余诱使句法结构重新分析,"囥"降类为介词,并随着 V 次类的扩展,介词功能走向成熟。

(三)持续体标记"囥㹸_{那儿}"的句法限制

在吴方言中普遍存在"处所的动词兼介词+指示性处所成分或泛化的处所成分"用作体标记现象,如杭州话中的"来东",宁波话中的"来堆",苏州话中的"勒里/勒海/勒笃",金华话中的"来达",上海话中的"辣海/辣浪"等(参看刘丹青,1996:28)。这类处所介词短语的语法功能大体为加在 VP 前表进行(如例 28a、c),加在 VP 后表持续(如例 28b、d)。

(28) a. 我来东吃饭,你等一等。(我在吃饭,你等一下。)(杭州)

b. 桌子高头两盆花摆来东。(桌上摆着两盆花。)(杭州)

(以上两例子引自鲍士杰,1998)

c. 外面是埯落雨。(外面在下雨。)(温州)

d. 门开是埯。(门开着。)(温州)

但是,受到"囥"只能为动后介词的限制,苍南吴语"囥㹸_{那儿}"不能置于动前表进行,进行体标记为"是/宿㹸_{那儿}"。例如:

(29) a. *外面囥㹸_{那儿}落雨。(外面在下雨。)

b. 外面是/宿㹸_{那儿}落雨。(外面在下雨。)

动前表示进行的"是/宿㹸"中"是/宿_在"不能省略,而用于动后表示持续的"囥㹸"中的"囥"能省略,(26a、b)可以表达为:

(30) a. 许扇门一直关(囥)㹸_{那儿}。(那扇门一直关着。)

b. 倒(囥)㹸_{那儿}眙_看书对眼睛不好。(躺着看书对眼睛不好。)

作为体标记的双音处所介词短语由于高度虚化往往会发生弱化而省略

一个音节，常见的是省去后一音节，留下与处所介词同形的持续体（或进行体）标记形式（吴福祥，2010）。但是苍南吴语中持续体标记省略的前一音节，即处所介词"囥"。我们推测，这可能与苍南吴语中引介终点的处所介词经常省略相关。而"囥狇那儿"不能用于动前，是受到了"囥"为动后介词的句法限制。"囥狇那儿"由"在那儿"演变为持续体标记是形态句法层面的语法化，伴随着语义的虚化以及语音的溶蚀："囥狇那儿"语音短促且"狇那儿"由阳入弱化为轻声，这是语法化常见的特征之一（Brinton & Traugott，2005）。

作为体标记的双音处所介词短语由于高度虚化往往会发生弱化而省略一个音节，常见是省去后一音节，留下与处所介词同形的持续体（或进行体）标记形式（吴福祥，2010）。这很大程度上是受到韵律的支配。但苍南吴语体标记"囥狇那儿"可省略前一音节，与终点处所介词省略一致，是受句法规律的支配。"囥狇"由"在那儿"演变为持续体标记是形态句法层面的语法化，伴随着语义虚化和语音溶蚀（"囥狇"语音短促且"狇"由阳入弱化为轻声），是语法化常见特征之一（Brinton & Traugott，2005）。

（四）"置放"义动词语法化的类型共性

Brinton 和 Traugott（2005：105—110）将类型一般化（typolical generality）即跨语言（方言）共性作为语法化的特征之一。"置放"义动词在语法化的词库中并不罕见，虽然语法化的目标不尽相同，但大致方向正如"囥"所展示的为处所介词和助词（体标记）。Heine 和 Kuteva（2012，337—338）讨论了"置放>完结义"的语法化链条，指出伊孟达语（Imonda）、雅加里亚（Yagaria）、藏语拉萨话（Lhasa）等均有置放义动词演变为体标记；缅甸语（Burmese）thà "置放>结果体/静态助动词"。洪波等在注释中还添注了维吾尔语 qoj：'放、搁>完结体标记"的演变。邢公畹（1979：84）提及荔波莫话 z̧o 以及惠水布依语 su，源义均为"放置"，现均语法化为相当汉语"着"的助词。

另，置放义动词"放"演变为处所和时间介词在湘语（衡山话）（郑焱霞，2010），湘语（衡阳话）（彭兰玉，2005），以及湘西南洞口老湘语（胡云晚，2010）均有报道。郝红艳（2015）论及江淮官话江苏沭阳方言的置放义动词"搁"兼具处所/时间介词的功能。

再如现代汉语普通话中的持续体"着"在北方方言（如湖北襄樊、随州等）中有"放、搁进去"的意思：着点盐儿；在连城客家话中仍有不及物动词"在"、介词"在、从、到"等功能（项梦冰，2000：185）。根据刘宁生（1984），"着"来源于"附着"和"置放"二义，"附着"义经结果补语虚化为持续体标记，"置放"义经介词用法省略介词宾语而虚化为持续体标记（转引自刘丹青，1996：29）。周滢照（2009：116—117）发现"着"的介词功能在明清时期逐渐衰落，而动态助词用法在竞争中获胜，成为其现代汉语中的主要用法。

故而，"置放"义动词兼介词，及演变为体标记在世界语言、汉语方言以及汉语历时演变中均有证可引。这正体现了语法化中的跨语言（方言）类型共性。

四 小结

"园"在吴语中的语义和句法功能随着地域上由北至南而逐渐增加：由"藏（物）""存放"到"置放"到"存在"到"处所/时间介词"，并在苍南吴语中与远指代词组合作持续体标记，这种语义和句法功能的增加伴随着词汇语义特征要素的逐步消减，并最终走向完全虚化。共时层面的多功能性实际上是历时演变不同阶段功能的"折叠"，地域上的不均衡是演变速率悬殊的表现。梳理吴语"园"语法化链条，不仅为语法化的世界词库提供新的个案，更重要的意义在于其展示出语法化本身不是独立存在的，它是语义内容、句法结构、词汇系统以及语音等各要素历史演变和互动的交集。

第三节 "宿""生""[uaŋ⁴⁴]"的语义演变

上节我们已经详述了，苍南吴语"园"处所义的来源。本节将继续探讨苍南吴语中其他三个常用处所动词的语义发展。

一 "宿"的处所义来源

"宿"是苍南吴语中另一个使用频率很高的处所动词，它的读音是[ɕyo²¹³]。"宿"本义表示"住宿，过夜"。在苍南话中，"宿"不仅可以表示"住宿",而且还可以表示"居住""驻留""存在"等多个义项。①
住宿:

  (31) a. 我今日黄昏宿阿姐屋里,不走归罢。(我今晚住姐姐家,不回去了。)
  b. 我每次宿旅馆里就瞓不好。(我每次住旅馆就睡不好。)

居住②:

  (32) a. 我杭州宿两年罢。(我住在杭州两年了。)
  b. 北京宿恁长久罢,路还交不牢。(北京住了那么久了,还不认路。)

驻留:

  (33) a. 该日统_都宿屋里,冇走出。(今天一直待在家里,没出去。)
  b. 该个公司我宿两年罢。(这个公司我呆了两年了。)

处所:

  (34) a. 渠冇宿屋里。(他不在家里。)
  b. 老板能届_{现在}宿厂里。(老板现在在厂里。)

这些不同义项的区分主要依据"存在时间"(duration)的长短和"处所"(location)的特殊性,即从某种特殊存在方式到一般存在方式。第一个义项"住宿"一般指在外过夜,临时住于某住所,如他人家中或宾馆;

---

① "宿"在苍南话中还有"躲避"(hide)义。例如:a. 渠宿眠床下转。(他躲在床下面。) b. 渠宿起爻,大家人沃_都寻渠不着。(他躲起来了,大家都找不到他。)我们暂时对这一义项不加讨论。

② 温州方言中常用的居住义动词为"住"。例如:a. 渠住山里。(他住在山上。) b. 渠住许间屋。(他住在那间房子里。)

"居住"表示较长时间住在某地（如某个自然环境或者行政单位）；"驻留"表示不以居住为目的的短期停留（如工作，学习），对处所没有特别要求；第四个义项"存在"则侧重即时性，强调当下某人是否存在于某处。

动词"宿"从"住宿"义发展到"存在"义，不是通过句法的重新分析来实现的，而是通过"蕴含关系"（entailment）这一语义机制。具体来说，"住宿""居住"和"驻留"等几个义项都蕴含了"存在"这一基本语义特征。

(35) 今日黄昏我<u>宿</u>宾馆里。（今晚我宿在宾馆。）
蕴含：我在宾馆。
(36) 我杭州<u>宿</u>两年罢。（我住在杭州两年了。）（同 32a）
蕴含：我在杭州两年了。
(37) 该日统<u>宿</u>屋里，冇走出。（今天一直待在家里，没出去。）（同 33a）
蕴含：我一直在家。

根据语义相关性和语法演变的渐变性，语义演变的相邻义项一般只有其中的一个义素发生改变（增加、消隐或替换）。由此，我们推测"宿"的语义演变路径为：住宿＞居住＞驻留＞存在动词。

从事件概念结构来看，"宿"用作处所动词时，背景信息必须置于之后，不能前置了；而表示其他义项的"宿"的处所宾语可以前置，这样一来，时间副词就可以紧跟在"宿"后面。

(38) a. 我<u>宿</u>该个公司两年罢。（驻留：主体+宿+背景+时间）
　　 b. 该个公司我<u>宿</u>两年罢。（驻留：背景+主体+宿+时间）
　　 c. 我昨夜_昨日_有<u>宿</u>公司里。（处所：主体+时间+宿+背景）

从表义的角度看，(38a—b) 中的时间副词往往表示驻留的结果，很多时候可以把它看作结果补语。而处所句 (38c) 中的时间副词一般前置，表示事情发生或存在的某个特殊时间，一般表示背景信息。

处所动词"宿"和"园"的一个重要区别就是，"宿"一般和表人名词连用，而"园"一般和指物名词连用（温端政，1991），即"宿"携带高生命度的焦点实体，而"园"携带低生命度的焦点实体。

(39) a.（表物名词）囥嗀这儿，冇囥狐那儿。（在这儿，没在那儿。）

b.（表人名词）宿嗀这儿，冇宿狐那儿。（在这儿，没在那儿。）

（转引自温端政，1991）

(40) a. 书包囥屋里。（书包在家里。）

b. 阿弟宿屋里。（弟弟在家里。）

二 "生"的处所义来源

"生"在苍南吴语中读为[ɕia⁴⁴]，有植物长出来、"生育""出生""产生""长（指呈现某种面貌）""位于、坐落""存在"等义项。

植物长出来、生长：

(41) a. 树里新叶又生出罢。（树上长出新的叶子了。）

b. 菜园里草生满满。（菜园里长满了草。）

滋生、产生：

(42) a. 渠早心生起，想独霸该间老屋。（他早就产生念头，想独占这间老房子。）

b. 钞票存银行里生利息儿。（钱存在银行里产生利息。）

生育：

(43) a. 猫娘生猫儿。（母猫生小猫。）

b. 结婚几下年好几年罢，姆冇生。（结婚好几年了，没生孩子。）

出生：

(44) a. 渠不是温州生个。(他不是生在温州。)
b. 渠是九月份生个,着_要_迟一年读书。(他是九月份生的,要迟一年上学。)

处所①:

(45) a. 渠个厂生对务许面。(他的工厂在对务那边。)
b. 黄昏生山个许面。(黄昏在山的那一面。)
c. 阿民生屋里眙_看_电视。(阿民在家看电视。)
d. 日昼_中饭_吃爻,黄昏生狃_哪里_还晓不得。(吃了中午饭,不知道晚饭在哪儿。)

以上义项在游汝杰、杨乾明(1998)的《温州方言词典》中均有提及。换言之,苍南吴语和温州市区方言的"生"语义和用法基本相同。另,"生"还有"生存、活""未煮熟""生疏"等用法,苍南吴语和温州市区方言类似,与本书讨论的处所义来源相关不大,暂不讨论。

根据《说文》,"生,进也。像草木生出土上"。因此"生"的本义表示"草木长出来"。因为动物生育和植物生长相似,因此引申为生育,而再为生命(周绪全、王澄愚,1991)。根据周绪全、王澄愚(1991)汉语共同语"生"的语义演变路径如图5.2所示。

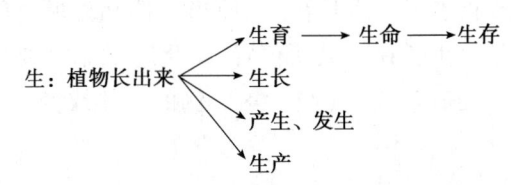

生:植物长出来 → 生育 → 生命 → 生存
　　　　　　　→ 生长
　　　　　　　→ 产生、发生
　　　　　　　→ 生产

图5.2 汉语"生"的语义演变路径(根据周绪全、王澄愚,1991)

与共同语相比,苍南吴语"生"多了空间处所义。那么空间处所义从哪个节点上延伸出来呢?我们认为"生"的源义"生长"就蕴含了

---

① 游汝杰、杨乾明(1998)将"坐落""处所"分为两条。我们认为是有道理的,"坐落",焦点实体的位置较为固定,而作为"处所"义焦点实体的可移动性(movability)较高。但是,就"生"本身而言,语义并没有产生变化,本书讨论"生"语义的演变,因此,将"坐落"和"处所"视为一个义项。

"处所"这一语义特征。例如：

(46) a. 树里新叶<u>生</u>起。（树上长出新叶子。）
蕴含：新叶子在树上。
b. 米里米虫<u>生</u>起。（大米长虫子了。）
蕴含：米虫在大米上。

以上两例主体和处所之间的位置关系是隐含的、默认的（defaulted），如果没有特殊的语用需求，用语言显性提述反而显得冗余。但是，当主体和处所没有必然的位置联系，换言之，"主体"不一定"生长"在"处所"位置的时候，则可以有两种表达格式：

(47) a. 树洞里菇<u>生</u>起。（树洞里长出蘑菇来。）
b. 菇<u>生</u>（园）树洞里。（菇长在树洞里。）
(48) a. 岩塔头灵芝<u>生</u>起。（悬崖上长出了灵芝。）
b. 灵芝<u>生</u>（园）岩塔头。（灵芝长在悬崖上。）

上面两例 a 句中的主体和处所的空间位置关系隐含，而 b 例两者的位置关系则已经得以明示。当然"生"能够延伸出"处所"义还和温州方言处所介词常常省略有关①。当处所介词省略，"生"自身隐含的处所义就得以凸显，大致相当于"生长在"。而当主体和处所之间的位置关系偶然性较大时，并非"生长在"处所位置，"生"的语义要素中"生长"义素脱落，只剩下"处所"义。(47—48) 例的主体改变，语用推理就发生改变。

(49) a. 狗熊<u>生</u>（园）树洞里。（熊在树洞里。）
b. 有个人<u>生</u>岩塔头。（有个人在悬崖上。）

---

① 温州市区处所介词常用"是"，苍南吴语常用"园"，两者一样都可以省略。WSC 中有这样一个句子："瓯江源头<u>生</u>唔宕？就<u>生</u>在龙泉。"（瓯江的源头在哪儿？就在龙泉。）这是个自问自答句，问句"生"后没有处所介词，可理解为"在"，而答句加了比较文的处所介词"在"，"生"可以理解为"产生、发源"。这个句子说明，温州方言"生"的两个语义都是实际口语中使用的。

或者主体离开了"生长"的"处所"。例如：

(50) a. 苹果<u>生</u>树里。（苹果长在树上。）
　　 b. 苹果<u>生</u>树下。（苹果在地上。）

所以，"生"延伸出"处所"义的基础是源义"生长"蕴含了空间"处所"义，而主体和处处两者之间的并非"生长"关系，"生长"的语义要素隐没，"处所"语义得到凸显。当然，温州方言处所介词可省略这条语法规则，为"生"处所义得以凸显提供了合适的句法环境。

综上，"生"处所义发展的路径可构拟为：植物长出来→生长→生长在→在。

"生"表处所义，主语可以不受生命度的限制。但是由于"生"的来源于"生长"义，所以"生"一般描述主体惯常或者现在正处在某个位置，一般不与表示过去、将来或表一段时间的状语连用。例如：

(51) a. 阿民能届_{现在}<u>生</u>屋里。（阿民现在在家。）
　　 b. *阿民<u>生</u>屋里两日罢。（阿民在家。）
　　 c. *阿民昨夜日<u>生</u>屋里。（阿民昨天在家。）
　　 d. *阿民明朝<u>生</u>屋里。（阿民明天在家。）

三 "[uaŋ^{44}]"的处所义来源

"[uaŋ^{44}]"本字不详，表示处所的使用频率不及"宿"和"生"。苍南吴语"[uaŋ^{44}]"可以作为姿势改变类动词（posture verb）使用，指"下蹲"的动作，由于两腿弯曲，使原本站立的状态变矮，呈现动态的变化。"[uaŋ^{44}]"表示"下蹲"这个义项时，强调动态的过程和姿态。

下蹲：

(52) a. [uaŋ^{44}]落。（蹲下来。）
　　 b. 马步杀起，再[uaŋ^{44}]厘落。（马步扎起来，再蹲下去一些。）

一般姿势改变类动词，在动作完成或实现后会赋予位移主体一个后续的静止的状态，即施事的状态一般可持续一段时间。我们暂时把这个义项用"蹲着"表示，见（53）。

蹲着：

（53）a. 覅［uaŋ⁴⁴］地下，孬眙看显。（不要蹲在地上，很难看。）

b.［uaŋ⁴⁴］菜园里拔草。（蹲在菜园里拔草。）

当"［uaŋ⁴⁴］"的动作义淡化时，"［uaŋ⁴⁴］"可以用来表示"某人处于某个地方"，这就是"［uaŋ⁴⁴］"表示存在意义的直接来源。例（54）就是一个歧义句，既可以表示蹲着，也可以表示存在。

蹲着/处所：①

（54）渠两人［uaŋ⁴⁴］草宕草地里。（他们俩蹲在/在草地上。）

这种歧义往往需要靠语境信息或者百科知识来区分。如，（55）的"［uaŋ⁴⁴］"可以表示蹲着这一姿势，或者存在动词"在"；而（56）句中的"［uaŋ⁴⁴］"不能再理解为"蹲着"，因为"蹲着打架"有悖常识，所以此句中"［uaŋ⁴⁴］"只能理解为"在"。

蹲着/处所：

（55）渠两人［uaŋ⁴⁴］草宕里捞蜾蚖蚯蚓。
（他们俩在/蹲在草地上挖蚯蚓。）

处所：

（56）渠两人［uaŋ⁴⁴］草宕里相打。（他们俩在草地上打架。）

---

① 据我们的调查，邻县瑞安话［ʔuaŋ⁵⁴］只有"下蹲""蹲着"义，没有发展出处所义，所以（33a）（34a）没有两解。这是语义演变常见的现象，也给［uaŋ⁴⁴］从"蹲着"义向处所义发展提供了方言地理上的证据。

同理，按照常识，狗一般趴着或躺着而非蹲着睡觉，故而（58）中的"［uaŋ⁴⁴］"一般理解为"在"，而（57）有"蹲着"或者"处所"两可的解读。

蹲着/处所：

（57）狗［uaŋ⁴⁴］檐头下。（狗蹲在屋檐下/狗在屋檐下。）

处所：

（58）狗［uaŋ⁴⁴］檐头下眠。（狗在屋檐下睡觉。）

一般"［uaŋ⁴⁴］"动作是高生命度的主体发出的，所以苍南话中，"［uaŋ⁴⁴］"的主语一般为有生名词。我们发现，当主语的生命度较高时，方言合作人确定能用"［uaŋ⁴⁴］"表达存在意义，但是当主语生命度减低时，句子的接受度就减低了。

（59）a. 阿弟［uaŋ⁴⁴］屋里。（弟弟在家里。）
　　　b. 狗［uaŋ⁴⁴］屋里。（狗在家里。）
　　　c. 阿弟个书包［uaŋ⁴⁴］屋里。（弟弟的书包在家里。）
　　　d. 我个工厂［uaŋ⁴⁴］乡下。（我的工厂在乡下。）

我们认为，动词"［uaŋ⁴⁴］"从一个姿势改变类动词发展成为一个存在动词主要利用的是语用策略。"［uaŋ⁴⁴］"由"下蹲"这一动作义发展为"蹲着"这一状态义；随着它动作义进一步淡化，"［uaŋ⁴⁴］"变成一个普通的引介处所表示存在的动词，即某些不需要"蹲"就可以完成的事情，也可以用"［uaŋ⁴⁴］"来表示。比如，"［uaŋ⁴⁴］屋里吃饭"。常规条件下，人类吃饭的动作不需要也并非蹲着完成。这是"［uaŋ⁴⁴］"语用范围的扩张。"［uaŋ⁴⁴］"也因此具备了"处所"的义项。

综上，苍南吴语的四个处所义动词有不同的语义来源，分别通过句法的重新分析、语义的蕴含和语用推理等不同机制，沿着不同的路径发展出了存在义动词的功能。

(60) a. 囥：藏物→存放→置放→处所（句法重新分析）
b. 宿：住宿→居住→驻留→处所（语义蕴含关系）
c. 生：生长→长在→处所（语义蕴含+语用推理）
d. [uaŋ⁴⁴]：下蹲→蹲着→处所（语用推理）

它们在同一个共时层面的同一个语义场上交叉，形成句法分布的互补和竞争关系。"囥"的主语只能为低生命度的受事；"宿"只能携带施事主语；"生"的主语生命度不受限制，只能表征主语惯常的或当前正处于的某个位置；而"[uaŋ⁴⁴]"倾向于携带高生命度的主语，但是由于和"宿"在共时层面上适用的句法结构相同而产生竞争，"[uaŋ⁴⁴]"的语义演变和语法化受到了阻断。

四 处所动词语义的虚化

共同语中的处所动词"在"可以作介词使用，它至少可以出现在以下两种句法环境：（a）V+在+NP_处所，如"放在桌上"，（b）在+NP_处所+VP，如"在家里吃饭"。（a）式中"在"引介终点处所，（b）式中"在"引介活动场所。北部吴语杭州话处所动词"来东"也可以用作介词，它的用法和普通话基本一致，温州市区方言的"是"也有类似的用法，例如：

处所动词：

(61) a. 杭州话：我<u>来东</u>屋里厢。（我在家里。）
b. 温州话：我<u>是</u>屋里。（我在家里。）

处所介词：

(62) a. 杭州话：钞票存<u>来东</u>银行里。（钱存在银行里。）
b. 温州话：钞票存<u>是</u>银行里。（钱存在银行里。）
(63) a. 杭州话：我<u>来东</u>屋里厢吃饭。（我在家里吃饭。）
b. 温州话：我<u>是</u>屋里吃饭。（我在家里吃饭。）

苍南吴语的处所介词也是由处所动词虚化而来。但是与共同语和其他

第五章 苍南吴语处所动词的多功能研究

吴方言不同的是，苍南吴语用在动前标引活动场所的介词和用在动后标引终点处所的介词却有着严格的分工。前者为"宿"，后者为"囥"。具体来说，"囥"只能用在（a）V+囥+NP_处所，而"宿"只能出现在（b）宿+NP_处所+VP。例如：

（64）a. 渠徛<u>囥</u>/*宿门外。（他站在门外。）
　　　b. 渠<u>宿</u>/*囥屋里吃饭。（他在家里吃饭。）

关于"囥"的用法本章第二节中已详述。苍南吴语的"宿"作介词标引VP的活动场所时，句子的主语必须为生命度较高的施事。VP需为可持续一段时间的事件或活动，如："上班、吃饭、做作业、嬉_玩、睏_睡觉"等。例如：

（65）a. 有个农民<u>宿</u>树里摘消梨。（一个农民在树上摘梨子。）
　　　b. 牛<u>宿</u>山里吃草。（牛在山上吃草。）
　　　c. 老师<u>宿</u>黑板里写字眼。（老师在黑板上写字。）

"宿"和"囥"作为介词呈现出的句法分布的互补（"宿"引介活动场所、而"囥"引介终点处所）是由于其源动词决定（source determination）的。由于"住宿"是施事自身发出的动作，其主语必须是有生的；而"置放"为对象为生命度较低的处置对象。源动词决定了语法化的方向和目标。

需要说明的是，我们认为苍南吴语的处所动词中"宿""囥"已经发展出介词功能，而[uaŋ⁴⁴]和"生"则没有发展为介词。证据如下：虽然例（66—67）合法，但是例（68—69）的句法环境下，却只能用"宿"，不能用"生"或[uaŋ⁴⁴]。

（66）a. 渠<u>宿</u>屋里吃饭。（他在家吃饭。）
　　　b. 渠<u>生</u>屋里吃饭。
　　　c. 渠[uaŋ⁴⁴]屋里吃饭。
（67）a. 渠<u>宿</u>杭州上班。（他在杭州上班。）
　　　b. 渠<u>生</u>杭州上班。

c. 渠［uaŋ⁴⁴］杭州上班。

(68) a. 老师宿黑板里写字眼。（老师在黑板上写字。）

b. *老师生黑板里写字眼。

c. *老师［uaŋ⁴⁴］黑板上写字眼。

(69) a. 渠宿墙里画画。（他在墙上画画。）

b. *渠生墙里画画。

c. *渠［uaŋ⁴⁴］墙里画画。

我们认为例（66—67）和（68—69）的区别在于：例（66—67）中处所 NP 为施事主体所处的位置，"宿""生""［uaŋ⁴⁴］"仍可以分析为处所动词，和 V2 形成连动结构；而例（68—69）中，施事主体没有和处所 NP（"黑板""墙"）形成处所关系，此二例非连动句。"生"和［uaŋ⁴⁴］不能用于（68—69），说明两词并非介词。

同样，苍南吴语没有"V+生/［uaŋ⁴⁴］+NP"的格式。

(70) a. 自行车停囥/*生/*［uaŋ⁴⁴］车棚里。（自行车停在车棚里。）

b. 记囥/*生/*［uaŋ⁴⁴］心里。（记在心里。）

介词是一个相对封闭的类，由于在同一个语言系统中"宿""囥"已经率先发展出介词功能，因此阻断了同为处所动词的"生""［uaŋ⁴⁴］"的语法化进程。这也符合使用频率越高的实词越容易发生语法化的规律（沈家煊，1994）。

由于语法化是一个渐变的过程。苍南吴语中的处所介词"囥""宿"的源动词语义较为实在，所以"囥""宿"的源动词语义往往有所滞留，它们的介词性没有共同语"在"强。关于"囥"动词语义的滞留我们已经在 5.2.3 论述。以下三个句式的解析可以论证"宿"的介词性较弱。

第一，陆俭明（2014：82）曾经指出"NP施事+在+NP处所+VP+NP受事"有三种不同的解析，例如：

(71) 我在屋顶发现了小偷。

a. 只有"我"在屋顶上。

b. 只有"小偷"在屋顶上。
c. "我"和"小偷"都在屋顶上。

但是我们用句法结构完全一致的温州话例句"我宿屋顶眙着_看到_小偷"在温州方言区做了调查，包括温州市区、永嘉、瑞安、苍南在内的发音人均认为"只有我在屋顶"一种解读。说明"在"可以管辖NP_施事_，也可以管辖NP_受事_。"宿"的语义指向只有NP_施事_。

第二，"宿+NP_处所_"表示主体活动或者事件发生的场所时，位置不如普通话"在+NP_处所_"自由，必须紧跟在NP_施事_之后（可以插入时间状语）。例如：

(72) a. 我（刚才）在阳台上吃了三块西瓜。
b. （刚才）在阳台上，我吃了三块西瓜。
(73) a. 我（头先）宿阳台里吃三粒西瓜罢。
b. *（头先）宿阳台里，我吃三粒西瓜罢。

第三，在"NP_施事_+宿+NP_处所_+VP"结构中，当NP_施事_不是真正处在NP_处所_的位置时，同样结构的句子当中，部分句子方言合作人表示难以接受①。例如：

(74) a. *我宿茅坑桶里眙着_看到_个苍蝇。（我在马桶里看见一只苍蝇。）
b. *我宿格斗里眙着_看到_个胶蚕蛦儿_蟑螂_。（我在抽屉里看见一只蟑螂。）
c. 我宿菜里眙着_看到_个苍蝇。（我在菜里看见一只苍蝇。）
d. 我宿书里眙着_看到_个错别字。（我在书上看见一个错别字。）
e. 我宿黑板里写字眼。（我在黑板上写字。）

---

① 需要说明的是，在判断一个句子是否能说是一件不太容易的事情（尤其是在口口相传的方言中），完全依靠合作人的语言直觉（即土人感）。而这种直觉常建立在合作人语言经验的基础上，取决于合作者能否很快滴地脑中建立起一个相关的现实场景。我们在调查中发现，对于一些处于模糊地带（marginal）的句子，即便地域相同、年龄层相同的合作人，也会出现有人在语感上认为成立，其他人不认可，或者同一个合作者，这次不接受，下次则认可的现象。

f. 我宿墙里画画。（我在墙上画画。）

方言合作人对于（74a—f）的接受度是逐步增加的。对（74a）拒绝接受的态度最强烈，（74e—f）大部分表示能接受。我们认为，（74e—f）容易从"我宿屋里看书"和普通话"我在黑板上写字"这样的格式得以类推。这样的双重影响，使得例（74e—f）被逐渐接受，即"宿"可能会逐步突破其句法限制，进一步语法化。需要申说的是，（74a—d）自然表达格式为存在句格式，"NP$_{处所}$+有+NP$_{客体}$"。

(75) a. 我睬着$_{看到}$茅坑桶里有个苍蝇。（我看到马桶里有只苍蝇。）

b. 我睬着$_{看到}$格斗$_{抽屉}$里有个胶蛰蚓儿$_{蟑螂}$。（我看到抽屉里有只蟑螂。）

c. 我睬着$_{看到}$菜里有个苍蝇。（我看到菜里有只苍蝇。）

d. 我睬着$_{看到}$书里有个错别字。（我看到书上有个错别字。）

从认知角度来看，"NP$_{施事}$+宿+NP$_{处所}$+VP"优先激活的是NP$_{施事}$和NP$_{处所}$之间处所关系。而"NP$_{施事}$+在+NP$_{处所}$+VP"中"在NP$_{处所}$"往往作为背景信息，成为VP的一部分。

从历时角度来看，"宿"的语法化还不够彻底。实际上，共同语中的"在"也处在一个动词和介词并用的时期①。这是语法化的一个常见现象。

五 "处所介词+远指代词" 作体标记

上文已经交代，吴方言"处所动词/介词+处所性成分"所构成的复合词作为体标记，在动前表示动作的进行，在动后表状态的持续。苍南吴语"囥"和远指处所代词"狐$_{那儿}$"组合，只能用于动后作为持续体标记；而相应的用于动词前表示动作的进行则是"宿+狐$_{那儿}$"，两者有严格的分工。例如：

(76) a. 门开囥狐$_{那儿}$。（门开着。）

---

① 有一些介词则虚化的比较彻底，如"被""把""将"等。

b. 鞋带散囥狧那儿。（鞋带散着。）

(77) a. 我宿狧那儿吃饭。（我在吃饭。）

b. 渠宿狧那儿眙看电视，冇宿狧那儿眙看书。（他在看电视，没在看书。）

而且，"V—囥狧"也并未完全虚化，其语义解读和 V 的状态性相关。比较下例中三个句子：

(78) a. 书 [lia³³⁴]落囥狧那儿。（书落在那儿。）

b. 书摊囥狧那儿。（书摊在那儿/书摊着。）

c. 书翻囥狧那儿。（书翻开着。）

以上三句"囥狧"的虚化程度随着动词状态性的增强而增强。以是否能和近指代词对举可区分。与近指代词对举时，"囥狧那儿"失去了"持续"义。

(79) a. 书 [lia³³⁴]落囥㲆这儿，冇 [lia³³⁴]落囥狧那儿（书落在这儿，没有落在那儿。）

b. ? 书摊囥㲆这儿，冇摊囥狧那儿。（？书摊在这儿，没有摊在那儿。）

c. *书翻囥㲆这儿，冇翻囥狧那儿。（*书翻这儿，没有翻那儿。）

相较"囥狧那儿"，动前"宿狧那儿"的语义透明度较低，有词汇化的倾向，一般语句中不容易解析为"在那儿"，除非和"宿㲆这儿"对举，或者在特殊的问答句中才可以还原为"在那儿"。

(80) a. 渠宿狧那儿写字眼。（他在写字。）

b. 渠宿狧那儿写字眼，冇宿㲆这儿写字眼。（他在那儿写字，没在这儿写字。）

c. ——渠宿狧哪里写字眼？（他在哪儿写字？）

——渠宿狧那儿写字眼写字。（他在那儿写字。）

实际上,"宿狃""囥狃"和吴语"勒×"的语法化程度是有差异的。以苏州话的"勒里"为例,"勒里"源自动宾短语或介宾短语"勒……里"的省略紧缩,其本身意义上已经包含了处所题元,在句法结构上其处所题元的位置也已经被占据了,而苏州话在此时仍能后接处所题元。这说明"勒里"已经不能被分析为一个动宾/介词组合了,×不再占据题元的句法位置,而只能分析为复合词"勒×"的一部分,成为动词或介词的表示距离义的虚语素了(刘丹青,2009)。而相反,"宿狃那儿""囥狃那儿"的"狃那儿"则占据了处所题元的位置,不能再后接处所题元,如"*宿狃那儿杭州""*囥狃那儿杭州"都是不能接受的。总之,"宿狃那儿""囥狃那儿"还是可以离析出"在那儿"的语义。

再来看"[uaŋ⁴⁴]狃那儿"和"生狃那儿"的情况,这两组合的常规理解都是"在那儿"。但是"[uaŋ⁴⁴]狃那儿"也有虚化的倾向。在一些常常可以蹲着完成的动作前,"[uaŋ⁴⁴]"的方式义常背景化,当该动作不是蹲着完成的时候,用"[uaŋ⁴⁴]狃那儿VP"就可以理解为"正在"。

(81) a. 渠[uaŋ⁴⁴]狃那儿哭。(他蹲在那儿哭。/他蹲着哭。/他在哭。)

b. 渠[uaŋ⁴⁴]狃那儿哭长久显罢。
(他蹲在那儿哭了很久了。/他蹲着哭了很久。/他哭了很久。)

c. 渠[uaŋ⁴⁴]狃那儿拔草。(他蹲在那儿拔草。/他蹲着拔草。/他在拔草。)

但是如果我们将 VP 换成其他常规情况下不是以"蹲"的姿势完成的 VP,那么"[uaŋ⁴⁴]狃"一般不解析为进行体标记。

(82) a. 渠[uaŋ⁴⁴]狃那儿笑。(他蹲在那儿笑。/他蹲着笑。/*他在笑。)

b. 渠[uaŋ⁴⁴]狃那儿吃饭。(他蹲在那儿吃饭。/他蹲着吃饭。/*他在吃饭。)

以上说明,"[uaŋ⁴⁴]狃那儿"表示进行的使用是高度受限的,可能是来自"处所介词+远指代词"组合作为体标记,这个功能的类推。同时,又由于其他类似的组合已经先于它完成语法化而受到阻断。所以，"[uaŋ⁴⁴]狚那儿"使用频率远远没有"宿狚那儿"高。而且苍南吴语中也会使用"是狚"作为进行体标记。在三者的竞争中，"[uaŋ⁴⁴]狚那儿"作为进行体标记在新派的口语中较少用。

"生狚那儿"则只能表示实在的"在那儿"，不用作体标记。

第四节　本章小结

本章讨论了苍南吴语并存的几个处所动词"囥""宿""[uaŋ⁴⁴]""生"，它们在共时层面上的语义和功能有重叠，也有差别。重叠之处在于四词均可用于编码静态事件中的[位置]要素，指明焦点实体和背景之间是一种空间位置关系。差异主要体现在主语的生命度、能否表示非惯常或非方然的静态事件以及能否用作处所介词等方面。

不同的语义来源的处所词，在共时层面上可能形成句法结构上的互补（如：动后介词"囥"和动前介词"宿"），也可能形成竞争（如："宿"和"[uaŋ⁴⁴]"之间的竞争）；它们的使用频率不一致，其中某个或某些词项的义项可能会被淘汰（如：[uaŋ⁴⁴]作为处所动词较少用）。它们语法化的速率也不平衡（如："囥""宿"发展出了处所介词功能，[uaŋ⁴⁴]和"生"则停留在处所动词的阶段）。

总体来说，苍南吴语处所动词的语法化，体现了世界语言语法化类型一般化的特征。置放义、住宿义和姿势改变义动词在汉语方言和世界语言中发生语法化的现象均不罕见。上文已论及"置放"义动词演变为处所介词和体标记是语法化的一条常见路径。

表示"居住"的词语发生语法化也常有报道。例如，浙南闽语中"居"可用作处所动词（如"居厝内在家里"）（温端政，1991：150）；广西贵港方言的居住义动词"住"发展为表持续和进行的标记（麦穗，2002）；广州话的"住"可用作持续体标志。根据 Matisoff（1991：415）和吴福祥（2010a），"居住"义语素的多功能性是东南亚语言最为普遍的区域特征之一。很多语言（侗台、苗瑶、孟高棉、藏缅）的"居住"义语素，除"居住"义动词外，不同程度上兼有处所/存在动词、处所介词以及持续体标记等功能。吴福祥（2010a）还归纳了"居住"义动词的两条演化路径："居住>处所/存在动词>持续体标记"和"居住>处所/存在动词>处所介词>持续体标记"。苍南吴语"宿"就是沿着后一条路径演化，只是在获得处所介词功能后和远指代词"狐那儿"结合，词汇化后置于动词前作进行体标记。①在北部吴语绍兴、杭州、富阳、宁波、安吉等地表示"居住"的"庵"②，也可用作处所动词（如富阳话：伊一生世庵勒噶间破房子里 他一辈子都住在那间破屋子里/我庵菜场里买菜）。

一些北方方言中"蹲家里"有"待在家里"的意思，"蹲点""蹲监狱"等表达中"蹲"也均一定程度的语义虚化（reduction）。在沭阳方言中姿势改变类动词"蹲"也可以用作处所介词，表示动作行为发生的地点（郝红艳，2015）。根据 Heine 和 Kuteva（2002），表示人类体位姿势的词语常表持续意义，如："坐（津巴语等）""站（保加利亚语等）""躺（约尔奴语等）"。

总之，从类型学角度看，苍南吴语以"在"义动词编码处所关系。但是苍南吴语的"在"义动词来源丰富，处所义形成机制有所差异，且有不同程度的虚化，并在共时层面形成分布互补和竞争，是一个值得关注的问题。

---

① 实际上，根据 Comrie（1976）的体系统分类，进行体（progressive）为持续体（continuous）的下位概念。

② 北部吴语居住义的这个动词本字尚未有定论。盛益民（2014）记为"蹲"，但是盛先生在私人交流中指出，进一步思考后他认为本字应该不是"蹲"；阮桂君先生在私人交流中指出本字可能是"庵"。为了和共同语的"蹲"相区分，我们暂时记为"庵"。

第六章

结　　语

第一节　本书的主要结论

本书在位移事件类型学的框架下对苍南吴语的位移事件（包含动态的物理位移和静态处所）进行了详细的刻画，通过田野调查、口述语篇分析、定量统计等手段，详尽描述了苍南吴语位移事件的表征模式；并且通过类型学视野下的对比、归纳与演绎相结合的方法，对苍南吴语位移事件表达的特点进行归纳。而且本书还重点关注位移事件核心要素［路径］的编码模式，并在语法化观照下探讨苍南吴语［路径］表达如何向非空间范畴延伸，揭示了苍南吴语路径表达多功能模式所呈现出的类型共性和语言特性。主要结论如下。

一　关于苍南吴语位移事件表达

首先，从类型学角度看，苍南吴语位移事件表达呈现出显著的 S 型语特征。定量分析表明，苍南吴语路径动词很少用作主动词，V 型结构只少量用于编码自主位移事件，不用于编码致使位移事件；位移方式表达精细、凸显度较高。

其次，普通话中趋向补语用在方所题元前起介引系联的作用（刘丹青，2013［2003］：177），而吴语苍南趋向补语往往不能直接介引方所题元，如"＊走出教室""＊飞去北京"表达不合法，只能说成"走教室出""飞北京去"。苍南吴语的方所题元常由方式动词直接支配（如"走杭州爻罢_{已经去杭州了}"）。

再次，有别于温州市区方言不使用复合趋向补语，苍南吴语可以使用（但不常使用）复合趋向补语。

最后，苍南吴语方向事件表达的主要格式为"望+D+V"，介词后跟趋向词是范畴的误配。本书推论该格式由"望+方位词+V"类推而来，而类推的桥梁语境应为苍南吴语中可以作双重分析的"望底VP"。

二 关于苍南吴语路径动词的多功能性

首先，路径动词由于融合的语义要素较少，语义泛性高，容易发生语法化。苍南吴语路径动词在共时平面上呈现出趋向补语、结果补语、动相补语、时体标记、能性补语、补语标记等多功能模式。从"趋向动词>趋向补语>结果补语>动相补语/时体标记"是汉语反复被论证的一条语法化路径，也是苍南吴语路径动词语法化的主要方向，体现了语法化类型的一般化。

其次，一种语言（或方言）的句法环境可能诱发语法化，也可能限制语法化的发展。例如，苍南吴语"起""来"均可用作补语标记，"落""去"可用于"V+落/去+C"的格式中，也有虚化为补语标记的趋势。这可能就是由该方言底层的状语后置结构类推而来，当视为由接触引发的语法化现象，这条路径有别于其他东南方言中由动相补语发展而来的补语标记。再如，相较汉语其他方言，苍南吴语路径动词未演变为方所题元标记，可能受到该方言方所题元（除方向外）大多无须标记引介这一现象的限制。

最后，路径动词在语法化中会产生竞争，其中某个词项的语法化可能会受到阻断。例如，苍南吴语上移类路径动词"起"的使用频率高，语法功能丰富，语法化程度也较深，而同为上移类的路径动词"上"的用法受限，语法化受到阻断。同理，没有了来自复合趋向补语的竞争，苍南吴语简单趋向补语有了更大的发展空间。例如，"落"可表状态的完结、延续和迄至，这三种状态在普通话中分别由"下（来）""下去""下来"来承担（如"定下盟约、说下去、停下来"）。

三 关于苍南吴语路径介词的多功能性

首先，苍南吴语编码位移路径的前置词总体来说不发达。起点题元、终点题元和经由题元均可不通过前置词的引介而出现在位移表达中。常用表路径的前置词只有标引位移方向和目标题元的"望"。

其次，苍南吴语在表征构向类路径信息的方所后置词中，定向方所后置词很少使用，而泛向方所后置词"里"的泛指性强、使用强制性高、虚化程度高，已经大致接近于一个虚化的方所题元标记，如：教室里、广场里_(广场上)、海里_(海上/海里)、天里_(天上)、面里_(脸上)。

最后，介词"望"在苍南吴语具有多功能性。除标引方向外，还可用以引介有生对象、受益对象和处置对象等。本书构拟其语法化路径为：视觉动词→介词（位移方向→有生方向→受益者→处置对象）。"望"的语法化受到苍南吴语特殊句法结构（受事宾语前置）的影响。

四　关于苍南吴语处所动词的多功能性

首先，苍南吴语中并存多个处所动词，常用的有"囥""宿""[uaŋ⁴⁴]""生"，它们在共时层面上的语义和功能有重叠，也有差异。重叠之处在于四词均可用于编码静态事件中的[位置]要素，指明焦点实体和背景之间是一种空间位置关系。差异主要体现在主语的生命度不同、能否表征非惯常（habitual）或非当下（nunc）的处所关系，以及能否用作处所介词、时间介词、体标记几个方面。

其次，四个不同来源的实在义动词，在不同演变机制的作用下，语义特征要素逐渐脱落，并在共时层面上产生语义交叉和竞争。本书描绘"囥""宿""[uaŋ⁴⁴]""生"处所义来源和演化机制分别为：

囥：藏物→存放→置放→处所（句法重新分析）
宿：住宿→居住→驻留→处所（语义蕴含关系）
生：生长→长在→处所（语义蕴含+语用推理）
[uaŋ⁴⁴]：下蹲→蹲着→处所（语用推理）

再次，四词在共时层面上的虚化程度也不一样。"囥"和"宿"发展出了处所介词的功能，两者句法分布互补，前者只能用在动后标引终点处所，而后者只能置于动前引介动作的活动场所。我们通过接受度调查证明，两者的介词性均弱于共同语的处所介词"在"，在部分结构中"宿"和"囥"还只能视为连动结构的 V1 或者 V2。"囥"和"宿"均能与远指代词"狃_(那儿)"组合用作体标记，"囥狃_(那儿)"可置于动后表示持续，"宿狃_(那儿)"可置于动前表进行。"[uaŋ⁴⁴]""生"目前阶段尚不能用作介词。

整体来看，苍南吴语多个处所动词并存的现象，体现了语义演变中，不同来源的词项在某一个义项上的交叉和重叠；而同一处所动词往往又"身兼数职"，用以表达其他语义和句法功能，这是人类认知能力发展的必然结果,也体现了概念之间关联性。

第二节 本书的主要价值

本书在位移事件类型学框架和语法化理论的指导下,采用定性研究和定量分析相结合的方法,对苍南吴语位移事件的表达模式进行了刻画,并在详细分析位移事件核心要素:路径动词、路径介词、处所动词共时多功能性的基础上,拟构它们的语法化链、探索背后的机制和诱因。本书研究至少还有以下几个方面的理论和应用价值。

首先,拓展汉语位移事件类型学研究的视角和空间。本书详尽刻画了苍南吴语位移事件的表达系统,揭示系统内部结构的类型学特点,拓展了汉语位移事件研究的广度和深度。本书的研究可补充和完善位移事件类型学研究的成果。同时,本书将静态事件纳入考察,通过分析得出,汉语(含苍南吴语)静态事件表达的核心图式[位置]要素通常由处所动词/介词和后置方所词共同编码,后置方所词使用强制性较高。

其次,本书从语义演变和语法化的角度,全面考察苍南吴语路径动词、路径介词和处所动词的历时演变。利用它们在共时平面所呈现的多功能形式,层层剖析,并通过共同语同类现象的历时考察及其跨方言、跨语言概念空间或语义地图进行参证,利用认知语言学、语法化理论进行分析和解释。本书拟构的语法化链条及揭示的语法化规律和动因,可以为同类研究提供理论参考,也可为更高层面的理论研究提供可资参考的一手语言资料。

再次,本书探讨的汉语位移事件表达格式和路径表达的多功能,可为汉语语法教学、翻译实践及面向计算机的自然语言处理提供理论支撑。例如,汉语位移表达中后置方所词的强制性较高,是留学生学习汉语中容易语误之处;本书关于路径表达多功能节点的讨论,也可以为汉语词典的编著和自然语言处理提供参考。

复次,本书研究成果可为世界语言资源建设提供材料。书中描述的具有特殊演变链条的个案,能够成为世界语法化词库的补充,为世界语法化词库提供补充和中国境内语法化词库的建设提供材料。例如,路径动词"起"作为补语标记,"来""去"用作能性补语、完成体标记;"落"可表起始相、迄至相和完结相等;视觉动词"望"经由方向介词发展为处置式标记;"藏物"义动词"囥"通过语义泛化发展出处所义,并通过重新分析成为处所介词;"住宿"义动词"宿"通过语义蕴含关系的实现发展为处所动词,并类推出处所介词功能。

最后,在长达近两年的调查中,我们发现苍南吴语的语言现状介于"受到侵蚀的语言"和"濒临危险的语言"之间,目前还未见对该方言调查和研究的专著(该方言作为观察对象之一只见于个别专著中)。虽然本书主要描写苍南吴语的空间位移范畴,而非参考语法性质的概貌描述,但本书刊布的田野调查和诱导性语料,可为汉语方言的比较研究提供有价值的语言材料,对抢救保护我国语言多样性资源也具有一定的意义。

第三节 研究局限和展望

本书还存在若干的局限。由于缺少方言历史语料,我们无法对苍南吴语位移表达整体模式进行历时演变的考察,这是非常遗憾的。而且,虽然本书在刻画路径动词、介词、处所动词语法化时,尽量采用最小对立、替换、添加、删减等句法测试手段,以跨语言事实作为参证,判断各个多功能节点的性质,避免主观臆断,但如果增加方言历史事实作为依凭,论证将更为翔实。缺少方言历史语料,是汉语次方言研究中无法克服的困难。希望本书研究和记录的语料、转录的文本能够为后人研究提供可参考的"历史"语料。

笔者目前所能想到,本书至少还有以下课题有待深入探讨:

首先,本书主要关注位移事件核心要素[路径]的编码方式,对路径动词、路径介词和处所动词的表征模式以及范畴延伸作了较详细的描述和分析。然而,对位移事件中其他概念要素(动体、背景、位移、方式、致使等)的关注比较少。实际上,正如我们在第二章提及的,苍南吴语位移事件表达的方式凸显度(manner saliency)相当高,方式表达的词汇类型丰富、颗粒度精细,也是非常值得关注的一个课题。

其次,本书研究揭示了苍南吴语位移事件表达的句法结构与普通话有较大的差异。但是本书主要是单点方言调查,如果能将位移事件类型的考察扩展到整个吴语区,进行南部吴语、北部吴语的比较,乃至更大范围的跨方言类型比较,可能会有更多类型学意义上的发现。比如,我们在尝试性调查(pilot study)中发现,东北官话哈尔滨方言的位移事件表达中 V 型结构使用频率较苍南吴语和普通话均高得多。这些方言差异是否反映出不同语言社区的思维模式差异?

再次，还有一个令人困扰的问题。学者们一致认为温州方言存古现象较多，"温州话的语音体系更接近于古汉语、温州话的声调基本保留了古汉语的声调体系"（沈克成、沈嘉，2004）；"在区分音类方面，温州话有不少保守的表现，保持较多的古音类差别"（郑张尚芳，2008：110）；"温州方言是保留唐宋时期汉语共同语特征最为完整的方言之一"（马贝加，2016）；"温州方言语法最显著的特点之一是保留了较多的古汉语语法成分"（游汝杰，1981）。沈克成则直接声言"温州方言为古汉语的活化石"（沈克成，2010）。

而汉语史的证据则一致表明，汉语位移事件表达类型经历了从 V 型语到 S 型语的演变（Li，1993；Talmy，2000b；Peyraube，2006；Xu，2006；史文磊，2014）；Yiu（2014）通过大量事实论证了汉语五大方言位移事件表达模式演变的速率为：吴>官>客>闽>粤。本书的研究也证明了苍南吴语的位移表达呈现出比普通话更显著的 S 型语特征。

以上两方面的表现形成了"滞古较多"和"演变速率较快"的矛盾。Berkely 的心理学家、语言学家 Slobin（1987，2000）提出的言为思限（Thinking for Speaking）以及语言的相对性和决定论（Linguistic Relativity and Determinism）的思想或许能为该问题的解决提供思路。Slobin 认为语言演变中往往有"变"和"不变"两股力量同时起作用。一方面由于各类因素的影响，语言总是在不断地变化着；另一方面由于语言使用者的思维惯性，往往要求保留原有的、习惯的句式和表达。这两股力量伴随着语言演变的整个过程，带着这种辩证的思维，就可以将语言中的"存古"和"演变"看作语言演变中互相制约的两个因素，语言中某些方面演变得快了，另一些方面就可能滞留较多。

当然，这还只是一个理论假设，需更多语言事实的论证。

附　　录

附录1　主要方言合作人信息

姓名	性别	出生年	家庭地址	职业	文化程度
金美娟	女	1954	浙江省苍南县灵江镇	退休工人	小学
姜庆初	男	1953	浙江省苍南县灵江镇	退休公务员	大专
金加强	男	1961	浙江省苍南县灵江镇	公务员	大专
金华萍	女	1983	浙江省苍南县灵江镇	幼儿园教师	大专
金　璇	女	1984	浙江省苍南县灵江镇	公务员	本科
姜作宇	男	1980	浙江省苍南县灵江镇	工程师	本科
林少锋	女	1975	浙江省苍南县灵江镇	职员	中专

附录2　苍南吴语《梨子的故事》录音转写

为了增加转录文本的可读性，我们将下文涉及的主要方言字/词做一个说明：狐=那儿；觳=这儿；狙=哪儿；该=这；许=那；个=个，的；消梨=梨子；宿=在；园=在、放、藏；渠=他；沃=都；亦=又；眙=看；眙着=看到；能屇=现在；姆儿=孩子；担=拿；掇=端；遁=掉；丐=给；瞿=行走；逮=把；罢读作轻声［.ba］时为语气词，表新发生的情况或变化；爻为动相补语或完成体标记。

较生僻的方言字/词在每个篇章中仅首次出现给出注释。

梨子的故事（1）
（发音人：男，64岁，大专）

天光头_{早晨}，生_在外国，一个老老_{老头子}宿梨树里摘消梨。渠摘来是囥_放门厢_{前面}许个兜兜里个。渠爬楼梯上摘喽！消梨树蛮高蛮大喽！带两头篁箩_{箩筐}。该头篁箩摘满罢。一袋袋慢慢囥，囥落囥落去。该消梨阿蛮大个 [.ɲi] [.hɔ]_{语气词}！该老老阿，蛮细心喽。一个个慢慢囥，囥落囥落喽 [.hɔ]！边厢有头驴，何乜声音啊？驴个声音叫起叫起来。[.ɜ]_{语气词}！老老对消梨蛮值钱_{很珍惜}喽！逮渠慢慢囥慢慢囥落。[ŋ¹]_{语气词}有一个牧驴个人，驴牵过罢。牵边厢_{旁边}过。该老人家亦_又爬楼梯上去，走消梨树摘消梨。该是驴阿何乜？想吃消梨啊？眙下眙下啊！牵走爻去罢。哦，蛮好喽！摘两篁箩喽！两篁箩满满 [.ɜ] □还一个个摘落添 [.tʰo] [.ŋo]！渠摘来何恁_{这么}认真 [.hɔ]！哦！有个人踏踏脚车来，是姆儿！踏脚车踏过来罢！该姆儿正十三四岁能光景。踏脚车恁大。戴个箬笠。哦，踏到消梨个边厢，该个好比讲不是老老个姆儿，阿不是老老个孙，我眙。阿有讲话个、偷偷摸摸个。眙眙该老老走摘消梨，摘来恁味道_{有兴趣}。渠自担个阿了不得_{不够}。整篁箩想掇掇去爻。[.ga]掇、掇、掇去罢。掇囥踏脚车边厢。踏脚车本倒囥犼_{那儿}个。能屈拔起来。渠踏脚车门前装个铁板。该是通勤车，寄_放物事个。[.ɜ]！囥起爻罢。哦，好比是个女个一色。踏蛮老师_{很熟练}喽！踏走罢，老老到能屈未发现 [.tʰo] [.ŋo]！何能石头路阿踏恁老师，[.tʰo] [.ŋo]！哦，对面踏个奶儿_{女孩子}来罢。该个路阿真毛_坏。哦！该个姆儿跟该个奶儿会相碰头 [.ɜ] [.fio]！，碰、碰、碰、碰起。消梨统_都倒倒地下爻去罢。帽阿遁遁爻去 [.ɜ]！[.ŋ¹]，脚脚阿倒痛喽！边厢_{旁边}还有三个姆儿 [.tʰei]！三个姆儿瞿来罢。阿蛮好，逮渠消梨一个个 [kʰei³³⁴]_捡起，[kʰei³³⁴] 囥篁箩里。该奶儿逮渠自行车扳起。[.ŋ¹]，该篁箩抬囥自行车边厢架里。有个姆儿生犼打乒乓球。[.ɜ] 该姆儿走啦！三个姆儿走罢，该个姆儿踏脚车 [dɛ³¹]_推走罢，囥 [dɛ³¹]。哦！该个姆儿箬笠_{斗笠}遁遁爻去！该人打乒乓球该人蛮好，送丐渠。踏踏脚车，偷消梨个姆儿阿担三个消梨丐送帽该个姆儿。踏脚踏车偷消梨该个姆儿脚踏车慢慢 [dɛ³¹]，[dɛ³¹] 走罢。该打乒乓球该姆儿担去三个消梨。每个人分一个。望门厢走、走、走。边走边打乒乓，该人逮乒乓球蛮爱好喽，[.cʰ] □该老老 [.ɜ] 摘消梨楼梯慢慢爬，爬落来罢 [.ɜ]，眙眙该簟箩里断个_{一个都没有}消梨_也怎么吗？狃_{哪里}爻吗？实际上还有一簟箩丐人偷去爻罢。眼睛狃_{那儿}眙眙，毂_{这儿}眙眙。眙着三个姆儿走过来。一个姆儿手里朵着三个消梨。该老老_{老人}真真蛮好喽！消梨丐人担去爻，担去爻阿不问渠喽！该姆儿沃_都走、走、走过爻去。老老盯盯眙_{盯着看}，盯盯眙。阿𦥑觉得可惜喽！也哦？结束罢！

梨子的故事（2）
（发音人：男，37 岁，本科）

天光早，鸡叫起罢！有个老老_{老头}宿树里摘消梨。渠楼梯里爬落来罢！[.uo]，消梨遁_掉落爻！老老逮兜里个消梨一个个掏出来。倒园簟箩_{箩筐}里。一簟箩满满罢。遁落许个消梨阿 [kʰei³³⁴]_捡起，围巾担落来擦擦光生_{干净}，叶园簟箩来，围巾 [βo²¹³] 起_{系起来}。有一个蹩脚人，牵牢一头羊过来罢。脚蹩下蹩下。[.ŋ'] 该羊走消梨狃眙眙，哇，香显，想吃显。哇，拔阿拔不走。羊走远远能，还、还头仰过来眙眙哦。老老又宿树里摘消梨，一个一个摘落园园兜兜里。有个姆儿踏脚车踏过来罢。踏脚车慢慢踏，踏过来。踏到消梨边厢。[.ɛ]，眙眙恁多消梨。踏脚车里走落来。望踏脚车扳倒园地下。眙眙该老老冇眙着_{看到}，该老老还生狃_{那儿}摘消梨。眙眙，想担一个走。哦，眙眙下渠阿冇眙着。整簟箩丐渠掇掇去爻 [.tʰei]。自行车扳起来，脚脚蹉_跨上去，簟箩掇上园园自行车门前。踏走罢！哦！该石头路孬踏显，消梨又恁重。有个奶儿阿踏车踏过来。生蛮好个。两个姆儿相碰头罢！哇，帽遁遁去爻。碰着一粒石头。消梨全部倒倒地下爻去。该姆儿瞿起_{站起来}，脚胐头_{膝盖}捵捵俫。哦，脚胐头痛显痛。有三个打乒乓球个姆儿宿边厢眙着罢！哦，该姆儿瞿过来，丐渠消梨一个个 [kʰei³³⁴] 起，[kʰei³³⁴] 园篮里。三个姆儿统_都逮渠做阵_{一起}相帮。还有个姆儿逮渠自行车扳起_{扶起来}来。好显好。还逮渠消梨抬园自行车门前_{前面}。石头阿逮渠 [pʰia⁴²]_扔走。该三个姆姆边打乒乓球边走。该个姆儿自行车 [dɛ³¹]_推走，慢慢 [dɛ³¹]，慢慢走。该三个姆儿，[.ei]，眙着有个箬笠。叫渠一声。[.ei]，你箬笠遁爻罢。箬笠担丐渠还。望箬笠戴头里。自行车慢慢 [dɛ³¹]，[dɛ³¹] 走。该个 [maŋ³³⁴]_{男孩}射_跑过去，担三个消梨来。该三个姆儿边啃消梨边走。该个摘消梨个老老楼梯上面瞿落_{走下}罢。[.ei]，眙眙，我个消梨狃_{哪里}爻吗？该个簟箩还全空个。总两个簟箩爻去罢！该下眙着有三个 [maŋ³³⁴] 边打乒乓球，边瞿过。手里还担牢一个消梨啃下啃下，慢慢能走去爻罢。就恁罢！

梨子的故事（3）

（发音人：女，34岁，大专）

该日天色好显好，起早老金就走水果园里摘消梨。眙眙今年树里个消梨亦大个亦合切_{漂亮}。摘两篮满满个消梨罢。老金逮遁_掉地下该个擦擦光生_{干净}亦囥篮里。消梨园篮里以后，亦爬树里摘消梨罢。隔壁老吴牵一头羊经过该水果园，眙着_{看到}该消梨。只讲该消梨好。[.uo] [.ei]（赞叹！）该消梨啊真合切，亦大个亦合切_{漂亮}。该羊眙着来阿想吃显，老吴尽命_{拼命}逮羊牵走。

小明正好踏自行车望归走_{往回走}。踏到树下，车停落眙着_{看到}该路边个消梨啊，何恁合切！[.ga] 走逮消梨担起眙下眙，嗅下嗅。[.ei]，该阿叔走楼上摘消梨阿有眙着，掇一篮囥车里走就好！掇一篮啊，囥自行车门前啊，马上望归踏_{往回骑}。正好对面踏过来个自行车相碰头。不小心阿碰着一粒石头。车翻倒，一篮个消梨啊，通通倒囥地下。脚脚阿碰去[ȵi]_{语气词}痛死。走路边嬉_玩个三个[maŋ³³⁴]_{男孩}眙着来渠踤倒_{摔倒}，马上走过来逮渠牵起。遁地下个消梨阿逮渠相帮[kʰei³³⁴]_捡，一个个统逮渠[kʰei³³⁴]囥篮里。许个踏自行车个[maŋ³³⁴]踤_摔蛮煞，脚脚统破爻。渠就自行车推起，慢慢能推走。[.ei]，该个帽是渠遁个。[.ei]，你帽遁爻去。哦，谢谢，谢谢，真谢谢。丐你俫麻烦，该三个消梨送你俫吃。三个[maŋ³³⁴]一个人一个消梨，边走边吃，阿经过该个水果园。该时节_{时候}老金正好摘消梨落来，眙眙该消梨总_只剩两篮。头先_{刚才}三篮个，能届喾那_{怎么}总_只变两篮嘛？还有篮狃_{哪里}爻哦？该三个[maŋ³³⁴]手里朵个_{拿着的}消梨肯定是我个罢。我个消梨啊，肯定是该三个[maŋ³³⁴]偷个。

梨子的故事（4）

（发音人：女，63岁，小学）

天光_亮罢，公鸡叫起罢。天光罢！该个栽梨个农民着走出丰收，着走摘梨罢。梨真多啊！树里栽满满满满个梨。很开心个宿狃_{那儿}摘。嗯，一个个个_的梨摘。唔，摘来很多很多个梨。唔，一下就摘一箩满满。哦……，该时节牧羊个人来罢。农民对渠真值钿_{很珍惜}，遁_掉个落阿不舍得，尽命[kʰei³³⁴]

捡起来，捲擦捲爻，亦囥底。诶，亦去摘罢。摘一箩满亦有，真丰收。梨生真多。该牧羊个人倚狐眙眙。羊阿倚狐那儿眙眙。该梨怎合切漂亮。不是，该个牧羊个人怎懂礼貌，阿不逮渠担拿个吃吃。该个踏车个姆儿翟过来罢。踏车踏毂这儿过眙眙。怎多梨，摘落囥毂，人訾那怎么有是在毂乜哦？梨下几下个好几个箩顿竖放毂，人有是毂。唔，该机会好。眙着眙人还宿树里摘梨。心想逮渠担两个来吃吃个。眙着眙该个老老，厘厘阿有发觉，还干脆逮渠成筐掇掇来爻算罢。掇来爻渠啊晓不得。该下好，逮渠顿囥自行车上面。正宿狐想办法，訾那掇掇好呢？人上去先，消梨顿囥上面。走⋯⋯，唔，该下唔机会好。一筐踏走罢，该老老阿晓不得，逮渠踏踏去爻去。

紧，紧，踏快，踏快，快踏，快踏。哇，心里快活显。唧，唧唧咋咋踏。还是，对面踏过来罢。有一部车踏过来相碰头罢。两个人一不小心啊，一撞，[.pʰoŋ.loŋ]，哎呀，碰着一粒大石头。消梨统倒地下爻去。嘎，脚脚阿倒去摔伤。哎哟，痛死痛死，痛死。脚胐头膝盖阿擦破爻去。哎哟，哎哟，痛死痛死。有一家人宿狐打乒乓球。眙着看到该奶儿小女孩踤倒摔倒罢。尽命走来逮渠相帮，梨逮渠[kʰei³³⁴]起丐渠，帮渠一个一个[kʰei³³⁴]起，车扳起来。唔，该好心个人。逮渠顿车里丐渠，搬上丐渠。该粒石头丐渠碰倒。该粒石头丐渠搬走爻去。该是好心个人，一家人。哦，你慢慢踏哦，踏好哦。唔，该奶儿开始就踏走爻罢。脚脚还是狐痛，蹩下，蹩下，蹩下，蹩走罢。可是该箬笠还遁通毂，未担去。该好心人想想，该箬笠送丐渠还。诶，诶，你箬笠遁爻去罢！哦，该下晓得罢。谢谢你。箬笠送丐渠还，丐你三个消梨吃。该个姆儿高兴个接过消梨。有三个消梨吃罢。走罢。三个人分，个人分一个。冇洗，衣里擦两擦就吃罢。手里朵牢拿个乒乓球，走罢。

不是，该个摘消梨个人，摘好罢。树里摘好罢。落来罢。一眙着，咦，渠明明两箩个，訾那总一箩爻去，乜吗？嘿，还有狐哪里爻唻？奇怪，两个箩筐訾那怎么变一个箩筐爻去。眙眙近圈附近亦冇人。该下正好三个打乒乓球个人翟过来罢。眙眙渠手里，边担一边啃一边吃。啊，该消梨是我个。逮我偷去吃。但是，渠箩筐手里亦冇。个人总只吃一个，啃下啃下。好！

梨子的故事（5）

（发音人：女，42岁，中专）

该是一个热显热个六月。有个老人宿自个农场底面摘消梨。一个又一个，辛苦显辛苦。有个消梨咯噔遁_掉_地下爻。该个老人逮渠担起，逮自兜兜里个该俫消梨全部倒该篮儿里。一个亦一个多显多。

有个遁地下爻蛮麈糟，该个工人还逮自个围巾劯_使劲拉_落，擦擦光生_干净_，园筐里。该能屆_现在_，边厢有个工人走来罢，有一头羊儿能牵牢。摘消梨个老人重新爬树里上。该羊儿眙眙该消梨，阿_也_讲，哦，真香个。就这个时节，有一个小朋友踏踏脚车走来罢。踏落力_使劲_显落力。戴个草帽，戴个围巾，蛮有趣相_很可爱的样子_。渠眙着_看到_地下个消梨就停落。逮自个踏脚车慢慢能放倒园地下。渠宿狙_那儿_想何乜_什么_呢？渠头勴转_转头_眙眙许个摘消梨个工人还是树上面。渠逮一筐个消梨背来，逮踏脚车扶起。该个小朋友逮渠一筐个消梨园自个车里，踏走爻罢。该个工人厘厘儿阿冇发现，冇发觉。该个小朋友大概有厘想……。

就是该个时节，对面有个女姆姆阿是踏踏脚车走来。该男姆姆……，该个男姆姆逮渠帽剧_扯_剧走。该个男姆姆正好碰着一粒石头，[.kʰoŋ]，踏脚车拧_竖的东西侧倒_去，所有个消梨全部倒地下爻。该小朋友撑撑自腿里个灰尘。脚阿跌_摔跤_痛爻。头仰起眙眙、眙眙，有三个男姆姆眙眙渠。该三个姆姆妆_弄_好甚，走来帮渠，一个个消梨全部 [kʰei³³⁴]_捡_起。有个姆姆帮渠地下劯起。真眙不出该三个姆姆真真_的_蛮妆好。沃_都_有相帮_帮忙_。该个三个姆姆好事做爻，[.ga] 走爻罢。走走走，眙着路里地下有个草帽。是许个男姆姆遁_掉_爻个草帽呐。渠｛吹一声口哨｝。[.ga] 逮该个草帽递丐该男姆姆。该男姆姆担出几个消梨表示感谢。姆姆真可爱。眙来农村个姆阿 [kʰa⁴²]_比较_纯俫。

就是该下，许个工人，摘消梨个工人树里爬落罢呐！眙眙自个消梨个筐，冇一筐个消梨呢？走狙_哪里_爻嘛？渠阿觉得奇怪显奇怪。就该时节，碰着该三个姆姆边吃消梨边走过。该是何乜事干？还是奇怪！

梨子的故事（6）

（发音人：男，56岁，大专）

有一日啊，有个人宿树里摘消梨，摘一个摘一个，摘落，多显多，园自个兜兜里。不留心有个消梨遁_掉_遁地下爻。渠树里爬落，逮自兜兜里个消梨一个一个、一个一个倒出，园篓里。篓里消梨园起多显多，满 [taŋ⁴⁴] [taŋ⁴⁴]_满的样子_。还逮地下个消梨 [kʰei³³⁴]_捡_起，捲_擦_两捲，用围巾捲两捲园许个篓底转。再逮自个围巾戴起。正好该能屆_现在_，远个地方有个人走来，拉牢一头羊儿慢慢能走来走来。该羊儿走来眙着_{看到}恁一篓篓个消梨，只想吃罢，不想走。[.ga] 该人硬劲_{用力拉}、硬劲，逮渠硬劲劲走。该人亦爬树里上，亦摘啊、摘啊，慢慢摘，慢慢摘。正摘来开心个时节，远处有个姆姆踏脚车踏来，该妹阿调皮显调皮，踏到树下，逮踏脚车停落。担起一个消梨，想想、想想，渠心里訾那_{怎么}想呢？担一个消梨还是担一篓消梨呢？头仰头眙眙树里该人冇眙着_{看到}渠，渠想想还是掇一篓。快显快，一篓个消梨掇起，园园踏脚车里。该人宿树里摘消梨，还是晓不得。还是慢慢能一个、一个宿狐_{那儿}摘。许个姆姆呢，逮许消梨园踏脚车里就密密踏_{赶快骑}，密密踏，踏归爻罢。正好公路里踏快个能届，对面有个女姆姆踏脚车踏过来，正好渠两人头旋转眙别人个能届，不小心，渠两人撞起罢。[.ai] [.iɔ]，你眙，帽飞落爻，消梨倒倒地下爻。满 [taŋ⁴⁴] [taŋ⁴⁴] 一篓个消梨挣地下落。该姆姆爬阿爬不起爻。硬爬、硬爬、爬爬起，逮自脚胍头掸两掸，眙眙，脚有倒破爻冇？还好，脚冇倒破爻。正好许能届边厢有三个姆姆宿狐打蜡球_{乒乓球}。许三个姆姆就射_跑来相帮，望渠个消梨 [kʰei³³⁴] 起，园该篓里。眙，你一个我一个。有个姆姆还逮渠踏脚车掇起，扳起好。渠俫沃_都宿狐帮忙，一下儿过，一篓个消梨就妆好罢。搬园自行车里。有个姆姆还妆好俫，逮路边个逮踏脚车碰着个石头阿掇起，掼爻。[.ga] [ȵi]_{然后}，三个姆姆呢，望转走。许个姆姆呢，踏脚车 [dɤ³¹]_推起倒走转。有个姆姆发现该个男姆姆帽遁地下爻，还未担起。就逮渠叫牢，帽丏渠还。该个偷消梨个姆姆啊，为着表示渠俫个帮忙，逮自三个消梨担出，当礼物谢谢渠俫。该三个姆姆得牢该个礼物，消梨，边吃边望转走。走啊走，正好走到该个树下，走到消梨个树下，眙着该个农民还宿狐摘消梨。该农民还晓不得，正好树里蹳_跨落蹳落。眙眙自个消梨，诶，本来已经摘满三篓罢个，该下訾那_{怎么}总两篓爻，乜哦？想阿想不通爻罢，点来点去，人阿妆_弄呆爻罢。该下眙着远远个有三个姆姆走过来，手里还搦_捏牢三个消梨宿狐吃啊吃。渠一下就想不通爻。真是奇怪！訾那 [.ga]，我个消梨是丏渠俫担去吃爻啊？眙该三个姆姆走远，心里还是想不通啊！

附录3 汉语普通话《梨子的故事》录音转写

梨子的故事（1）
（发音人：女，42岁，硕士，河南开封）

在一个阳光明媚的日子，一个农夫在果园里摘梨子。这是他辛辛苦苦种植的梨子，终于到了丰收的季节。他一次又一次爬上梯子，从树上摘下梨子，然后把梨子带下树来，放到箩筐里。他拿着他的成果，很欣赏的样子。歇了口气，他又爬上了树，准备下一次采摘。他的身边经常有人路过，这不，一个放牛的人牵着一头牛从他身边经过。这些梨子长得非常好，大小均匀又很饱满，他很满足地在采摘。哦，远处又来了一个小孩子，他骑着自行车，路过这里，他停了下来，看到了路边的梨子。他把车停在了旁边。上面的农夫，上面的果农在摘梨子。诶，他怎么一声不吭地就搬起了一筐梨子呢？难道他要把它带走吗？啊，果然，他把这筐梨子放到了他的车的前边。哦，他怎么还没有给果农打招呼呢？啊，他走了。哦，这个孩子一声不吭地带了一筐梨子走了。他骑得有点快，甚至屁股都没有坐到他的这个车座上。哦，对面来了一个小女孩，哦，他们在会车的时候，哇，他轧到了一块石头，连人带车摔倒在地。哦，好痛啊！膝盖有没有摔破呢？当然，梨子也撒了一地，怎么办？哦，旁边刚好有三个小朋友，哦，二话没说就帮他拾梨子。啊，不一会儿，梨子就拾回了箩筐。啊，这些孩子们帮他把筐又放到了车的前部，把那块石头搬开了。哦，这三个孩子走了。这位少年又推着他的自行车准备回家。突然间，三个少年从地上捡到了他掉落的草帽，还了过来。啊，这个孩子带上帽子。作为感谢，送给了那个还给他草帽的那个少年三个梨子。小伙伴们很开心地分享了他给的梨子。果农终于摘满了一兜的梨子，下到地面来。诶，我的梨子好像少了一筐。哎呀，是谁把它拿走了呢？哦，正好这三个少年走过这位果农的身边，还在啃着刚才作为感谢，作为酬谢拿到的梨子。

梨子的故事（2）

（发音人：男，38岁，硕士，北京）

嗯……先是公鸡的叫声，这是在山坡上，有很多的树。嗯，然后是一个梨子的特写，有一双手在从树上往下摘梨子样的水果。嗯，有一个人从树丛里钻出来，一边钻一边摘水果。他……下了……梯子，嗯，把自己围裙兜里的水果往草稻草边的筐……往草里边的筐里面往外倒。嗯，他摘了不少的水果，一个一个地都掏出来，放到两筐……这两筐水果堆得满满的。旁边还有一个空的筐子。嗯，他把掉在地上的水果捡起来，水果是绿色的长得像梨，但是我不确定是不是梨。他把脖子上围的红色的纱巾扯下来，嗯擦了一下水果，又把纱巾围回自己的脖子上。这是一个长着胡子的男人，身上围着白色的围裙，戴着淡黄色的草帽。他拍了拍呃……膝盖站起来，嗯，然后又踩着梯子上树去了。这时候左边过来了另一个戴帽子的男人，牵着一头…驴子还是羊，嗯是羊，他……这个羊走过水果，很留恋的样子，可能是想吃掉。

好，从这只羊过来开始说。嗯，画面的左侧有一个男人领着一只羊路过了摘水果的地方，嗯，羊走过三个草边的筐子，朝筐里的水果探头。它的主人牵着它往前走，嗯，主人和羊的背景在山坡上慢慢地往远处走。这个，第一个男人还在摘水果，一个一个地从树上摘……绿色的梨子。他是一个很胖的、眉毛和胡子很浓密的男人。嗯，有一个骑车子……骑着自行车经过的像是女人或者是小孩儿，在果树底下慢慢儿地骑自行车。从镜头的远处往近处骑，路过了梯子和梨……盛梨子的筐。这是个小孩子，戴着草帽。他下了自行车，把自行车放倒在地面上，看了一眼梯子和上面的大叔，他……好像要拿筐里面的梨子。树上的男的往下看了一眼，这个骑自行车的小孩子把整筐的梨子往旁边搬过去，又把自行车扶起来。他跨上自行车，伸手搬起装梨子的筐放在自行车的前面，自行车的前面有一个放筐的横档一样的东西，然后小孩儿就蹬着车子往远处走了。这个戴着红色纱巾的大叔在树上还在摘梨子。小孩子骑车带着一筐绿色的梨，在黄土路上不断地往前骑着走。对面来了一个梳双……双辫子、穿蓝衣服的小女孩儿，也在骑自行车。两个骑自行车的小孩子对面地这样骑过来。一阵风吹过来，吹走了小男孩儿的帽子，他的……他回头看了一眼，车子碰上石头，倒了，筐子里的梨撒了一地。小男孩儿坐起来，把裤腿儿挽起来把袜子往下拨了然后，捂自己的腿。这时候他抬头看着面前站着三个人，有一个中年女子带着两个小孩儿。他们把……嗯，摔倒的小孩儿扶起来，嗯，然后，帮着往筐子里捡梨。这个摔倒的孩子把自行车也扶起来，嗯，几双手一起在往筐子里捡梨。捡完之后把筐子又提起来放到自行车的前面。现在画面儿里的四个人，有一个孩子在左边拿着乒乓球拍儿在颠球。嗯，骑自行车的小孩儿推着自行车往前走。后来的三个人像是一家三口，顺着路往……自行车来的方向走。整个环境……还是在山坡上。一个比较高的孩子，捡到了小孩儿的草帽，他把草帽从地上捡起来又送给了骑车摔倒的孩子，这是刚才……刚才颠球的那个男孩儿，他的屁股兜后边儿插着他的乒乓球拍儿。这个，一开始推车的小孩儿戴上了草帽，推着自行车和自己的梨子筐一起往前走。他给了这个，送草帽的孩子几个梨子，送草帽的孩子拿回去给自己的家人一人分了一个绿色的梨子。他们在路上往前走，一边走一边吃梨。嗯，这像是三个孩子。嗯，一开始的大叔现在从树上沿着梯子爬下来了，地上现在只剩了两个筐子，一筐装满梨，另一个是空的。大叔看了看空的筐子，跪下来看了看又站起来，又看那个满的装梨的筐子。嗯，然后他抬头看到了三个走过来的孩子，看到这几个孩子在吃梨，那个打乒乓球的孩子还在用乒乓球拍儿颠着球，慢慢儿地走向路的远方。

梨子的故事（3）

（发音人：女，30 岁，硕士，北京）

　　公鸡叫，然后有一棵树，旁边有个梯子有一个人，然后是棵梨树，然后这个男的在摘梨，戴着个围裙，然后戴着草帽，和红围巾。有一个梨掉到了地上，然后这个……摘梨的人从梯子上下来，然后把这个……围裙兜里边儿的梨往筐里放……嗯一个一个往筐里放。然后从地上嗯…从地上把梨给捡起来，放到筐里。然后把脖子上的那个红围巾摘下来把梨擦了擦，没吃，放到筐里了。然后这个时候有羊叫的声音，另有一个男的，牵着一只羊，然后往这个树下边儿走。这个羊，看起来好像很想吃梨的样子，脖子上还系个铃铛。然后这个男的牵着这个羊，往远处走了。这个摘梨的人接着爬到梯子上，从树上摘梨。一边儿摘一边儿往……那个围裙的口袋里放，眼神看起来不太像好人。这时候有一个穿……橘黄色衣服，戴着草帽的小孩儿骑着自行车往树下走。然后小孩儿看着地上有三筐梨，然后停下车，然后把车扔地上，看了一两眼这个树上的这个摘梨的人。然后，偷偷摸摸，看着想是想偷个梨吃，然后他拿了一个梨又放下，然后直接把一筐梨给搬走了。然后他把车又扶起来，把筐放到自行车车把前面儿，然后，这个骑着车就走了。然后这个树上摘梨的人居然，居然还没有发现有人把他的梨偷走了。这小孩儿骑着车歪歪扭扭的，这个，在这个石子儿路上往前走。然后这个时候，对面儿，有一个穿着蓝衣服，梳着两个麻花辫儿的姑娘，然后，跟他一……对面骑过来。然后这个小孩儿扭头看这个姑娘，然后，帽子被风吹走了。然后他骑车不小心撞到一块石头上，呃，梨撒了一地。然后，他，地上爬起来掸了掸土，然后好像，负伤的样子。这时候路边儿有三个小男孩儿，然后，三个小男孩儿帮他把梨从地上捡到筐里。好像还，揣兜里一个吧？哦不是，把那个，他们自己玩儿的球拍儿揣到了兜里。然后这几个小孩儿，这三个小孩儿，帮这个人，啊，帮那个偷梨的小孩儿，把这个梨放到自行车上，还把路上的石头搬走了。然后那个拿着球拍儿的小孩儿，拿着球拍儿一边儿走一边儿……拍球吧。然后这个，这个拍球玩儿的小孩儿，发现那个地上有，有那个人儿掉的…这个帽子。然后就朝他吹了一流氓哨，然后拿着帽子去还给这个小孩儿，然后他把那个帽子还给那个小孩儿，偷梨的小孩儿就给了他……俩……梨，还是三个梨？啊两个梨。然后这个小孩儿就拿着两个梨朝着他的小伙伴跑去，然后他把这两个梨分给了他的两个小伙伴。啊，还是三个梨。然后吃着梨还不忘了玩儿他那个球和球拍。这时候这个摘梨的人又揣着一兜子梨从这个梯子上下来，然后发现：哎呀，少了一个筐啊。然后这时候这三个小孩儿就啃着梨、玩着球，就从这个人旁边路过。然后这摘梨的人看着这三个小孩儿，大概知道自己的梨给偷了吧？好，完了。

梨子的故事（4）
（发音人：女，36岁，博士在读，贵州遵义）

在一个天气晴朗的早晨，有一个种梨子的果农在树上摘下新鲜的梨子。然后把摘下来的梨子放到装梨子的筐里。然后在装到筐里的时候，梨子掉到了筐外。果农用系在脖子上的方巾擦了一下，然后把方巾重新系到了脖子上。再顺着梯子爬上去，采摘新鲜的梨子。这时候有一个类似农夫的大汉牵着一头毛驴经过。果农还在很认真地采摘新鲜的梨子，正在这时，远处有一个小男孩骑着自行车走了过来。来到梨子树下的时候，小男孩把自行车放倒在地，看了看果农。趁着果农不注意的时候，把果农整理好的一整筐梨子拎了起来，放到了自行车架上。然后飞奔而去。果农还在很认真地采摘梨子，丝毫没有察觉。小男孩带着一筐梨子，在飞奔的同时，遇到了一个小女孩，也骑着自行车相向而来。稍一不注意，小男孩连车带人和梨子摔到了地上。筐里的梨子撒落一地。旁边有三个小男孩看到了一幕。三个小男孩，其中有俩人过来帮他捡梨子，有一个小男孩帮他扑打身上的灰尘。很快，梨子全部都重新盛到了筐里。小男孩对三个小孩表示感谢，骑车走了，应该是一瘸一拐地走了。三个男孩中的一个发现了小男孩头上戴的帽子掉在了地上。唤住了他，然后把帽子给他送过去。小男孩表示感谢，给了他三个梨子。然后三个小男孩一人一个梨子，大摇阔步地边吃边走了。在书上采摘梨子的果农，爬下树。然后把兜里采摘到的梨子准备放到筐里。正在这时，看见三个小男孩一边吃着梨子一边从他身边经过。很诧异地望着他们远去，什么也没说。

梨子的故事（5）

（发音人：男，39 岁，本科，浙江杭州）

  清晨鸡叫的时候，有一个大叔呢在树上采梨子。他把采来的梨子放到自己胸口特制的一个大口袋里。然后有个梨啊从树上掉下来了。这时候，大叔的梨啊也采得差不多了。就从梯子上走下来。把身上的梨都倒到筐子里。然后他那个口袋很深，里面还有很多梨还没有拿出来，他就用手掏到口袋里。把那个梨全部都拿出来。顺便啊，他把刚才掉在地上的那个梨也捡了起来。用围巾擦擦干净，放在筐里了。这个时候，他听到远处传来羊的声音。那个大叔继续把围巾系在脖子上。他并没有理睬远处走过来的那个牵羊的那个中年人，继续爬上梯子自己摘梨了。那个牵羊的中年人走到树下，那个羊看了一下那个梨子。中年人把羊拉走了。不让羊在那个筐边上待太久。朝另一个方向走去了。那个大叔啊继续爬到树上再摘梨子。他背对着筐在树上面摘得很认真。就在这个时候，有个小男孩骑着自行车从远处骑过来，骑到大树下面。这个时候小男孩看到树上的采梨人啊并没有关注到筐里的梨子。那个小男孩就想，拿一个梨子吃。他把自行车倒在地上。哦，走到筐边上，想拿一个吃。然后他看了一下树上采梨子的大叔。结果他发现那个采梨大树并没有发现他在下面。他干脆那个小孩子就把整筐梨啊都搬走了。他把自行车扶起来，把整筐梨都放到车的前兜上面。前兜有个架子的。他把它放到架子上。那个小男孩就把车骑走了。那个采梨子的大叔并没有发现。因为车兜上面放了一大筐梨啊，所以说自行车骑得摇摇晃晃的，啊，在那个小路上面。这时候远处骑来一个女孩子，也骑着自行车。正好要跟那个小男孩交会。小男孩看了一下那个女孩子，突然间那个他头上那个帽子在交会的时候撞掉了。整个车啊都失去了平衡。撞到了一块石头上了刚才。然后整辆车都倒了，梨子撒了一地。小男孩把裤管卷起来，好像腿上也受伤了。这时候他发现边上正好有三个过路的，路边也有三个小男孩。他们应该是路人吧。他们在旁边玩呢本来。才发现他的车倒在一边呢。他们那几个人、三个人就一起帮他把梨子都捡起来了，继续捡回到筐里。还把筐啊，搬回到车兜上面，车兜的那个架子上。他们还把那个石头啊，甩到了路边，防止别人到时候再绊到。就在这个时候，那个推车的小男孩，哦，不是，是另三个小男孩看到刚才那个小男孩掉的一个帽子，掉在地上了。然后吹口哨，叫停了刚才那个骑自行车的小男孩，把帽子还给了那个自行车的小男孩。那个骑自行车的小男孩把帽子戴在头上。然后把三个梨啊作为感谢，给了那三个路人。那三个路人就一人一个梨，拿着梨，往大叔采梨子的那个方向走过去了。这个时候啊，树上采梨子的大叔呢，也从梯子上慢慢、慢慢地走下来。他应该是身上的梨子采满了。啊，下来。他想把梨子再放到筐子里。这个时候他发现，咦，好像少了一筐梨诶。大叔觉得很奇怪。咦，这个梨到哪里去了呢！啊，就在这个时候他看到三个路人啊，每人拿着一个梨，在吃。啊，那个大叔觉得，咦，这是什么情况，就觉得很好奇。故事就讲到这里结束了。

梨子的故事（6）

（发音人：女，25岁，博士在读，安徽巢湖）

有一天，天气很好，一位大叔在田野里面摘梨子。因为树很高，所以他需要上下梯子。嗯，因为不方便摘梨子，所以他穿的衣服前面有个兜。他把摘的梨子全部放在兜里面。然后再从梯子上面下来，放在树下的筐子里面。这样来来回回，大叔终于摘了两筐的梨子，每个梨子叔叔都给他擦了一下。这时候，一个农民牵着一头驴路过。这头驴挺不听话的。它看着梨子徘徊了好久。嗯，最终还是被农民叔叔给拉走了。把梨子放在筐里面之后，叔叔又继续爬上树去摘梨子了，摘得很认真。这个时候，一个小男孩骑着一辆自行车路过。他看到树下放着两筐梨子就心动了。他从自行车上下来，把自行车放在路边。他看树上的叔叔没有注意，就本来打算拿一颗，但是呢，因为叔叔摘梨子摘得特别认真，没看到树下发生了什么，于是他就一贪心把一筐梨子都拿走了。他把梨子放在自行车前面的篮子里面。然后骑着自行车就走了。这时候呢，叔叔还在摘梨子，他没有发现树下有人已经把一筐梨子拿走了。小男孩骑着自行车走啊走啊，这时候迎面来了个小女孩，他看了她一眼。自行车一不小心碰到了路边的石子。车倒了，梨子撒了一地。男孩爬起来看看腿有没有受伤。这时候路边出现了三个男孩，其中一个比较小，另一个一直在玩乒乓球。他们看小男孩跌倒了，马上上前去，帮他把掉出来的梨子都放回篮子里面了。然后把篮子放在车前面，自行车前面。并把小男孩扶起来，看他有没有受伤。小男孩一跛一跛地走了。可能是刚刚摔伤了。另三个小男孩把小男孩扶起来之后也走了。走着走着，他们发现路上掉了一个帽子。他们知道是小男孩的，于是把小孩叫住了。他帽子还给他。偷梨子的小男孩很感动，给了帮助他的小男孩三个梨子，然后就走了。他们边走边吃。心里想这梨子还挺甜的。这时候摘梨子叔叔终于从树上下来了。正在他打算把兜里的梨子放进筐里的时候，突然发现，怎么少了一筐，刚才明明是已经摘好了满满两筐的。他正在想着的时候，那三个小男孩从这边路过了，一边走一边吃梨子。叔叔一边看着他们的背影，一边心想，难道是他们偷了我的梨子。

参 考 文 献

鲍士杰：《杭州方言词典》，江苏教育出版社1998年版。

贝罗贝、李明：《语义演变理论与语义演变和句法演变研究》，载沈阳、冯胜利主编《当代语言学理论和汉语研究》，商务印书馆2008年版。

蔡瑱：《类型学视野下汉语趋向范畴的跨方言比较：基于"起"组趋向词的专题研究》，学林出版社2014年版。

蔡燕凤、潘秋平：《从语义图看〈左传〉的受益表达》，载于李小凡等《汉语多功能形式的语义地图研究》，商务印书馆2015年版。

曹茜蕾：《汉语方言的处置标记的类型》，《语言学论丛》第36辑，商务印书馆2007年版。

曹志耘等：《汉语方言地图集·词汇卷》，商务印书馆2008年版。

曹志耘：《金华方言词典》，江苏教育出版社1996年版。

曹志耘：《金华汤溪方言的介词》，载李如龙、张双庆主编《中国东南部方言的比较研究丛书》第4辑，暨南大学出版社2000年版。

陈昌来：《动后趋向动词性质研究述评》，《汉语学习》1994年第2期。

陈前瑞：《汉语体貌研究的类型学视野》，商务印书馆2008年版。

陈前瑞、胡亚：《词尾和句尾"了"的多功能模式》，《语言教学与研究》2016年第4期。

陈前瑞：《现时相关性与复合趋向补语中的"来"》，载吴福祥、洪波主编《语法化与语法研究一》，商务印书馆2003年版。

陈颖：《视觉动词"看"相关语义网络研究》，中国社会科学出版社2014年版。

陈玉燕：《浙南蒲城瓯语方言岛语音研究》，硕士学位论文，复旦大学，2013年。

陈泽平：《福州方言处置介词"共"的语法化路径》，《中国语文》

2006 年第 3 期。

陈泽平、李如龙：《中国东南部方言的比较研究丛书》，载李如龙、张双庆主编《介词》第 4 辑，暨南大学出版社 2000 年版，前言。

池昌海、姜淑珍：《从英汉翻译看汉语位移事件语篇叙述风格》，《当代修辞学》2016 年第 4 期。

崔希亮：《汉语介词与位移事件》，博士学位论文，北京大学，2004 年。

崔希亮：《空间关系的类型学研究》，《汉语学习》2002 年第 1 期。

戴浩一：《概念结构与非自主性语法：汉语语法概念系统初探》，《当代语言学》2002 年第 1 期。

戴浩一：《时间顺序和汉语的语序》，黄河译，《国外语言学》1988 年第 1 期。

戴浩一：《现代汉语处所状语的两种功能》，宋玉柱译，《徐州师范学院学报》1981 年第 2 期。

邓宇、李福印：《现代汉语运动事件切分的语义类型实证研究》，《现代外语》2015 年第 2 期。

邓宇：《注意力视窗开启在路径事件框架中的现实化——来自现代汉语连动式的证据》，《外语教学》2014 年第 2 期。

丁声树：《现代汉语语法讲话》，商务印书馆 1961 年版。

董成如、杨才元：《构式对词项压制的探索》，《外语学刊》2009 年第 5 期。

董淑慧：《认知视野下的对外汉语语法教学——以"趋向动词语法化"为例》，南开大学出版社 2012 年版。

董秀芳：《趋向词的主观化：情态义的获得》，载于朱庆之、汪维辉、董志翘、何毓玲编《张永言先生从教六十五周年纪念文集》，复旦大学出版社 2015 年版。

董秀芳：《趋向动词语法化为体标记：来自汉语历史和方言的证据》，《现代中国语研究》2013 年第 15 期（日本）。

董秀芳：《语义演变的规律性及语义演变中保留义素的选择》，《汉语史学报》2005 年第五辑。

范方莲：《存在句》，《中国语文》1963 年第 5 期。

范继淹：《论介词短语"在+处所"》，《语言研究》1982 年第 1 期。

范立珂：《位移事件的表达方式探究》，复旦大学出版社 2015 年版。

参考文献

范晓：《关于汉语存在句的界定和分类问题》，《语言研究集刊》2007年第1期。

傅国通等：《吴语的分区（稿）》，《方言》1986年第1期。

傅国通：《浙江吴语的特征》，《汉语史学报》2008年。

高增霞：《现代汉语连动结构的语法化视角》，博士学位论文，中国社会科学院，2003年。

古川裕：《〈起点〉指向和〈终点〉指向的不对称性及其认知解释》，《世界汉语教学》2002年第3期。

郭锐：《现代汉语词类研究》，商务印书馆2002年版。

韩春兰：《英汉运动事件语义编码认知研究》，博士学位论文，中央民族大学，2011年。

韩启振：《汉语方言中的无条件连词"在"及其来源》，《语言研究》2016年第3期。

郝红艳：《江苏沭阳方言的"待、搁、蹲"》，《方言》2015年第2期。

何洪峰：《近代汉语流星介词》，《语言研究》2013年第4期。

侯学超：《现代汉语虚词词典》，北京大学出版社1998年版。

胡方：《浙南蒲城吴语方言岛述略》，《语言研究集刊》2005年第2辑。

胡晓慧：《汉语趋向动词语法化问题研究》，广西师范大学出版社2012年版。

胡裕树、范晓：《动词研究》，河南大学出版社1995年版。

胡裕树主编：《现代汉语》，上海教育出版社1981年版。

胡云晚：《湘西南洞口老湘语虚词研究》，江西人民出版社2010年版。

黄蓓、张建理：《论主观性的语境使成条件及集群效应》，《语言教学与研究》2015年第3期。

黄伯荣、廖序东：《现代汉语》，甘肃人民出版社1981年版。

黄晓雪：《句末助词"在"》，《方言》2007年第3期。

江蓝生：《超常组合和语义羡余：汉语语法化诱因新探》，《中国语文》2016年第5期。

江蓝生：《连-介词表处所功能的来源及其非同质性》，《中国语文》2014年第6期。

姜淑珍：《苍南吴语"落"的共时多功能及语法化》，《常熟理工学院学报》2019年第1期。

姜淑珍、池昌海：《从视觉动词到处置介词：温州方言"望"的语法化和语义地图》，《汉语史学报》2019年第20辑。

姜淑珍、池昌海：《吴语"囥"的多功能及语法化》，《中国语文》第2期。

姜淑珍：《论流行语"×起"》，《阜阳师范学院学报》2016年第4期。

姜淑珍：《〈位移事件的类型学研究——基于汉语方言的实证调查〉评介》，《语言学研究》2017年，第23辑。

蒋冀骋、吴福祥：《近代汉语纲要》，湖南教育出版社1997年版。

蒋绍愚：《V上和V下》，《杭州师范大学学报》（社会科学版）2011第4期。

蒋绍愚：《抽象原则和临摹原则在汉语语法史中的体现》，《古汉语研究》1999第4期。

金昌吉：《方位词的语法功能及其语义分析》，《内蒙古民族师院学报》1994第3期。

李福印：《宏事件研究中的两大系统性误区》，《中国外语》2013年第2期。

李福印：《静态事件的词汇化模式》，《外语学刊》2015年第1期。

李蓝、曹茜蕾：《汉语方言中的处置式和"把"字句》，《方言》2013年第1—2期。

李临定：《现代汉语动词》，中国社会科学出版社1990年版。

李临定：《现代汉语句型》，商务印书馆1986年版。

李明晶：《现代汉语体貌系统的二元分析：动貌和视点体》，北京大学出版社2013年版。

李明：《趋向动词"来/去"的用法及其语法化》，《语言学论丛》2004年第29辑。

李如龙：《闽南方言的介词》，载李如龙、张双庆主编《中国东南部方言的比较研究丛书》第4辑，暨南大学出版社1997年版。

李思旭、于辉荣：《从共时语法化看"V上"与"V下"不对称的实质》，《语言教学与研究》2012年第2期。

李小凡：《前言》，载于李小凡等《汉语多功能形式的语义地图研究》，商务印书馆2015年版。

李雪：《空间移动事件概念框架理论述评》，《外语教学》2012年第

7期。

李雪：《英汉移动动词词汇化模式的对比研究》，外语教学与研究出版社 2011 年版。

李亚非：《汉语方位词的词性及其理论意义》，《中国语文》2009 年第 2 期。

梁银峰：《汉语动相补语"来"、"去"的形成过程》，《语言科学》2005a 年第 6 期。

梁银峰：《汉语趋向动词的语法化》，学林出版社 2007 年版。

梁银峰：《论汉语动补复合词的词汇化过程》，《语言研究集刊》2005b 年。

林华勇、郭必之：《廉江粤语"来/去"的语法化与功能趋近现象》，《中国语文》2010 年第 6 期。

林华勇：《廉江方言起始体助词"起身"的语法化——兼谈语法化的不一致现象》，《语言科学》2006 年第 4 期。

林华勇、肖棱丹：《四川资中方言"来"的多功能性及其语法化》，《中国语文》2016 年第 2 期。

刘丹青：《东南方言的体貌标记》，载张双庆主编《动词的体》（中国东南部方言的比较研究丛书第 2 辑），香港中文大学中国文化研究所、吴多泰中国语文研究中心，1996 年。

刘丹青：《方所题元的若干类型学参项》，载徐杰主编《汉语研究的类型学视角》，北京语言大学出版社 2001 年版。

刘丹青：《汉语的若干显赫范畴：语言库藏类型学视角》，《世界汉语教学》2012 年第 3 期。

刘丹青：《"唯补词"初探》，《汉语学习》1994 年第 3 期。

刘丹青：《无锡方言的体助词"则"（仔）和"着"——兼评吴语"仔"源于"着"的观点》，《中国语言学报》1995 年第 6 期。

刘丹青：《吴语的句法类型特点》，《方言》2001 年第 4 期。

刘丹青：《语法化理论与汉语方言语法研究》，《方言》2009 年第 2 期。

刘丹青：《语法化中的共性与个性，单向性与多向性——以北部吴语的同义多功能虚词"搭"与"帮"为例》，载吴福祥、洪波主编《语法化与语法研究（一）》，商务印书馆 2003 年版。

刘丹青：《语序类型学与介词理论》，商务印书馆 2013（2003）年版。

刘丹青：《粤语句法的类型学特点》，《亚太语言教育学报》2000年第2期。

刘芳：《几组趋向动词演变研究》，博士学位论文，福州师范大学，2009年。

刘坚等：《近代汉语虚词研究》，语文出版社1992年版。

刘静：《汉韩运动事件表达的认知对比研究：以"路径：概念语义为中心"》，博士学位论文，上海外国语大学，2012年。

刘俐李、王洪钟、柏莹：《现代汉语方言核心词·特征词集》，凤凰出版社2007年版。

刘宁生：《论"着"》，硕士学位论文，南京师范大学，1984年。

刘叔新：《试论趋向范畴》，《语法研究与探索（三）》，商务印书馆1985年版。

刘岩：《现代汉语运动事件表达模式研究》，南开大学，2013年。

刘月华、潘文娱、故韡：《实用现代汉语语法》（增订本），商务印书馆2001年版。

刘月华：《趋向补语通释》，北京语言文化大学出版社1998年版。

刘子瑜：《试论粤方言"V到C"述补结构的语法化及其与"V得C"述补结构互补分布》，《语言研究》2006年第3期。

卢英顺：《论趋向动词问题》，《徐州师范大学学报》2001年第1期。

吕叔湘：《方位词使用情况的初步考察》，《中国语文》1965年第3期（署名吴之瀚）。

吕叔湘：《汉语语法论文集》，商务印书馆1984年版。

吕叔湘：《现代汉语八百词（增订本）》，商务印书馆2013年版。

吕叔湘：《中国文法要略》，商务印书馆1982（1942）年版。

马贝加、蔡嵘：《温州方言存在动词"是"的来源》，《方言》2006年第3期。

马贝加：《汉语动词语法化》，中华书局2014年版。

马贝加：《近代汉语介词》，中华书局2002年版。

马云霞：《汉语路径动词的演变与位移事件的表达》，中央民族大学出版社2008年版。

麦穗：《广西贵港方言的"住"》，《语言研究》2002年第S1期。

孟琮：《动词用法词典》，上海辞书出版社1987年版。

潘悟云:《汉语否定词考源:兼论虚词考本字的基本方法》,《中国语文》2002年第4期。

潘悟云:《温州方言的动词谓语句》,载李如龙、张双庆主编《动词谓语句》(中国东南部方言的比较研究丛书第3辑),暨南大学出版社1997年版。

潘悟云:《温州方言的介词》,载李如龙、张双庆主编《介词》(《中国东南部方言的比较研究丛书》第4辑),暨南大学出版社2000年版。

潘悟云:《温州方言的体和貌》,张双庆主编《动词的体》(中国东南部方言的比较研究丛书第2辑)香港中文大学中国文化研究所、吴多泰中国语文研究中心1996年版。

彭兰玉:《衡阳方言语法研究》,中国社会科学出版社2005年版。

彭利贞:《现代汉语情态研究》,中国社会科学出版社2007年版。

彭睿:《语法化"扩展"效应及相关理论问题》,载吴福祥、崔希亮主编《语法化与语法研究(四)》,商务印书馆2009年版。

彭小川:《广州话的动态助词"开"》,《方言》2002年第2期。

齐沪扬:《表示静态位置的状态"在"字句》,《汉语学习》1999年第2期。

齐沪扬:《现代汉语空间问题研究》,学林出版社1998年版。

齐沪扬:《现代汉语现实空间的认知研究》,商务印书馆2014年版。

齐沪扬、曾传禄:《"V起来"的语义分化及相关问题》,《汉语学习》2009年第2期。

钱乃荣:《上海方言中的介词》,载李如龙、张双庆主编《介词》(中国东南部方言的比较研究丛书第4辑),暨南大学出版社2000年版。

钱曾怡:《山东方言研究》,齐鲁书社2001年版。

强星娜:《汉语话题标记的类型学研究》,博士学位论文,中国社会科学院研究生院,2009年。

[日]柯理思:《"从河北冀州方言对现代汉语[V在+处所词]格式的再探讨"》,载戴昭铭主编《汉语方言语法研究和探索》,黑龙江人民出版社2003b年版。

[日]柯理思:《汉语空间位移事件的语言表达——兼论述趋式的几个问题》,《现代中国语研究》2003a(日本)。

[日]柯理思:《论北方方言中位移终点标记的语法化和句位义的作

用》，载《语法与语法化研究》（四），商务印书馆 2009 年版。

[日] 桥本万太郎：《方言地理类型学》，余志鸿译，世界图书出版公司 2008（1985）年版。

[日] 杉村博文：《论终端凸显式系列动作整合》，《中国语文》2015 年第 1 期。

沈家煊：《句法的象似性问题》，《外语教学与研究》1993 年第 1 期。

沈家煊：《现代汉语"动补结构"的类型学考察》，《世界汉语教学》2003 年第 3 期。

沈家煊：《"语法化"研究综观》，《外语教学与研究》1994 年第 4 期。

沈家煊：《语言的"主观性"和"主观化"》，《外语教学与研究》2001 年第 4 期。

沈克成、沈嘉：《温州话特征词汇编》，宁波出版社 2004 年版。

沈克成：《温州话，古汉语的活化石》，《温州日报》2010 年 12 月 30 日。

沈敏、郭珊珊：《汉语"出"类趋向补语的语法化》，《湖南师范大学学报》（社会科学版）2014 年第 1 期。

沈阳、玄玥：《"完结短语"及汉语结果补语的语法化和完成体标记的演变过程》，《汉语学习》2011 年第 1 期。

盛益民：《吴语绍兴柯桥话参考语法》，商务印书馆 2014 年版。

盛益民：《语义地图的不连续和历时演变——绍兴柯桥话虚词"作""拨"为例》，载于李小凡等《汉语多功能形式的语义地图研究》，商务印书馆 2015 年版。

施春宏：《从构式压制看语法和修辞的互动关系》，《当代修辞学》2012 年第 1 期。

石汝杰：《苏州方言的介词体系》，李如龙、张双庆主编《中国东南部方言的比较研究丛书》第 4 辑，暨南大学出版社 2000 年版。

石毓智、白解红：《将来时标记向认识情态功能的衍生》，《解放军外国语学院学报》2007 年第 1 期。

石毓智、李讷：《汉语语法化的历程——形态句法发展的动因和机制》，北京大学出版社 2001 年版。

石毓智：《时间的一维性对介词衍生的影响》，《中国语文》1995 年第 1 期。

石毓智：《语法化理论：基于汉语发展的历史》，上海外语教育出版社 2011 年版。

史文磊：《汉语运动事件词化类型的历时考察》，商务印书馆 2014 年版。

史文磊：《〈运动事件：跨语言词化模式考察〉评介》，《外语教学与研究》2010 年第 6 期。

史有为：《处所宾语初步考察》，载大河内康宪教授退官纪念论文集刊行会编《中国语学会论文集》，东京东方书店 1997 年版。

嗣奎：《运动与静止对立的绝对性和相对性》，《河南大学学报》（社会科学版）1984 年第 6 期。

宋作艳：《从构式强迫看新"各种 X"》，《语言教学与研究》2016 年第 1 期。

孙立新：《户县方言的趋向动词》，《唐都学刊》2007 年第 3 期。

孙文访：《存在动词的词汇类型学研究》，《语言学论丛》2015a 年第 1 期。

孙文访：《基于"有、是、在"的语言共性与类型》，《中国语文》2015b 年第 1 期。

孙宜志：《语言地理学的理论及其在汉语中的实践》，《龙岩学院学报》2012 年第 3 期。

汤廷池：《国语的"有无句"与"存在句"》，《中国语文》（台湾）1977 年第 2 期。

唐正大：《关中方言趋向表达的句法语义类型》，《语言科学》2008 年第 2 期。

陶寰：《蛮话词典》，中西书局 2015 年版。

陶寰：《绍兴方言的体》，载张双庆主编《动词的体》（中国东南部方言的比较研究丛书第 2 辑），香港中文大学中国文化研究所、吴多泰中国语文研究中心，1996 年。

陶寰、朱子璇、姜淑珍：《浙江苍南灵江话声调实验》，《方言》2018 年第 4 期。

汪化云：《黄孝方言语法研究》，语文出版社 2016 年版。

汪化云、姜淑珍：《黄孝方言中的"着"》，《语言学论丛》2020 年。

汪化云：《吴语中的后置状语》（待刊）。

汪化云、占小璐：《玉山方言的框式状语》，Journal of Chinese Linguisitics（中国语言学报）2014年第1期。

汪维辉：《方位词"里"考源》，《古汉语研究》1999年第2期。

王芳：《几组趋向动词演变研究》，博士学位论文，福建师范大学，2009年。

王国栓：《趋向问题研究》，华夏出版社2005年版。

王还：《说"在"》，《中国语文》1957年第2期。

王还：《再说说"在"》，《语言教学与研究》1980年第3期。

王健：《皖南方言中的"着""了"交替现象》，《汉语学报》2018年第3期。

王军虎：《西安方言词典》，江苏教育出版社1988年版。

王力：《汉语语法史》，商务印书馆2013（1989）年版。

王力：《中国现代语法》，商务印书馆1985年版。

王琦、郭锐：《汉语趋向动词用作方向词现象初探》，《语言学论丛》2015年第47期。

王森：《甘肃临夏方言的两种语序》，《方言》1993年第3期。

王伟：《论"在"的语法化》，《西安外国语大学学报》2009年第3期。

王玮：《空间位移域的语义地图研究》，载于李小凡等《汉语多功能形式的语义地图研究》，商务印书馆2015年版。

王寅：《构式语法研究（上卷）：理论思索》，上海外语教育出版社2011年版。

王寅、严辰松：《语法化的特征、动因和机制——认知语言学视野中的语法化研究》，《解放军外国语学院学报》2005年第4期。

王芸华：《湘语持续体的语法化研究》，博士学位论文，浙江大学，2016年。

王众兴：平江城关方言的介词，载伍云姬编《湖南方言的介词》，湖南师范出版社2009年版。

温端政：《苍南方言志》，语文出版社1991年版。

吴安其：《温州方言的壮侗语底层初探》，《民族语文》1986年第4期。

吴福祥：《从"得"义动词到补语标记——东南亚语言的一种语法化区域》，《中国语文》2009a年第3期。

吴福祥：《东南亚语言"居住"义语素的多功能模式及语法化路径》，

《民族语文》2010a 年第 6 期。

吴福祥：《多功能语素与语义地图模型》，《语言研究》2011 年第 1 期。

吴福祥：《关于语法化的单向性问题》，《当代语言学》2003 年第 4 期。

吴福祥：《汉语方所词语"後"的语义演变》，《中国语文》2007 年第 6 期。

吴福祥：《汉语方言里与趋向动词相关的几种语法化模式》，《方言》2010 年第 2 期。

吴福祥：《汉语能性述补结构"V 得/不 C"的语法化》，《中国语文》2002b 年第 1 期。

吴福祥：《汉语语法化演变的几个类型学特征》，《中国语文》2005 年第 6 期。

吴福祥：《汉语语义演变研究的回顾与前瞻》，《古汉语研究》2015 年第 4 期。

吴福祥：《近年来语法化研究的进展》，《外语教学与研究》2004 年第 1 期。

吴福祥：《南方方言几个状态补语标记的来源（二）》，《方言》2002a 年第 1 期。

吴福祥：《南方方言几个状态补语标记的来源（一）》，《方言》2001 年第 4 期。

吴福祥：《语法化的新视野——接触引发的语法化》，《当代语言学》2009b 年第 3 期。

吴福祥：《语义地图和语法化》，《世界汉语教学》2014 年第 1 期。

吴福祥：《重谈"动+了+宾"格式的来源和完成体助词"了"的产生》，《中国语文》1998 年第 6 期。

武文杰、徐艳：《汉语视觉行为动词语法化分析》，《河北大学学报》（哲学社会科学版）2012 年第 5 期。

项菊：《湖北英山方言"在"的用法及相关问题》，《方言》2012 年第 3 期。

项梦冰：《连城方言的介词"着"》，载李如龙、张双庆主编《中国东南部方言的比较研究丛书》第 4 辑，暨南大学出版社 2000 年版。

邢福义：《"起去"：双音趋向动词语法系统的一个成员》，《汉语学报》2015 年第 1 期。

邢福义:《现代汉语语法研究的两个"三角"》,《云梦学刊》1990年第1期。

邢公畹:《现代汉语和台语里的助词"了"和"着"》,《民族语文》1979年第2—3期。

邢公畹:《邢公畹语言学论文集》,商务印书馆2000年版。

邢向东:《论晋语时制标记的语气功能——晋语时制范畴研究之一》,《安徽大学学报》(哲学社会科学版)2015年第4期。

邢向东:《陕北神木话的话题标记"来"和"去"及其由来》,《中国语文》2011年第6期。

邢向东:《陕北神木话的趋向动词及其语法化》,*Language and Linguistics* 2011年第3期。

邢向东:《陕北神木话趋向动词及其引申用法的类型》,"汉语趋向词之历史与方言类型讨论会暨第六届海峡两岸语法史研讨会"论文,台北,2009年。

邢志群:《汉语语法化中的语义重新分析和语义演变》,《历史语言学研究》2013年。

幸颖凡:《晋语、中原官话动兼方类词研究》,硕士学位论文,华中师范大学,2015年。

徐静茜:《"·起"和"·上"》,《汉语学习》1981年第6期。

许宝华、陶寰:《上海方言词典》,江苏教育出版社1997年版。

玄玥:《完结短语假设和汉语虚化结果补语研究》,博士学位论文,北京大学,2008年。

严辰松:《伦纳德·泰尔米的宏事件研究及其启示》,《外语教学》2008年第5期。

颜逸明:《浙南瓯语》,华东师范大学出版社2000年版。

杨永龙:《从稳紧义形容词到持续体助词》,《中国语文》2005年第5期。

叶祥苓:《苏州方言词典》,江苏教育出版社1993年版。

游汝杰:《温州方言的语法特点及其历史渊源》,《复旦大学学报》(社会科学版)1981年第S1期。

游汝杰:《温州方言语法纲要》,《著名中年语言学家自选集·游汝杰卷》,安徽教育出版社2003年版。

游汝杰:《温州话里带"起"字的补语句》,载李如龙、张双庆主编《动词谓语句》(中国东南部方言的比较研究丛书第3辑),暨南大学出版社1997年版。

游汝杰、杨乾明:《温州方言词典》,江苏教育出版社1998年版。

袁丹:《从语法化和类型学看吴语常熟话"V 开"的功能——兼论汉语方言"V 开"的功能演变类型》,《汉语史学报》2012年第11辑。

袁家骅:《汉语方言概要》,语文出版社1989年版。

张安生:《同心方言研究》,中华书局2006年版。

张赪:《从先秦时期"介词+场所"在句中不合规律分布的用例看汉语的词序原则》,《语言研究》2000年第2期。

张赪:《汉语介词词组词序的历时演变》,北京语言文化大学出版社2002年版。

张赪:《论决定"在 L+ VP"或"VP+在"的因素》,《语言研究》1997年第2期。

张赪:《现代汉语介词词组"在 L"与动词宾语的词序规律的形成》,《中国语文》2001年第2期。

张洪年:《香港粤语语法的研究》(增订本),香港中文大学出版社2007年版。

张敏:《汉语方言处置式标记的类型学地位及其他》,北京大学汉语语言学研究中心演讲稿,2008年1月8日。

张敏:《"语义地图模型":原理、操作及在汉语多功能语法形式研究中的运用》,载于李小凡等《汉语多功能形式的语义地图研究》,商务印书馆2015年版。

张双庆:《香港粤语的体》,载张双庆主编《动词的体》(《中国东南部方言的比较研究丛书》第2辑),香港中文大学中国文化研究所、吴多泰中国语文研究中心,1996年。

张旺熹:《汉语特殊句法的语义研究》,北京语言文化大学出版社1999年版。

张雁:《兴替与选择:[下雨]、[落雨]的历史比较考察》,周碧香等主编《语言之旅:竺家宁先生七秩寿庆论文集》,五南图书出版股份有限公司2015年版。

张燕春:《"去、来"的性质及"来"的演变》,《赣南师范学院学报》

1995年第4期。

张谊生：《现代汉语虚词》，华东师范大学出版社2000年版。

赵日新：《形容词带程度补语结构的分析》，《语言教学与研究》2001年第6期。

赵艳芳：《认知语言学概论》，上海教育出版社2001年版。

赵元任：《汉语口语语法》，吕叔湘译，商务印书馆1979年版。

赵元任：《中国话的文法》，丁邦新译，香港中文大学出版社1980年版。

郑焱霞：《湖南衡山方言表示时间/处所的介词"在"和"放"》，《方言》2010年第1期。

郑张尚芳：《温州方言志》，中华书局2008年版。

郑张尚芳：《温州话中相当"着""了"的动态接尾助词及其他》，载胡明扬主编《汉语方言体貌论文集》，江苏教育出版社1996年版。

周绪全、王澄愚：《古汉语常用词源流辞典》，重庆出版社1991年版。

周滢照：《从〈朴通事〉两个版本看明初至清初"着"用法的变化》，《清华大学学报》（哲学社会科学版）2009年增第2期。

朱德熙：《语法讲义》，商务印书馆2012（1982）年版。

朱赛萍：《温州方言动后结构的韵律句法研究》，浙江人民出版社2015年版。

朱彰年等：《阿拉宁波话》，华东师范大学出版社1991年版。

邹嘉彦、游汝杰主编：《语言接触论集》，上海教育出版社2004年版。

Anderson, J. M. (1971) *The Grammar of Case: Towards a Localistic Theory*. London: Cambridge University Press.

Anderson, L. B. (1982) The "Perfect" as a universal and as a language particular category. In Hopper P.J. (ed.) *Tense and Aspect: Between Semantics and Pragmatics*. Amsterdam: John Benjamins.

Asher, N.& J.Pustejovsky (2006) A type composition logic for generative lexicon.*Journal of Cognitive Science* 7 (1): 1-38.

Beavers, J., B.Levin & S.W.Tham (2010) The typology of motion expressions revisited.*Journal of Linguistics* 46: 331-377.

Bergs, A.& G.Diewald (2008) Introduction: Construction and language change.In Bergs, A.& G.Diewald (eds.) *Constructions and Language Change*. Berlin/New York: De Gruyter Mouton.

Bisang, W. (1998) Grammaticalization and language contact, constructions and positions.In A.G.Ramat and P.Hopper, eds., *The Limits of Grammaticalization.* Amsterdam/ Philadelphia: Benjamins, 13 -58.

Bisang, W. (2010) Grammaticalization in Chinese: A construction based account.In Traugott E.C.and G.Trousdale (eds.) *Gradience, Gradualness and Grammaticalization*.Philadelphia/ Amsterdam: John Benjamins, 245-277.

Bohnemeyer, J., N.J.Enfield, J.Essegbey, I.Ibarretxe-Antuñano, S.Kita, F.Lüpke & F.K.Ameka. (2007) Principles of Event Segmentation: the Case of Motion Events.Language (83): 495-532.

Brinton, L.& E.C.Traugott (2005) *Lexicalization and Language Change*, Cambridge: Cambridge University Press.

Bybee, J. (1985) Morphology: *A Study of the Relation Between Meaning and Form*.Amsterdam: John Benjamins.

Bybee, J. (1994) The grammaticization of zero: Asymmetries in tense and aspect systems.In W.Pagliuca (ed.) *Perspectives on Grammaticalization*, Amsterdam/Philadelphia, John Benjamins.

Bybee, J. (1998) A Functionalist Approach to Grammar and its Evolution.*Evolution of Communication* 2 (2): 249-278.

Bybee, J. (2002) Sequentiality as the basis of constituent structure.In T.Givón & Bertram F.Malle et al. (eds.) *The evolution of language out of pre-language*, Amsterdam/ Philadelphia: John Benjamins.

Bybee, J. (2003) Mechanism of change in grammaticalization: the role of frequency.In Brian J.D.& R.Janda (eds.) *The Handbook of Historical Linguistics*. Malden, MA: Blackwell, 602-623.

Bybee, J., R.Perkins & W.Pagliuca, (1994) *The Evolution of Grammar: Tense, Aspect, and Modality in the Languages of the World*.Chicago: University of Chicago Press.

Campbell L.& R.Janda (2001) Introduction: conceptions of grammaticalization and their problems.*Language Science*, 23.

Chao, Yuen-Ren (1968) *A grammar of Spoken Chinese*.University of California Press.

Chappell, H. & A. Peyraube (2008) Chinese localizer: Diachrony and some typological considerations. In Xu D. (ed.) *Space in Language of China*：*Cross - linguistic, synchronic and Diachronic Perspectives.* Paris：Springer, 15-38.

Chen, Chung-yu (1978) Aspectual features of the verb and the relative position of the locatives.*Journal of Chinese Linguistics.*6（1）：76-103.

Chen, L. (2007) *The acquisition and use of motion event expressions in Mandarin Chinese.*München：Lincom GmbH.

Chen, L.& J.Guo. (2009) Motion events in Chinese novels：Evidence for an equipollently- framed language.*Journal of Pragmatics.*41（9）：1749-1766.

Chu, C. (2004) *Event conceptualization and grammatical realization：The case of motion in Mandarin Chinese.*Ph.D.Diss., Honolulu, HI：University of Hawaii.

Comrie, B. (1976) *Aspect.*Cambridge：Cambridge University Press.

Croft, W. (1990) *Typology and Universals.* Cambridge：Cambridge University Press.

Croft, W. (1991) *Syntactic Categories and Grammatical Relations：The Cognitive Organization of Information.*Chicago：University of Chicago Press.

Croft, W. (2001) Radical Construction Grammar.Oxford：Oxford University Press.

Croft, W. (2003) *Typology and Universals* (2nd edition). Cambridge：Cambridge University press.

Croft, W., J.Barddal, W.Hollman, V.Sotirova, and C.Taoka. (2010) Revising Talmy's Typological Classification of Complex Events. In H. Boas. (ed.), *Contrastive Studies in Construction Grammar.* Amsterdam：John Benjamins, 201-236.

Eckardt, R. (2006) *Meaning Change in Grammaticalizaiton：An Enquiry into Semantic Reanalysis.*Oxford /New York：Oxford University Press.

Fauconnier, G. (1997) *Mappings in Thought and Language.* Cambridge：Cambridge University Press.

Filipović, L. (2007) *Talking about Motion：A Cross-linguistic Investigation of Lexicalization Patterns.* Amsterdam/Philadelphia：John Benjamins.

Fillmore, C.J. (1982).Towards a descriptive framework for spatial deixis.In

R. J. Jarvell & W. Klein (eds.), *Speech, place and action: Studies in deixis and related topics*. London: Wiley, 31-59.

Fillmore, C. J. & B. T. S. Atkins (1992): Towards a frame-based organization of the lexicon: The semantics of RISK and its neighbors. In Lehrer, A and E. Kittay (eds.) *Frames, Fields, and Contrast: New Essays in Semantics and Lexical Organization*. Hillsdale: Lawrence Erlbaum Associates, 75-102.

Francis, J. & A. Michaelis (2003) *Mismatch: Form-function Incongruity and the Architecture of Grammar*. Stanford, CA: CSLI Publications.

Givón, T. (1971) *Historical Syntax and Synchronic Morphology: An Archaeologist's Field Trip*. Chicago Linguistic Society 7: 394-415.

Givón, T. (1979) *On Understanding Grammar*. New York: Academic Press.

Goldberg, A. E. (2006) *Construction at work: The Nature of Generalization in Language*. Oxford: Oxford University Press.

Haiman, J. (1983) Iconic and Economic Motivation. *Language*. Vol. 59 (4): 781-819.

Haiman, J. (1994) Ritualization and the development of language. In Pagliuca, W. *Perspectives on Grammaticalization*. Amsterdam/ Philadelphia: John Benjamins.

Harris, C. & L. Campbell (1995) *Historical Syntax in Cross-Linguistic Perspective*. Cambridge: Cambridge University Press.

Haspelmath, M. (1995) The growth of affixes in morphological reanalysis. In: G. Booij & J. van Marle (eds.) *Yearbook of Morphology* 1994, 1-29.

Haspelmath, M. (1997) From Space to Time: Temporal Adverbials in the World's Languages. München: Lincom.

Haspelmath, M. (2003) The geometry of grammatical meaning: Semantic maps and cross-linguistic comparison. In Tomasello, M. (ed.) *The New Psychology of Language* 2. New York: Erlbaum, 211-243.

Heine, B. (2003) Grammaticalization. In B. D. Joseph & R. D. Janda (eds.) *The Handbook of Historical Linguistics*. Malden, MA: Blackwell, 575-601.

Heine, B. (2006) Contact-induced word order change without word order change.*Working Papers in Multilingualism*（Hamburg）76.Hamburg：Universität Hamburg，1-24.

Heine，B.& T.Kuteva（2003）On contact-induced grammaticalization.*Studies in Language* 27，3：529-572.

Heine，B.& T.Kuteva（2012［2002］）*World Lexicon of Grammaticalization*，龙海平等（译），洪波等（注释).世界图书出版公司.

Heine，B.，U.Claudi，& F.Hünnemeyer（1991）*Grammaticalization：A Conceptual Framework Chicago*：University of Chicago Press.

Hopper，P.J.（1991）On Some Prinbciples of Grammaticalization. In Traugott，E.C.& B.Heine（eds.）*Approaches to Grammaticalization：Theoretical and methodological issues*.Amsterdam：John Benjamins，17-36.

Hopper，P.J.& Traugott.E.C.（2003）*Grammaticalization*（2nd edition）.Cambridge：Cambridge University Press.

Huang，C-T.J.（黄正德）（1984）Phrase structure, lexical integrity, and Chinese compunds.*Journal of Chinese Teachers Association*（19）：53-78.

Jackendoff，R.（1983）*Semantics and Cognition*.Cambridge，MA：MIT Press.

Jackendoff，R.（1990）*Semantic Structures*.Cambridge，MA：MIT Press.

Kurylowicz，J.（1965）*The Evolution of Grammatical Categories.Diogenes* 13（51）：55-71.

Lackoff，G.& M.Johnson（1999）*Philosophy in the Flesh - The Embodied Mind and Its Challenge to Western Thought*.New York：Basic Books.

Lamarre，C.（2005）The Linguistic Encoding of Motion Events in Chinese：with Reference to Cross-dialectal Variation.COE-ECS working paper（March）.

Lamarre，C.（2007）The Linguistic Encoding of Motion Events in Chinese：With Reference to Cross-dialectal Variation. In Lamarre，C.& T.Ohori（eds.），《空間移動の言語表現の類型論的研究 1：東アジア東南視点から》，东京大学言语情报专攻，3-33.

Lamarre，C.（2008）The linguistic categorization of deictic direction in Chinese：with reference to Japanese. In Xu D.（ed.）*Space in Language of China：Cross- linguistic, Synchronic and Diachronic Perspectives*. Paris：Springer，69-98.

Langacker，R.（1977）Syntactic Reanalysis. In Charles N. Li（ed.）

Mechanism of Syntactic Change. Austin/ London: University of Texas Press, 57-139.

Langacker, R. (1987) *Foundations of Cognitive Grammar*, Vol.1, *Theoretical Prerequisites*.Stanford: Stanford University Press.

Langacker, R. (1990) Subjectification, *Cognitive Linguistics* (1): 5-38.

Lehmann, C. (1985) Grammaticalization: synchronic variation and diachronic change.*Lingua Estile*.20 (3): 303-318.

Lehmann, C. (1995 [1982]) *Thoughts on Grammaticalization*.München: Lincom.

Levinson, S. (1996).Language and space.*Annual Review of Anthropology* 25, 353-382.

Levinson, S. (2003) *Space in language and cognition: explorations in cognitive diversity*.Cambridge: Cambridge University Press.

Li, C.N.& S.A.Thompson (1981) *Mandarin Chinese: A Functional Reference Grammar*.Berkeley /Los Angeles: University of California Press.

Li, F. (1993) A diachronic study of V-V compound in Chinese.Ph.D. diss., SUNY at Buffalo: NY.

Light, T. (1979) Word order and Word order change in Mandarin Chinese. *Journal of Chinese Linguistics* (7): 149-180.

Lord, C. (1993) *Historical Change in Serial verb Constructions*. Amsterdam: John Benjamins.

Lyons, J. (1977) *Semantics*. Vol. 2. Cambridge: Cambridge University Press.

Lyons, J. (1982) Deixis and subjectivity: Loquor, ergo sum? In R.J. Jarvella & W.Klein (eds.) S*peech, Place, and Action: Studies in Deixis and Related topics*.Chichester and New York : John Wiley, 101-124.

Matisoff, J.A. (1991) Areal and universal dimensions of grammatization in Lahu.In Elizabeth C.Traugott and Bernd Heine (eds.), *Approaches to Grammaticalization*, *Vol.II*.Amsterdam: Benjamins, 383-453.

Newmeyer, F.J. (1998) *Language Form and Language Function*. Cambridge/MA: MIT Press.

Nicolle, S. (2012) Diachrony and Grammaticalization.In Binnick, R. (ed.)

The Oxford Handbook of Grammaticalization Oxford: Oxford University Press, 370-397.

Norde, M. (2009) *Degrammaticalization*.Oxford: Oxford University Press.

Peyraube, A. (2006) Motion Events in Chinese: A Diachronic Study of Directional Complements.In M.Hickmann and S.Robert (eds.), *Space in Languages: Linguistic Systems and Cognitive Categories*. Amsterdam: John Benjamins, 121-138.

Shi W.& S, Jiang (forthcoming) Diachronic change of Manner saliency: Intra-typological variation between Chinese and English.

Slobin, D. (1987) Thinking for Speaking.*Proceedings of the Annual Meeting of the Berkeley Linguistics Society*, 435-445.

Slobin, D. (1997) Mind, code, and text.In Bybee, J., J.Haiman & S. A. Thompson (eds.), *Essays on language function and language type: Dedicated to T.Givón*.Amsterdam/ Philadelphia: John Benjamins, 437-467.

Slobin, D. (2000) Verbalized events: A dynamic approach to linguistic relativity and determinism.In Niemeier, S.& R.Dirven (eds.), *Evidence for linguistic relativity*.Amsterdam/Philadelphia: John Benjamins, 107-138.

Slobin, D. (2004) The Many Ways to Search for a Frog: Linguistic Typology and the Expression of Motion Events. In S. Strömqvist & L. Verhoeven (eds.) *Relating Events in a Narrative Typological and Contextual Perspectives*. Mahwah, NJ: Lawrence Erlbaum Associates, 219-257.

Slobin, D. (2006) What makes manner of motion salient: Explorations in linguistic typology, discourse, and cognition.In Maya Hickmann and Stéphane Robert (eds.), *Space in languages: Linguistic systems and cognitive categories*. Philadelphia: John Benjamins, 59-81.

Smith, C. (1997) *The Parameter of Aspect* (2nd edition), Dordrecht: Kluwer Academic Publishers.

Tai, H-Y.J. (1985) Teporal Sequence and Chinese Word Order. In J. Haiman (ed.), *Iconicity in Syntax*.Amsterdam: John Benjamins.

Tai, H-Y.J. (2003) Cognitive relativism: Resultative construction in Chinese.*Language and Linguistics* 4 (2): 301-316.

Talmy, L. (1985) Lexicalization Patterns: Semantic Structure in lexical forms.In T.Shopen (ed.), *Language Typology and Syntactic Description vol.3: Grammatical Categories and the Lexicon.* Cambridge: Cambridge University Press, 57-149.

Talmy, L. (1991) Path to Realization: A typology of event conflation.In L.A.Sutton, C.Johnson, and R.Shields (eds.), *Proceedings of the 17th Annual Meeting of the Berkeley Linguistics Society.* Berkeley, CA: Berkeley Linguistics Society, 480-519.

Talmy, L. (2000a) *Toward a Cognitive Semantics. Vol. 1.* Cambridge, Massachusetts: MIT Press.

Talmy, L. (2000b) *Toward a Cognitive Semantics. Vol. 2.* Cambridge, Massachusetts: MIT Press.

Talmy, L. (2003) The representation of spatial structure in spoken and signed language.In Emmorey, K. (ed.) *Perspectives on Classifier Constructions in Sign Language*,.Mahwah, NJ: Lawrence Erlbaum, 169-195.

Talmy, L. (2005) The Fundamental System of Spatial Schemas in Language. In Hamp, B. (ed.) *From perception to meaning: Image Schemas in Cognitive Linguistics*.Berlin/New York: Mouton de Gruyter, 199-233.

Talmy, L. (2006) A windowing onto conceptual structure and language.Part 2 Language and cognition: Past and future.Leonard Talmy interviewed by Ibarretxe-Antuñano I., A*nnual Review of Cognitive Linguistics* (4): 253-268.

Talmy, L. (2007) Attention phenomena.In Geeraerts, D.& H.Cuyckens (eds.) *Handbook of Cognitive Linguistics.* Oxford: Oxford University Press, 264-293.

Talmy, L. (2009) Main Verb Properties and Equipollent Framing.In Guo, J., E.Lieven, N.Budwig, S.Ervin-Tripp, K.Nakamura & ş Özcaliskan. (eds.) *Cross-linguistic Approaches to the Psychology of Language: Research in the Tradition of Dan Isaac Slobin.* Mahwah, NJ: Lawrence Erlbaum Associates, 389-401.

Tang Z., & C.Lamarre (2007a) A constrative Study of the Linguistic Encoding of Motion Events in Standard Chinese and in the Guanzhong Dialect of Mandarin (Shaanxi), *Bulletin of Chinese Linguistics* 2 (1): 137-170.

Tang Z.& C.Lamarre (2007b) 'Linguistic encoding of motion events in the Guanzhong dialect of Mandarin (Shaanxi) —With reference to Standard Chinese', *Typological Studies of the Linguistic Expression of Motion Events Vol.* 1 (《空间移动の言语表现の类型论的研究 1》).University of Tokyo, 73-93.

Traugott, E.C. (1982). From Propositional to Textual and Expressive Meanings: Some Semantic-Pragmatic Aspects of Grammaticalization.In: W.P. Lehmann, & Y. Malkiel (eds.), *Perspectives on Historical Linguistics.* Amsterdam & Philadelphia: Benjamins, 245-271.

Traugott, E.C. (1996) Grammaticalization and Lexicalization.In Brown, K.& J. Miller (eds.) *Concise Encyclopedia of Syntactic Theories.*Oxford: Pergamon.

Traugott, E.C.& B.Heine (1991) *Approaches to Grammaticalization.* Vol.I & II.Amsterdam: John Benjamins.

Traugott, E. C. & G. Trousdale (2013) *Constructionalization & Constructional Changes* Oxford: Oxford University Press.

Traugott, E.C.& R.Dasher (2002) *Regularity in Semantic Change.* Cambridge: Cambridge University Press.

Ungerer, F.and H.-J.Schmid (2006) *An Introduction to Cognitive Linguistics* (2nd edition).London/New York: Longman.

Xu, D. (2006) *Typological Change in Chinese Syntax.*Oxford: Oxford University Press.

Yiu, C.Y. (2014) *The Typology of Motion event: An Empirical Study of Chinese Dialects.*Berlin/Boston: De Gruyter Mouton.